U0165855

電子媒介概論

莊克仁 著

五南圖書出版公司 印行

自　序

　　電子媒介技術日新月異，與時俱進，影響民眾日常生活至鉅。近年以來，國內坊間有關介紹電子媒介或科技書籍，有翻譯者，有自撰者，雖然數量不多，但內容各有特色。不過，若要成為學校大專以上傳播相關科系學生入門教科書者，有的用字遣句偏向科技用語，較難理解；有的因屬翻譯，缺少國內實例，較難親近。

　　最近因教學需要，乃不自量力，根據上課講義，去蕪存菁，深入淺出，循序以進，並參酌先進國家範例與國內發展情形，編撰成本書，共分八章，內容除了介紹電子傳播原理、無線廣播、無線與有線電視、衛星電視與數位及網路電台等電子媒介之外，還有系統地介紹類比、數位科技匯流與通信及網路等通路，以及傳播科技最新發展與應用，以及電子媒介管理機構和法令等國內外實例，以利讀者閱讀理解。此外，還利用圖解或列表方式，輔助說明，其目的無不希望初學者能舉一反三，觸類旁通，達到學習效果。

　　在此感謝本人曾擔任專職過的大學及師長的栽培：世新大學成嘉玲董事長、牟前校長宗燦；高雄市立空中大學前校長莊淇銘博士。特別感謝銘傳大學校長李銓博士提供全校師生優質的教學與研究環境，才能讓老師們全心全力地投入，為國家及社會培育英才。

　　由於作者學識與能力均有限，若有錯誤疏漏之處，尚祈先進不吝指正為感！

莊克仁　於銘傳大學台北校區
2009年2月

目　錄

第六章　數位科技與數位電台　159

第一章

電子傳播基本原理

第一節　基本電學

一、前言

　　早在史前時代，人類便嘗試超越一般聲音所能傳送的距離，最簡便易行的方法，便是站在山頭上，利用吼叫的方式，將所要傳遞的訊息，儘快地傳送出去。例如：西元前500年，波斯王大流士（Darius）便使用這種方式，將士兵吼叫聲中的訊息，在兩天之內，傳達450英里外的對方耳中。

　　人類增加音波傳送範圍的意圖，除了利用人力之外，也開始利用動物力，例如：先是信差利用長跑送信，再來便以快馬、信鴿來傳送信息，只是這些地方的缺點是成本太高，而且可信度太低。

　　因此，人類便開始思考以機械力來取代人力與動物力，例如：利用鼓聲、煙幕或火光，來進行長距離的通訊，以減少成本。

　　到了18世紀末期，歐洲許多國家更利用木架或木槳，每隔5到10英里，放置在山頂上，利用各種不同的排列方式，來表示不同的字母。

　　這種機械化的通訊方式，優點是可大量且正確無誤地作長距離的通信，但缺點則是成本太高。人類至此，已將利用人力、動物力及機械力來傳送訊息之努力，發展到極限，隨之而來的，便是電子通訊時代的開始。

　　人類雖早已知電力的存在，但一直到19世紀初期之前，仍只是停留在哲學的階段；至於實際應用的探究，則首推將電子與已知的自然界效應（光導體），連結起來觀察。於是，自西元1800到1831年，等到伏特（Volta）電池、法拉第（Faraday）電池感應的展示與發明之後，便促成了發電機的生產。

　　到了19世紀初期，許多地方的科學家便著手從事「無線電話」（radiotelephony）研究。開始之初，無線電通訊多用於點對點傳播

的無線電視，尤以船舶之間的聯絡爲然。後來，科學家發現：波長越長的電波，傳送的距離越遠，因此，當西元1899年，馬可尼（Gugliemo Marconi）便利用20或30千赫的極長波，作爲無線電通訊之傳遞電報用途（陳正堯，1985：20）。到了1910與1920年之間，由於科技的發展，促成電話與無線電的結合，產生了「無線電話」，從此，人類便開始利用「電磁波」（Electromagnetic Wave）來傳送聲音，因此過低的頻率，最後科學家終於發現，「短波」可以用來作爲長距離的通訊，於是便全力進行「短波」之研究（莊克仁譯，1992：41）。

二、電路與電流

(一)自由電子

我們都知道，地球上的萬物，都是由分子（molecule）所組成，而分子則是由原子（atom）所構成。就由原子核裡，包含一群繞在軌道裡旋轉的電子（electron）。有些原子裡的電子，乃是緊密地結合在核軌裡，然而，有些則由於外來引力，或本身鬆脫，竟從自己的軌道逸出，便成自由電子（free-electron），且從這個原子跳到另外一個原子核。

(二)直流電與交流電

凡是電流的大小與方向都是一定的，並繼續流動的，稱之爲「直流電」（Direct Current; DC）。反之，電流的大小與方向，每隔一定時間產生重複與有規律變化的，則稱之「交流電」（Alternating Current; AC）。

(三)無線電波

交流電是產生電磁能，供作傳播媒體之用的基礎，也就是所謂

的「無線電波」。一般電流在線路中來回奔流時,或是在任何電子導體中奔流時,便會將其電磁能量,釋放出周圍的空氣。特別是每次變換,便放射出一次能量,而且變換速率越快,能量放出的速率也越快。這種電流變化,是漸進與流動的。在一個方向裡,由零點升到最高點,再繼續下降,到反方向的最低點,再回升到零點。如此來回、上升交替流動,並均衡地放射電磁能量——亦即均衡輻射能波。

前述「正弦波形交流」,是指其在時間上的變化與三角函數的正弦成比例而言,除此之外的電流,都稱為「非正弦交流」,例如:交流方型波、台型波、三角波、鋸齒波、階段波與半圓波……等。這些都是經過交換的零點位置,再由此變成反方向流通。

(四)功率與頻率

如前所述,電流流動的每一次變換或週期循環,便會放射具電磁能量的單一波形,如正弦波交流。這時候,電流流動的力量或數量,便影響其放出波形力量或電力的大小。另一方面,電流變換的速率或頻率,則影響其放出電能量的速率(頻率),或無線電波的頻率。

基於前述的原理,在導體中力量微薄的交流電,所放射的無線電波,必然力量微弱;而快速變化的交流電,所產生的無線電波,其變換速率或頻率必然快速。但是,這裡要注意的一點是,電流流動的力量(power,功率)與電流變換的速率(frequency,頻率),是各自獨立,互不相干的。換句話說,功率強大的電波,其頻率可能高(快),也可低(慢)。相同地,功率微弱的電波,其頻率亦可能高,也可能低。

(五)週期與赫茲

再以正弦交流為例,其電流的波幅大小,由週期0點向正方向

增加，到T/4時，波幅最大，之後又減少，到達T/2時恢復爲0。以後
繼續向負方向坐同樣的變化，到達T時在變成0。這樣由0到T做一循
環的過程時間爲一週期（T），或週波。在一秒鐘內，由0到T所做
循環的次數，稱爲頻率（frequency），以f代表之，其單位爲赫茲
（Hertz, Hz）（莊克仁譯，1992：5）。

　　這裡要說明的是，頻率的單位以前都用週／秒（cycle/second,
c/s），直至1970年代，經國際協定改爲赫茲（Hertz, Hz），其用
意在紀念德國科學家赫茲（Heinrich Hertz）在1986年所作偉大電
磁波強度檢定的實驗（曾煥華譯，1995，120-123）。因此，過
去所謂「每秒一週期」（cycles per second），已被簡化爲「赫」
（Hertz），以作爲電波的測量單位。

　　由上可知，週期等於1／頻率的關係。例如在一秒鐘內做100次
循環之交流頻率是100Hz，其週期是1/100秒。

三、電波傳輸

　　無線電波乃是電流發射而成，且有磁性，因此有「電磁能量」
（electromagnetic energy）之稱，換言之，正確地說，電波是電磁波
之稱，亦即電波不只是由交流電源所產生的電力線而已，必須要有
磁波伴隨著傳播。

　　所謂無線電傳播現象，就是指當交流電源的頻率升高時，最初
所產生的電力線，尚未消滅之前，再次的電力線又已產生，因而最
初所產生的電力線被擠往空中，成爲電波飛出。這時的電力線，不
但被它後面的電波往前推擠和傳輸，而其本身也將前面的電波往前
推，因此，這種方向與大小不斷改變的電力線的疏密波，往空中傳
播出去，稱爲電波。

　　其次，無線電波乃由無線電發射機，引用一般交流電，經過震
盪器（oscillator），變成高頻率交流電，產生電磁場，即產生電力
線與磁力線，其名稱分別爲電場與磁場，所以它只是電磁能進行的

一種型態，也是一種以電力線變化型態在空間傳播者。

總之，電波是由電場與磁場所形成。電波傳輸，有如磁鐵般，會將它前面的電波，包括自己，往前推進。

　　傳輸：1.磁鐵推力（磁鐵）
　　　　　2.電磁推力（電磁波）

(一)訊號與傳輸

　　有關訊號與傳輸部分，就傳輸方式而言，可分爲：類比傳輸與數位傳輸兩種。第一種的類比傳輸，可逕自利用類比訊號進行類比傳輸，包括調幅（AM）、調頻（FM）及調相（PM）三種類比訊號。此外，它仍可利用數位訊號進行傳輸，包括：調幅移鏈（Amplitude Shift Keying, ASK）、調頻移鏈（Frequency Shift Keying, FSK）及調相移鏈（Phase Shift Keying, PSK）三種數位訊號。其次，第二種的數位傳輸，同樣可以數位訊號，包括：低電壓（OV）代表0；高壓電（IV）則代表1，逕自進行數位傳輸之外，亦可利用類比訊號進行傳輸，包括：脈幅調變（PAM）、脈寬調變（PWM）、脈相調變（PPM）及脈碼調變（PCM）四種（曲威光，2004：3-9）。

　　有關前述的數位信號調變（發射端將「原始訊號」處理成「新訊號」後再傳送出去）方式的原理分述如下：首先，所謂「調幅移鏈」（ASK），是指利用帶波形振福的有無0或1，作爲載波訊號傳送與否的依據。其次，所謂「調頻移鏈」（FSK），是藉由基帶波形的振幅爲1則傳送載波1的訊息。而若基帶波形的振幅爲2，則傳送載波2的訊息。對載波1及載波2而言，兩者的頻率是不同的。至於調相移鏈（PSK）是指當基帶波形爲1時，則送出一個波形A，當基型波爲0時，則送出一個波形B，而波形A、B的頻率與震幅都相同，差

別只在兩者波形相位之不同而已（曾堂坤，2002：38-39）。

(二)傳輸速率

　　無線電波不需藉空氣、流水等其他媒體，或其他物質傳輸，它可以靠自力傳輸到空間，就如同前面所述，由一個無線電波推進另一個無線電波般。

　　電磁能源波既然可以透過空氣、太空或真空行走，其進行的速度，非常驚人，每秒可達約30萬公里（3×10的8次方m），和光速一樣，每秒可繞地球七圈半，因此，電子廣播被認為是瞬間同步的。

(三)波長

　　通常電波有各種不同大小的波，是依波長來區分。假使我們將發射出來的無線電波，在一起的時空內，予以凍結起來，則可測出它的實質長度，一般是以公尺為單位，以希臘字母「λ」代表。

　　從0至360度之間的直線距離，即為波長，因此它是波幅的完整週期的測量標準。事實上，在無線電工程原理上，波長是一項很重要的指標，因為不管天線的設計，或者是各種不同的頻率波段，都要根據其波長值作為參考。

(四)波長頻率與振幅

　　由於波長是波幅完整週期的測量標準，因此，波長乃是週率的一個函數。基本上，電磁能量是以相同的速度（速率）活動，而與它的頻率無關，所以，我們只要知道其中的一項，則無論是週率或波長，皆可根據數學公式測量出來。就波長與頻率而言，其二者卻具有相對的關係。如前所述，由於各種無線電波的速度都是一定的，所以頻率越高，波長越短；反之，頻率越低，波長則越長。換句話說，如果時間或空間一定，週期變換越多，表示這些週期的變

換越快（越短），這也就是同樣一秒鐘之內，高頻率要比低頻率需
要更多的週期變換了。

　　現在我們以波長為 λ（m），電波速度為 ν（m/s），頻率為f
（Hz）時，便產生下列的關係式（楊仲揆，1984：612-613）：

$$\lambda = \frac{v}{f} = \frac{3 \times 10\text{ 的 8 次方 (m)}}{f}$$

　　「例如」：台北的台北國際社區廣播電台（ICRT）頻率為
FM100.7 MHz，以及世新廣播電台的頻率為AM729KHz，其二者的
波長分別如下：

（100.7MHz）

$$\lambda = \frac{3 \times 10\text{ 的 8 次方}}{100.7 \times 10\text{ 的 6 次方}} = 2.979146\text{ (m)}$$

（729KHz）

$$\lambda = \frac{3 \times 10\text{ 的 8 次方}}{729 \times 10\text{ 的 3 次方}} = 411.522634\text{ (m)}$$

　　最後要提到的是無線電波除了有波長和頻率的不同之外，還有
振幅不同。所謂振幅，就是指從正波上的最高點到負波上的最低點
的距離。

(五)天線

　　如果有一根無線內有高頻電流傳導，則會被電場與磁場圍繞。
相反地，如果將一根電線擺進一個磁場中，則會感應出此一電流，
此即無線電波接收（reception）的原理，而此電線即一般所稱的接
收天線（antenna）。

　　接收天線原理的應用，就是把電波的能量，再次的變成電流形

式，並予取出的功用。

　　當天線的實際長度，和放射能量頻率的波長一樣的時候，天線所放射的能量最具功效。相反地，如果要使一個完整的波長（週期變換），達到最大的功效輻射的話，那麼，天線的長度就必須足以讓電流放出其實際應有的長度。

　　但是，如果一家調幅電台，其頻率為600千赫，卻設立一隻超過1600英尺高度的天線，顯然是不智之舉。如果天線高度正好是頻率電波長度的一半（二分之一），其發射效果也可令人滿意，而四分之一波長，也還算可以。因此，天線的大小，可以根據所要播出波長的二分之一、四分之一，甚至八分之一的長度，加以設計，以適用於較低頻率（較長的電波長度）。

四、電磁

　　電磁能量是所有無線電子通訊的媒介。

　　然而，電磁能量除了在傳播之外，還有很多其他用途，特別是，這種能量的不同頻率，及擁有不同的特性與用途。回顧無線電工程發展史，最初無線電為人所知曉與熟悉者，僅有極低頻的無線電波。由於當時技術水準相當落後，因此，有關工程技術均屬物理和機械層面居多。結果無線電波就根據其波長，同時隨著頻率的增加，而訂有「長波」、「中波」、「短波」這些名詞。當科技越進步，更高的頻率逐漸被發現與利用。到了1949年，美國大西洋域（Atlantic City）舉行了國際無線電訊會議（International Telecommunication & Radio Conference），會中通過無線電規則，並將電波分為8個波段。

第二節　電磁波頻譜

　　如前所述，電磁能量是被其週率或頻率（每秒週數，或赫）所

測量。因此，最低的頻率是1赫（1 Hertz），而最高的頻率則是無限的；電磁波能量則落在這兩者之間。

　　然而並不是所有的電磁波能量，都對傳播有用。只有那些介於3萬和3千億赫的頻率，才是屬於人類有用的，故稱之為無線電頻譜（radio frequency spectrum），例如用於傳播活動的廣播、電視、雷達、微波等電磁能量。

一、測量單位

　　電磁波包含可視光、X射線、Gamma射線等等，但普通所稱為電波是指頻率從10Hz到300,000,000Hz的範圍而言。

　　這些頻率數字龐大，動輒以百萬和兆計算，為了省略一群零星的尾數說明（小數點），故以簡短的度量名稱代替之。因此，千（3個零）記為1K：10兆（6個零）記為1Mega，秭（9個零）記為1giga，千祢（12個零）記為1terra。

二、無線電頻譜

　　如前所述，無線電波可分為8個波段，其最低波段為特低頻，範圍在3萬赫以下，波長範圍為1,000公尺以上。為了研究上的方便，固然吾人可在波段與波段之間，予以截然分開，但就其物理和電子特性而言，並未截然不同，而是在鄰近頻帶的波段之間，隨著頻率之慢慢改變，波段特性也慢慢改變。

　　我國無線電廣播，中波波段使用的頻率，調幅是535-1650千赫，調頻為88-108兆赫（電信總局，1999）。

☘表1-1　頻帶波段的分類

頻率區分	簡稱	名稱	頻率之範圍	主要用途
特低類	VLF	Very Low Frequency	3-30K	Omega、海中通訊
低頻	LF	Low Frequency	30-300K	LORAN、氣象通報、船舶、航空器之標誌台（燈塔）
中頻	MF	Medium Frequency	300-3000K	中波廣播、LORAN、船舶遇難、通信、船舶、航空器之標誌台
高頻	HF	High Frequency	3-30M	短波廣播、國際廣播、漁業廣播、標準電波、業餘無線電
特高頻	VHF	Very High Frequency	30-300M	FM廣播、TV廣播、呼叫器、警察、消防無線、無線電話、船舶電話
超高頻	UHF	Ultra High Frequency	300-3000M	TV廣播、汽車、航空器電話、警察無線、MCA陸上通訊、teletermainal系統氣象衛星
極高頻	SHF	Super High Frequency	3-30G	微波線路、衛星廣播、衛星通訊、雷達、速度測量表
至高頻	EHF	Extremely High Frequency	30-300G	衛星通訊、milli波線路、電波天文、雷達、簡易無線、宇宙研究
			300-3000G	電波天文、宇宙研究

資料來源：作者整理。

三、波長

　　由於波長與頻率的物理特性恰好相反，故頻率一旦增加，波長比例逐漸減少。

　　例如：在低頻（LF）下限，無線電波的波長大約是12,000公尺長，而在高頻（EHF）上限波段（300gHz），波長大約1公分長。

✿表1-2　電波的種類與名稱

頻率的區分	頻率的範圍	一般的稱呼	波長
VLF（特低頻）	-30KHz	長波	-1000m
LF（低頻）	30KHz-300KHz	長波	1000-100m
MF（中頻）	300KHz-3000KHz	中波	100-10m
HF（高頻）	3000KHz-30000KHz	短波	10-1m
VHF（特高頻）	30000KHz-300MHz	特短波	1-10cm
UHF（超高頻）	300MHz-3000MHz	超短波	10-1cm
SHF（極高頻）	3000MHz-30000MHz	微波	1cm-10mm
EHF（至高頻）	30000MHz-300000MHz	微波	10mm-1mm

四、傳播方式

　　無線電波通常是以橫波（transverse-wave）的方式，每秒以30萬公里的速度，在空中傳播。所謂橫波，是指「傳送波的物質運動方向與波的行進方向垂直的波動」而言（保豐，2001：29）。

　　在能量關係上，無線電波分布在電場和磁場中，電場和磁場能量變化，使電波進行，一般而言，其電場、磁場與傳播方向，三者恰互成直角。

　　當無線電波射入空中之後，便隨其頻率而表現出傳輸的特性。一般而言，頻率越低（或波長越長），電波越能隨著地面起伏，而穿越地球表面前進。

　　其次，頻率越高（波長越短），電波的走向變成直線進行，而無法穿越地球起伏的地勢。

　　因此，吾人可得到一個概念，即極低頻能夠沿著地球表面傳到遠方，而超高頻則直線進行，進入空中。

　　介於前述兩者之間的，其傳輸特性為何？這就要根據頻率在無線電頻譜中所占的位置而定；兩者兼具？或僅是相關而已？

　　總而言之，無線電波的進行速度雖然一樣，但是進行的方式卻各有不同，大致上可以分為下列三種：地波（ground wave）、直射

波（direct wave）和天波（sky wave）三種。

(一)地波

　　地波係電波沿著地面向四方射出。由於緊貼著地面，穿越山嶺、建築物和森林，這些地波隨著地球起伏，一直到完全被地球吸收為止，所以只能傳達數十公里。

　　前述現象，尤以中波與長波的發射和接受的天線的距離相近時，無線電波便沿著地球表面傳播，因而形成地波。

　　電波被完全吸收之前，能傳送多遠，要看它的頻率有多低，在效益而言，極不划算，故此類電台非常少見。

(二)直射波

　　它就像光波一樣，以直線進行，不像地波隨地起伏，也不會像天波會遇到電離層而折返地面。

　　直射波不能遇到障礙物（例如：高樓、大樹、山丘、高山等等），不是部分在軌道上被吸收（absorption），就是因可能完全被阻擋，導致較高的頻率如特高頻和超高頻，可能因而偏離或從前述障礙物的表面折射（refraction）或反射（reflection），有如光遇到鏡面一樣。

　　由於直射波前進時，不能透過曲折的地球表面，而且當直線前進超過某一範圍，如視線所及的範圍時，便射入空中，因此，直射波最遠約走50至60公里，之後便不能從任何地方的任何一點傳播出去。

　　若要加長視力所及的範圍，有一方法可行，即加高信號來源或接收的位置，故天線必須架在極高的鐵塔或山頂上，便可稍稍增加直射的範圍，但若要更遠，則需設立很多轉播站。

　　儘管屬直射波的短波高頻，其本質相當不穩定與不可預測，但在直線傳播，尤其是上鏈至衛星，這種點對點的傳播，卻是可靠

的。

　　也因為極高頻的行動，與光線波類似，波長都很短，因此，吾人常用「碟盤」（dish）天線，將廣播無線電聚集成為束波，以便使點對點的傳播更為有效。

　　此外，這種電波的主要優點為不帶雜音，故常為調頻廣播與電視特別播出音樂與音響，以收其效果。

(三)天波

　　天波主要是以電離層（ionosphere）當反射面，而傳播到遠方。在說明天波如何傳播之前，不妨先瞭解電離層的結構與特性。

　　所謂電離層的形成，乃因大氣層吸收了夠亮的太陽光而使其分成正、負離子，並且維持一段相當的時間。這個大氣層從地面算起，大約高70至400公里高，空氣稀薄。其氣壓和真空管的氣壓差不多。

　　由於來自太陽的各種射線，如宇宙線、紫外線、及微子等，都帶著一定的能量，去碰撞此層內的稀薄空氣，致使這一層的氣體，都呈現電解游離，而變成電導體。

　　至於電離層的結構主要有D、E、F1、F2四層（于洪海，1985：57-58），茲分別如下：

　　1.D層：均平均高度約70公里，是最低的一層。其平均厚度約
　　　　10公里，游離的層度要視太陽的高度而定，但是到了晚上之
　　　　後，就消失了。D層只反射一些特低頻及低頻的電波，若以高
　　　　頻的傳播觀點而言，其所扮演的角色最不重要。

　　2.E層：平均高度約100公里，屬第二層。其平均厚度約25公
　　　　里，E層和D層一樣，到了晚上，無法再接受太陽輻射能，所
　　　　以分子的游離狀態就消失了。E層的主功用是對中頻的無線電
　　　　波有些幫助，也就是在夜間得到反射。

　　3.F1層：白天存在於約180公里的高度，到了晚上則與F2層結合

在一起。白天的厚度約20公里。高頻的無線電波在行抵F1層之後（白天），少量被反射，大多數則穿透而過，在經F2層（晚間）反射。

高頻的發射電力不需太大，所以適合於做國際展廣播，唯一的缺點就是電離層的變化很大，因此，業者必須事先擬好，選擇適當的波長，以適應電離層的反射。此外，在天候較差時，以夾帶空中靜電，而成雜音，不能不注意。

4.F2層：本層是高頻無線電波最重要的反射媒介，其厚度可達200公里，白天的高度在250至400公里之間，晚上則降至300公里，而與F1層結合在一起。在這裡要注意的，是F層（F1與F2的結合）在晚間仍然存在，主要是因爲其位居最頂層，白天產生最高的游離狀態，因此到了晚上仍有部分離子保留下來。

另外，由於此層的實際空氣密度較低，再加上離子間碰撞機會少（由於密度低），故太陽下山後，游離狀態不會在短期間內消失。

在晚間，因D層、E層都已消失，而且F1和F2層又結合爲一，故可使高頻無線電波的被吸收量，減至最低，所以高頻電波晚上接收情況就比白天爲佳。

另外，無線電波可依前述傳波路徑之不同，而分爲直射波（direct wave）、反射波（reflected wave）、折射波（refracted wave）、繞射波（diffracted wave）、表面波（surface wave）、散射波（scattered wave）等六種。

五、干擾

無線電波會被其他多餘的電磁擾亂，導致失真和干擾（interference），這種干擾可分爲自然和人爲的干擾。

(一)自然的干擾

來自任何能產生類似電磁能和游離頻率的自然現象。這些游離頻率有的來自同頻率的無線電波，而其來源包括：閃電、太陽黑子、南極光和類似的電子現象。

(二)人為的干擾

來自任何一種人造裝置，它能放射不需要的、類似電磁能量的游離頻率，其中也包括任何能產生電子火花的東西，像發電機、焊接弧電燈、日光燈、霓虹燈等，尤其以汽車火星塞所發生的影響最大，因為汽車數量增多，災害也隨著增多，而且會擴大其干擾範圍。解決之道，為加強火星塞的遮蔽效果（shielding effect），使雜訊不至於向外輻射。此外，為了避免屋內的人為雜訊外洩，屋內應設有適當的遮蔽設備，並且設置濾波器，使雜訊不至於經導線及外線傳出屋外。

六、天線

將導波（guided wave）變換為輻射電磁波（radiated electromagnetic wave），向空間輻射的設備，稱為發射天線（transmitting antenna）。

相反的，為使接收機容易接收電波，在接收時則有必要裝置對應於電波的適合天線。這時候在空間進行傳播的電波，如果遇到棒狀的導體時，此導體即與電波的磁力線相交叉，依據電磁感應的原則，在該導體上就有與電波頻率相同的高頻率電流流動。這種從空間接收電波，變換為導波的設備，稱為接收天線（receiving antenna）。接收天線原理的應用，就是把電波的能量再次地變成電流的形式後取出的功用。

前面提及，當天線長度與放射頻率的波長一樣時，其放射的效

果最好，但屬於低頻範圍的波長，如地波，可長達數百公尺長，若天線高度與它一樣長，則不切實際，因此，此一問題可利用半波、四分之一波，甚至八分之一波天線，在犧牲它某些效能的情況下，加以解決。即便如此，有些天線高度仍多達數百公尺。

至於天線的種類，除了根據前述使用方法，分為發射天線與接收天線兩種之外，亦可根據電波波長區分為：地波（鐵塔）天線、直射波（竿狀）天線、微波（集束拋物面碟盤）天線三種。

(一)以電波波長分

1.地波（鐵塔）天線

由於天線本身必須是個良好的電子導體，故地波天線，凡屬於低頻、中頻與高頻波段頻率者，幾乎全使用鐵塔，除針對傳導力與長度之外，並上升到二分之一或四分之一的高度，因此，整個鐵塔的功能有如一部輻射機或一支天線。

2.直射波（竿狀）天線

屬於特高頻（VHF）與超高頻（UHF）波段的直射波，其波長範圍從1公尺到1.2公尺不等。因此直射波電線可能是全波，或至少半波的竿狀金屬棒。然而為了延長這些頻率的視線射程（the line-of-sigh range），這種竿狀天線通常放在高聳的鐵塔頂端，放射電波。

3.微波（集束拋物面碟盤）天線

在極高頻（SHF）與至高頻（EHF）波段範圍內的微波，其波長可能小至0.04英吋。由於這些微小電波的波長，實際上處理極為困難，再加上其性能極不穩定，且行徑有如光線，故其放射器，經常是放在「拋物面反射器」（parabolic reflector）或「碟盤」（dish）裡，將無線電波集中為波束，以便在進行點對點傳播時，產生最大的發射功效。接著是將其電磁波對準視線所及的特定地點發射。

(二)以定向性區分

    1.定向天線（directional antenna）：這種天線對某一指定方向輻射最大的功率。

    2.全向天線（omnidirectional antenna）：此天線則沒有前面這種特性，而是均勻的向四周輻射功率。

    這兩種天線容下節再詳述。

(三)以用途區分

    可分為一般通信天線、無線電廣播用天線、電視廣播用天線、雷達（radar）用天線、方向探測用天線、無線電標識用天線、無線電導航用天線、飛機用天線、人造衛星用天線，以及無線電望遠鏡（radio telescope）等。

(四)以動作原理區分

    1.駐波天線（standing wave antenna）：指利用天線上的駐波輻射電波之天線。

    2.行波天線（traveling wave antenna）：指利用天線上的行波輻射電波之天線。

(五)以頻帶寬區分

    可分為廣頻帶天線（broad band antenna）及狹頻帶天線（narrow band antenna）兩種。

問題與討論

一、何謂「自由電子」（free-electron）？何謂「赫茲」（Hertz, Hz）？

二、何謂「直流電」？何謂「交流電」？

三、何謂「無線電頻譜」（radio frequency spectrum）？一般調幅與調頻廣播電視電台所使用的頻率或波段是屬於其中的哪個範圍？

四、無線電波的進行方式可以分為哪三種？

五、何謂「電離層」（Ionosphere）？何謂「干擾」（interference）？

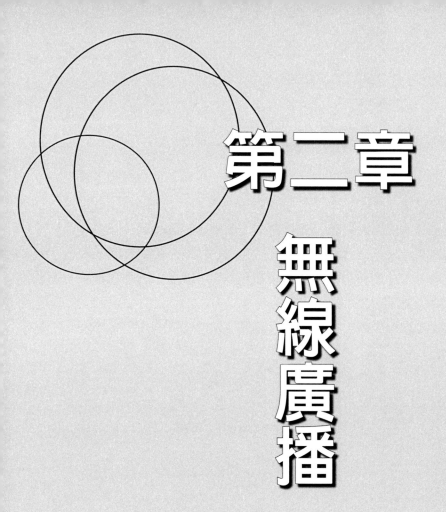

第二章

無線廣播

第一節　何謂廣播？

當人類在幾萬年前，仍處於「口述時期」時，只能利用本身喉部發音與嘴形變化的功能，進行面對面的一對一，或一對眾人的口述。即使站在高處，人類利用聲音傳達的距離，仍屬有限，頂多是2、3公里遠而已。一直到19世紀末、20世紀初，人類的說話及聲音，才能藉著一些廣播設備，將音頻轉變為電波訊號，再透過無線電的力量傳送到遠方的大眾。

因此，要瞭解廣播，首先要對人類無線廣播的發展史，有基本的認識。

總體來說，人類希望將聲音傳的更遠，讓更多人聽到。這個理想一直等到人類發現將「電氣」的能源，作為「媒體」（media）的一種方法時，才為人類的傳播活動，開闢了一個新天地。以下是逐步邁向人類這個理想的三個階段：

1. 西元1888年，德國人赫茲（Heinrich Hertz）發現電波（wave）。
2. 西元1895年，義大利人馬可尼（Marconi）發明「無線電」（wireless telegraphy，後改稱radio）。
3. 西元1904年，美國人法瑞斯（Lee De Forest）發明「三極真空管」（triode）。

我們知道，無線電廣播乃是將人類的說話聲音、所播放的音樂及音效等，加諸在電波上，亦即所謂的「調變」（modulation），然後再利用經放大的電力，發射出去，供人收聽。為了達成這個目的，人類要先找到「電波」這個載送人類聲音的媒體或載具（carrier），然後想辦法將它發射到遠方，這個時候就必須將已經呈現微弱的電能「增大」至10萬倍。因此，前述三個階段，便代表人類無線通信的重要過程。茲進一步說明如後：

一、第一階段：電磁學的發明

　　組成物質的最小單位原子，當環繞在其原子核軌道的電子，脫離軌道，變成自由電子，在空中運行，這種現象與進行方式，與它在荷電物體內運行相同。1864年，蘇格蘭人的馬克思威爾（James C. Marxwell），發現電磁學（electro-magnetism）原理，告訴大家，當磁鐵轉動時，其周圍便會產生電流，因而產生電磁場。由於電磁具有光的特性，即成波狀運行前進。這也就是說，震盪式放電，必能產生放射性電波（蔣麗蓮，1982：9）。

　　因此，空中的電波，如與荷電體中電波周率相同時，必起感應作用。（圖2-1）

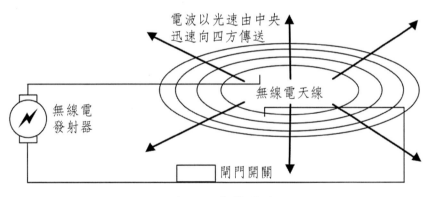

✿圖2-1　無線電波

　　接著，赫茲以科學方法證明電子的放射力，並證明馬克斯威爾關於電磁學的理論。西元1888年，他測得光波波長自1/30000英寸至1/60000英寸，而無線電波長則自數英寸至數英里。1970年前後，國際無線電協會即決定以Hertz（赫）為無線電波波長計算單位的名稱，以資紀念赫氏的偉大發明（莊克仁譯，1987：5）。

二、第二階段：無線電傳輸方法的發明

西元1890年，義大利人馬可尼（Gugliemo Marconi）開始研究無線電傳送的方法。他首先在自己家中，以無線電訊號作短距離傳送。1896年轉往英國，接受英國郵政部（British Post Office Department）的資助，以電花式（sparking plug）收發無線電波，最初射程爲100碼，經一再重複延長實驗的距離，直至1901年，始成功地將無線電信號，從英國康威爾的普渡港（Poldu），利用12kw發射台，用複式天線，橫渡大西洋，在2000英里外的法國鈕芳蘭（Newfound Land）上空，由風箏攜帶接收的天線，升空400英尺，收到了電碼（張慈涵，1965：58-61）。

三、第三階段：發射機增幅效果的發明

自從馬可尼的遠距離通訊方法獲得成功之後，一直到1927年美國通信公司首先爲美國海軍製造一部400瓦長波發射機，眞空管發射機始正式問世。

在這階段，英國佛萊明（John Ambrose Fleming）首先製成二極眞空管，作爲檢波與整流之用，1904年，美國人法瑞斯（Lee De Forest）於佛萊明二極中，加裝成三極管。三極眞空管的發明，最重要的是所謂的電波「增大」至10萬倍。後來加拿大人費聖登（Reginald Fessenden）也發明高週波電機和普爾生（Poulsen）發明的電弧式發射機及交流發電機的通訊機，都是屬於「送信裝置」的逐步突破與創新發明（黃新生等，1992：45）。

第二節　無線電頻譜

隨著科技的進步，最早被科學者發現的僅有極低頻的無線電波，然後再慢慢往更高的頻率發展與利用。

事實上，能實際為人類所應用的頻率，乃介於3萬（30,000）赫和3千億（300,000,000,000）赫的周率，稱之為無線電頻譜（radio frequency spectrum），包括所有適合傳播活動的電磁量，例如收音機、電視、雷達、微波等。在此頻率之下的，是屬於電能和音頻範圍，在此之上的，則是會影響人類生理的頻率，如X光、迦瑪（gamma）射線等。

一般無線電譜則是從30KHz-300KHz開始的低頻（Low Frequency, LF）區分為七個階段：中頻（Medium Frequency, MF）：300KHz-3mHz；高頻（High Frequency, HF）：3mHz-30mHz；特高頻（Very High Frequency, VHF）：30mHz-300mHz；超高頻（Ultra High Frequency, UHF）：300mHz-3gHz；極高頻（Super High Frequency, SHF）：3gHz-30gHz；以及至高頻（Extremely High Frequency, EHF）：30gHz-300gHz（莊克仁譯，1987：5）。

有關頻率的測量單位在前一章已說明過，計有赫（Hertz）、千赫（kilohertz）、兆赫（megahertz）、秭赫（gigahertz）及千秭赫（terahertz）。

其次，無線電廣播使用的調幅（AM）廣播，屬於無線片頻譜的中頻（MF）範圍，而短波廣播則屬高頻（HF）範圍，他們都藉由沿著和穿越地面的地波（ground wave），以及藉由射向天空，並被電離層（ionosphere）反射折回的天波（sky wave）或跳越波（skip wave）來進行電波的傳輸。

電離層是距地面升高約48至400公里的大氣層，共分4層（D、E、F1和F2層），其高低會隨白晝與黑夜以及季節與氣候變化，而變動不居，故無線電波的反射作用，自然隨之時強時弱，弱的時候，訊號便會發生衰弱現象（楊仲揆，1984：6-9）。

至於調頻（FM）廣播，則屬於特高頻（VHF）範圍，使用的是直線進行，既不射向電離層反射至地面，也不貼著地面走的直射波（direct wave）。

更高頻率的超高頻（UFH）、極高頻（SHF）及至高頻（EHF）則屬於微波範圍（microwave region），用做於衛星傳送或轉播之用（何貽謀，1978：47-50）（圖2-2）。

頻率	波長	名稱	特徵用途
	10nm	X射線	醫療機器
	380nm	紫外線	雷射
	780nm	可見光	人眼可見的電磁波範圍
3THz	100μm	紅外線（IR）	光通訊系統、雷射
300GHz	1mm	次毫米波	測距儀、光通訊系統
30GHz	1cm	至高頻（EHF）	宇宙通訊、雷達 ┐微
3GHz	10cm	極高頻（SHF）	衛星傳輸、雷達 ┘波
300MHz	1m	超高頻（UHF）	電視、行動通訊
30MHz	10m	特高頻（VHF）	電視、FM廣播
3MHz	100m	高頻（HF）	短波廣播、國際通訊
300KHz	1km	中頻（MF）	AM廣播、無線電短波
30KHz	10km	低頻（LF）	國際廣播、船舶、航空通訊
3KHz	100km	特低頻（VLF）	直接轉換成聲音之聲頻
300Hz	1,000km	超低頻（ULF）	聲頻、礦場通訊
30Hz	10,000km	極低頻（SLF）	聲頻、交流輸電系統
3Hz	100,000km	至低頻（ELF）	聲頻、潛艇通訊

（3THz以下為無線電波段）

✿圖2-2　無線電波頻譜

第三節　功率、頻率、波長與天線

與無線電廣播關係最親密的便是「調幅」與「調頻」兩者之間的區別。

在說明調幅與調頻之間的不同之前，有幾個重要的無線電工程術語必須要先行瞭解，那就是「功率」、「頻率」「週期（波

長）」與天線。

一、功率

　　前面提過「自由電子」這個名詞。當電子移動，產生電流，若電流不斷朝一個地方移動，我們稱之「直流電」（Direct Current, DC）。但是，如果這電流是重複地並且有規律地在改變移動方向時，則稱之交流電（Alternating Current, AC）（陳建宏，1992：12-14）。

　　進一步地說，「交流電」是指電流在一個方向裡上升又下降，然後在另一個方向上升和下降，就如同波浪般來回、上下移動，這種交替的流動，均衡地放射電磁能量，即所謂「無線電波」（圖2-3）。

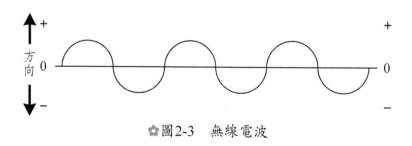

🌸圖2-3　無線電波

　　交流電會產生電磁能，而電流流動每一次變換或週期循環，便放射出一個電磁能量單一波形。電流流動力量或數量，將決定其放出波形的力量或電力。這種電波的力量乃是「電力」或「功率」（power）。

二、波長

　　無線電波從零點往正方向行走，再由反方向回到零點，便會形成一個完整的週期（cycle），亦稱「波長」（wavelength），如前一圖所示，加以標示正負弦波的情形，則為「波長」顯示（圖2-4）。

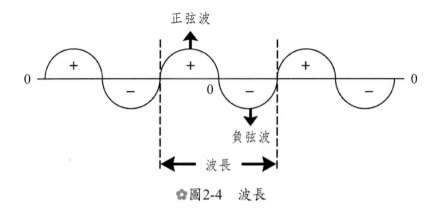

✿圖2-4　波長

三、頻率

　　至於電流變換的速率，便是「頻率」（frequency），頻率乃每秒的週期數（cycle per second），假如電流每秒完整變換1次，就是每秒一週期的頻率，如果每秒5次，就是每秒5週期的頻率（陳本苞：1977：25-26）。

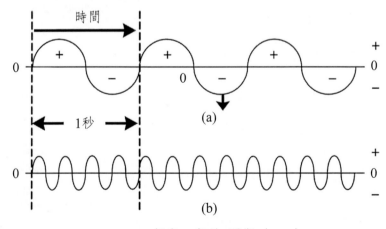

(a)頻率＝每秒1週期（1cps）
(b)頻率＝每秒4週期（4cps）

✿圖2-5　頻率

四、天線

　　前述電流變換、交替，並在一個方向裡發射一個電磁能量單一波形，如果他本身也是一個導線系統，除發射電磁波之外，亦可接收電磁波，這便是「天線」（antenna）。一旦電磁波被發射出來，而且後面持續有電波發射的話，它們便會自行傳輸，而且電力越強，電波就傳得越遠。

　　就天線輻射效力而言，如果天線長度與放射頻率的波長一樣時，其放射的效能最大。但是，由於位於低頻的波長，從數百或數千公尺不等，如果樹立一個等高的鐵塔天線，是不切實際的。（1,500公尺高的鐵塔天線？）因此，可以利用半波、四分之一波，甚至八分之一波天線，予以解決（莊克仁，1987：9）（圖2-6）。

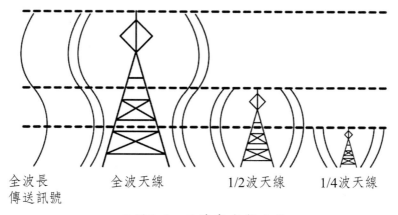

全波長
傳送訊號　　　　　全波天線　　　　　1/2波天線　　　　1/4波天線

✿圖2-6　天線高度對波長

　　無線電波是靠自力傳輸到空中，並像水波一樣，後浪推前浪，透過空氣、太空或真空行走，其速度相當於光速，大約每秒186,000英里，所以電子傳播機乎是瞬間同步的，也就是播音者和聽眾是同步發聲與進行的。

第四節　調幅與調頻

　　既然我們知道了「功率」、「頻率」、「波長」與「天線」等概念，接下來便對「調幅」與「調頻」加以說明。

　　「調幅」電磁波，早在1895年義大利的馬可尼，便從低頻的長波範圍，運用到人類通訊。「調頻」廣播，則一直要到1935年爲美國哥倫比亞大學阿姆斯壯（E. H. Armstrong）所發明（宋乃翰，1968：42 ；白中和譯，1980：34）。到底兩者有何不同？以下則有分項說明。兩者調變方式不同（圖2-7、圖2-8）：調幅乃是調變信號改變載波的波幅，載波的頻率不變。調頻乃指調變信號改變載波的頻率，載波的波幅不變。兩者使用頻率範圍不同：調幅電台使用中波波段535-1650千赫（KHz）的頻率範圍（邢瑩，1985：26-27）。調頻電台則使用88-108兆赫（MHz）的調頻波段。兩者波帶寬度不同：調幅電台每個電台之間，相距10千赫。調頻電台之間則相距200千赫。兩者傳送信號的電波及到達距離不同：調幅廣播以天波與地波傳送，可送達遠方，較FM遠得多。調頻廣播以直射波傳送，距離僅達餘視線所及之地。

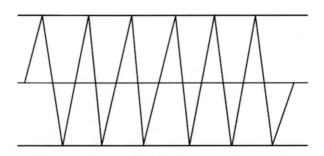

✿圖2-7　未經調變前的電波

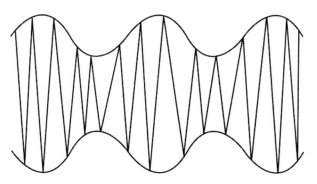

・調幅：調變波幅，頻率不變

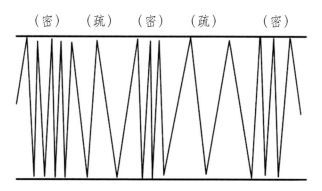

・調頻：調變頻率，波幅不變

✿圖2-8　調幅與調頻

一、兩者所受雜音情形不同

(一)調幅廣播因藉天波傳送至電離層，受靜電干擾，固雜音多。另外，也易受機車、雷雨的干擾。

(二)調頻廣播乃以直射波傳送，未被送至電離層，加上頻寬較寬，故無雜音。

二、兩者立體廣播效果不同

(一)調幅雖頻寬較窄（旁波段為5KHz），但也發展出以立體聲

傳送的方法，到1990年美國已有數百家電台播出頻幅立體廣播。我國則已有中廣與ICRT播出調幅立體廣播。

　　(二)調頻廣播利用30KHz發射，同時可利用其所剩餘的頻率，提供訂戶「附屬傳播服務」（Subsidiary Communication Authority; SCA）或副載波傳送（sub-carrier transmission）的服務，故不但可進行身歷聲立體廣播，亦可進行第二聲頻、計程車或卡車呼叫、背景音樂提供等服務。主要乃調頻頻寬（旁波段為15千赫）較調幅頻寬足足大了20倍之多（莊克仁譯，1987：63）。

第五節　無線電廣播的傳播模式

　　無線電廣播是利用電波將帶有訊息型態的能量發射出去，然後經由對方接收。

一、信號產生傳輸

　　由電台的發射激（transmitter）產生電流，或射頻載波（RF），然後與被傳送的訊息（intelligence）經調變（modulation）為調幅（AM）或調頻（FM）形式，按照政府所指定的頻率，經過放大（amplify）之後，從天線發射出去（Etkin, 1976: 11-12）。

二、信號接收與還原

　　聽眾在車上或家裡的接收天線，在吸收來往眾多發射訊號之際，其射頻調諧器（tuner, or RF selector）會選擇所要的載波頻率頻道，例如ICRT電台調頻100.7兆赫，並且經過「解調」（demodulation），將聲音訊號與載波分開，恢復原來電子形態的振幅，再進一步放大，並還原為聲音，從揚聲器出來，讓聽眾收聽（莊克仁，1987：33-39）。

　　從以上無線電廣播的發明及其發展，我們再根據1934年美國

創訂的《聯邦傳播法》（Communication Act of 1934），對廣播（broadcasting）所下的定義「利用無線電普遍傳遞訊息者」，可以充分瞭解，基本上廣播是發射廣播訊號，供聽眾收聽的一個過程，而廣播電台則是從事經營前述廣播事業者（張慈涵，1965：2）（圖2-9）。

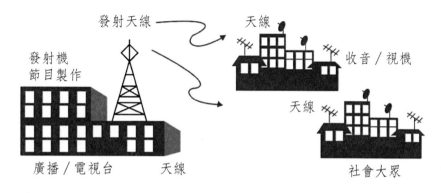

✿圖2-9　空中無線傳播（廣播）市場架構

第六節　我國廣播發展簡史

一、大陸時期

　　我國第一座電台：1922年12月美商奧斯本（Osborne）在上海開辦中國無線電公司，並在大來百貨公司設立第一座無線電台，電力50瓦。我國第一座民營電台：1927年10月，在上海新新百貨公司屋頂設立的50瓦廣播電台，呼號SSC。我國第一座公營電台：1927年在天津所設立的電台。

二、台灣時期

(一)1930-1940年代：日治時期

　　台灣人第一次聽到廣播是在1925年6月間，日本在該國開始廣播事業的同時，日本總督府便在台北建立播音室，進行10天試驗性質的廣播放送活動：「始政30週年紀念」。1928年，台灣總督府交通局遞信部開始著手試驗放送；同年稍後，台北放送局（JFAK）成立。1928年11月，台灣總督府交通局遞信部成立了「台北放送局」（JFAK），使用日語開始播音，是為台灣最早的廣播電台，到了1931年正式開張，也宣告台灣正式走進廣播的天空下。其後，日本內閣為了達到宣傳的目的，便在1932年的台南、1935年台中、1943年嘉義、1944年花蓮建立了大功率的「放送局」（廣播電台）（游能勇，2008：5）。

　　到了1932年，仿照日本國內的模式，成立「台灣廣播協會」進行管理，其成立目的有二，一是強化島內言論管理，二是以電波制壓南中國福建、及南洋諸國的領空，配合日本軍部進行大東亞戰爭宣傳，但最終目的仍是以廣播對台灣人民進行殖民統治。這家國際廣播機構自1931年在台灣成立以來，到1945年日本戰敗結束期間，曾在歷史的時空中扮演了14年活躍的角色，在台灣島內進行全島宣傳及海外宣傳。台北放送局也曾經是日本帝國最南端的廣播放送電台，在日本殖民時代，被定位為日本第一個殖民地廣播電台，加上日本在1941年12月正式發動大東亞戰爭之後，台灣成為日本當時侵略東南亞的南進基地，台北放送局成為日本對所謂「南方」的主要戰爭宣傳電台（周兆良，2008）。台灣放送協會在成立後，即以半官半民的社團法人身分，接受台灣總督府委託經營台灣5大廣播電台的節目企劃製作及營運角色，在節目上展現了下列五大特徵（放送文化研究所，1998：22-23）：

1.節目依賴日本放送協會（NHK）

由於當時廣播產業世界各國都才剛起步，故節目以轉播日本放送協會的廣播節目為主，以使台北能和東京同步，收到相同的國家政令及新聞報導。

2.平時節目規劃以在台日本人喜好為準

由於當時台灣家庭有能力購買收音機的數目不多，在戰爭以外的承平時期，節目規劃上自然以占收聽人數目9成以上的日本人喜好為主。

3.廣播身負普及日語使命

由於廣播可超越時空及地域，對多山的台灣而言，只要加強功率就可在短時間內傳遍全台近5百萬人，所以是台灣總督府用來普及日語、加強台灣人民皇民化、統合殖民地人民國家認同的最佳工具之一。

4.增加製作日台融合型節目

在日本統治台灣30年後，1930年台灣「霧社事件」震驚日本全國，迫使台灣總督府改變策略，增加製作具有台灣本土特色的日台融合型廣播節目，以配合台灣島民的同化運動，例如：以日語介紹的台灣歌仔戲、布袋戲、兒童歌謠等節目增多。此外，台灣放送會中，台灣本島人的職員數目也增加。

5.戰時5大電台成為南進廣播戰基地

由於廣播戰在戰時更是不可或缺的動員軍民及心戰武器，因此台灣5大電台在1937年中日戰爭爆發時，在1941年日軍攻擊美國珍珠港、太平洋戰爭爆發之後，5大電台都成為對內動員、對敵宣傳的心理戰武器，特別是電波功率高達10萬瓦的嘉義民雄台，成為日本對南洋、華南及海南島宣傳大東亞戰爭理念的主要廣播戰發動基地。

台灣光復以後，1945年11月國民政府派員接管上述5座廣播電台，台灣的廣播工程人員將日據時代的設備進行組裝，延續發展各項設施。1949年國民政府及其中央廣播電台等公營電台先後遷移至

台灣，同年11月6日，中國廣播公司的前身中央廣播事業管理處在台
灣成立，管轄台灣廣播電台及其下屬的台中、台南、嘉義、花蓮、
高雄、台東6個分台（游能勇，2008：5）。

　　後來中國國民黨接收了日治時期的台灣放送協會5個放送局所的
地產與設備，成為中國廣播公司的事業基礎。1950年起，執政當局
除了嚴禁設立廣播電台，全台的收音設備都被下令要強制登記，無
使用執照的收音機，立即被查封沒收。接著，1955年公布了《動員
戡亂時期無線電廣播收音機管制辦法》，1960年公布《戒嚴期間無
線電台管制辦法》，更嚴密控制了台灣廣播的收發兩端。

　　日治時代，由於主管單位對廣播收聽行為採取付費登記制，因
此從官方的統計數字，大約可知歷年廣播收聽戶的發展概況。1928
年，廣播雖屬試播階段，但其收聽戶已有7,800多戶了。1930年代
結束時，收聽戶達到5萬。日治時代結束前，收聽戶再倍增，達10
萬戶。若將這些數字與當時總人口數來相較，廣播雖在日治時代走
入台灣人生活中，不過收音機的普及率仍低，收音機是昂貴的奢侈
品。尤其，歷年的收聽戶中，日籍人士均占一半以上，年代越早，
台籍收聽戶所占的比例越低。因此，對一般大眾而言，更多的收聽
行為恐怕是在公共場所裡進行的。廣播要真正成為大眾生活的一部
分，還要等到戰後的1950、1960年代。

(二)1950年代：民營電台發展時期

　　1949年國民黨政府來台，電台紛紛往台灣撤遷，國民黨中央
台、中廣、空軍台，和一批廣播界從業人員亦先後來到台灣，著手
恢復原有電台及籌設民營電台。1950年，台灣地區軍、公、民營電
台只有21家，大、中、小之中波機僅32架。

　　1950年以來，台灣的廣播電台陣容日趨堅強，如各民營電台的
相繼設立、中國廣播公司50千瓦短波機的籌設、軍中播音分台的普
設、空軍電台效能的改變、警察電台的興建。中國廣播公司的對中

國大陸廣播所用的定向強力中波機的完成，其他如收音機的製造、廣播雜誌的刊行，各台聯誼會的組織、廣播節目的訂定、中國廣播事業協會的成立，以及金馬播音台的創辦等。當時在台灣的廣播電台計有軍中、空軍、中廣、民本，與日據時代留下的7個電台，合計僅10餘座（鄭貞銘，2005：83）。

　　1952到1958年，由21家增加到52家，發射機亦達115架之多。1955年，政府決定台灣省每一縣市准設民營電台一座，電力須1,000瓦以上，主要目的為：「對內實施心戰，對外扼制匪波。」

　　1956年，台北到嘉義以及台北到花蓮之間直達調頻系統試通完成，在竹子站設發射站。1960年，建構台灣本島行程一整體相連而分體獨立的調頻廣播網。

　　1958到1960年，民本等7家電台，准增設第二廣播部分。1950年代前後，共成立23家民營電台。

　　1959年5月2日經文交通部轉行政院核定「民營電台在清查整理期間暫不開放一案准予備案」，由於電波干擾問題嚴重，政府基於調幅廣播頻率使用飽和、政府機關優先設立電台、民營電台的暫緩設立等理由，自1961年起，政府即宣布廣播頻道凍結，停止受理增設民間電台（中華民國廣播年鑑，1969.03），至1992年共計有99件申請函件，均遭主管單位飭回，此乃所謂廣播頻道凍結政策。但也有例外，就是1979年，ICRT以財團法人的模式，接收美軍所留下之設備，繼續以英語為主播音並增設無分台之調頻網，成為台北國際社區廣播電台。然而，總的來說，在廣播頻道凍結期間，公營或黨營機構所擁有之電台卻持續增加，且多是擁有全區網或多頻道的電台為主；或者是調頻與調幅廣播兼有，在播音涵蓋上已形成絕對優勢。

(三)1960年代：軍用電台蓬勃時期

　　復興電台於1957年8月1日成立，自1958至1970年，共成立12分

台。1975至1979年,又增設14個分台,共計27個分台,使用78個頻道,數量之多,占國內所有電台之首位。

當時尚有其他軍用電台:軍中之聲(後改名漢聲電台)、中央電台海外廣播部(後改制為財團法人)、正義之聲、空軍電台(後撤銷)、幼獅電台、復興崗電台(後降低發射功率,轉型為政戰學校新聞系實習電台)。

(四)1970-1980年代:政府電台扶植期

1960年,中央政府成立教育電台,成為其所屬之公營電台。

台灣省政府所屬的廣播電台則包括:警察電台(1954年設立)、台灣區漁業電台(1984年設立)。以上電台在「凍省」後分別改隸警政署及農委會。

直轄市所屬的廣播電台則有:台北市政府之台北電台(1956年成立,原屬警備總部,1972年改隸台北市政府)。另為高雄市政府所屬之高雄電台(1982年成立)。

(五)國內巨無霸電台——中國廣播公司

1928年成立,由中國國民黨設立,1949年隨國民政府遷台,改名為中國廣播公司。中國廣播公司因特殊需要,政府以特定案方式於1968年起使用100MHz以上頻率,給予中國廣播公司相繼設置4個調頻網。之後逐漸擴充,1946年有10個分台。1968年,中廣實驗調頻廣播台先後設置台北、台中、高雄及花蓮4個頻道,後來的10餘年成立第二調頻網。中廣在1979年共有23座電台,1988年時則增至88座電台。

1977年,統計全國軍、公、民營機構共29家、電台131座,到了1978年,統計全國軍、公、民營機構共32家、電台186座。

(六)1990年代：頻道開放時期

1987年政府解除戒嚴，解除報禁，軍事通訊撥出93.1兆赫、94.3兆赫以及96.3兆赫3個廣播網，交由民間設台反制中共調頻廣播訊號的滲透。

1993年3月，政府開始辦理開放廣播頻道。

1994年，政府再次大幅調度88兆赫至92兆赫中的頻率提供地區性使用之調頻頻道，並依電台服務區大小分為甲、乙、丙3種功率的電台規格。

1996年，立院通過中央廣播電台以財團法人方式成立，肩負國際間與大陸地區傳播我國外交、經貿、僑務、觀光、文教等政策與立場。另開放客語類型電台。1999年、2000年，開放一般性電台、客語、原住民等類型電台。

總計，從1993到2000年，政府共開放10梯次，辦理調頻大、中、小功率及調幅電台的開放申設作業，共有151家電台通過籌設，同時也引進市場自由競爭的管理制度，產生各種不同定位特色的類型電台，活化廣播產業，是透過營運計畫或營運績效之審議，來決定電台執照的核發與換發。然而，廣播電台從開放到重整，其中充滿著政治角力、商業勢力的結盟與黨政平衡的考量（張琬琳，2001）。

❀表2-1　行政院新聞局廣播頻道核配統計一覽表

開放梯次	公告開放時間	審議公告日期	頻率類別	申請件數	公告核配頻率數	實際核配頻率數
第一梯次	82.12.1	82.12.11	調頻中功率	62	28	13
第二梯次	83.1.29	83.9.6	調頻中功率	29	29	11
第三梯次	93.6.29	84.1	調幅	4	6	2
第四梯次	83.5.31	83.12.24	調頻小功率	174	99	46
第四梯次	83.5.31	84.8.17	調頻中功率	45	28	11

第四梯次	83.5.31	84.10.13	調頻大功率	14	1	1
第五梯次	84.2.15	85.1.18	調頻小功率	136	53	21
第六梯次	84.5.16	85.2.13	調幅	6	4	1
			金馬調頻	1	10	1
			調幅	2	1	0
第七梯次	84.11.22	85.9.2	調頻中功率	54	17	10
第八梯次	85.1.15	85.6.15	台北地區客語調頻中功率	2	1	1
第九梯次	89.6.30	90.3.26	調頻小功率	7	21	18
			調頻中功率	11		
第十梯次	89.9.30	90.6.20	指定用途小功率	2	2	
			指定用途中功率	1	1	

資料來源：游能勇（2008）整理。

　　台灣廣播頻道自從1993年開放之後，至今已經開放151個頻道。下列為眾多電台能在激烈競爭與快速變動的環境下建立競爭優勢的原則：

1. 發展類型化（format）電台是廣播業者的根本策略。
2. 建構電台品牌，強化行銷能力，但唯有重視創新、創意與節目品質，才能鞏固品牌。
3. 廣播電台之規模較適合權股集中、組織扁平、決策靈活的形態。
4. 廣告銷售為形成節目的特色重要因素之一，同樣需要配合行銷策略作規劃，例如舉辦活動等等。

(七)廣播電台策略聯盟

　　台灣廣播市場自1993年開放後，政府大量釋出頻道，對原有的廣播生態造成了第一次革命；而新興電台的聯合經營與聯播，則是廣播生態的第二次革命。

　　自從1996年之後，部分電台開始進行區域性節目相互聯播，惟規模不大，且成效不彰，真正開始公司化的策略聯盟，並衝撞新聞局法令規章者，則首推1997年開播的飛碟電台，採用相同的名人牌，與台北之音分庭抗禮，迄至2003年約有8家全區或部分區域的聯播網成立，包括：東森、好事、KISS、亞洲、HIT FM、APPLE及青春線上等，這時的台灣廣播事業，遂進入合縱連橫的局面。原本獨立經營之電台，如北部的台北之音，中部的台中、全國、大千等電台，都全面臨聯播網所給予的壓力（孫國祥，2003）。有關新廣播電台間的策略聯盟則如表2-2所示：

❀表2-2　新廣播電台間的策略聯盟現況表

功率	電台名稱	跨區	區域
中功率 一中功率	一、飛碟電台（台北） 1.南台灣之聲電台（高雄） 2.凱旋電台（台南）	北、南	
	二、台北之音電台（台北） 1.台中全國電台（台中） 2.凱旋電台（台南） 3.花蓮調頻電台（花蓮）	北、中、南、東	
	三、嘉樂電台（嘉義） 1.快樂電台（高雄） 2.澎湖廣播電台（澎湖）	南、（澎湖）	
	四、大眾電台（高雄） 1.大苗栗電台（苗栗） 2.南投電台（南投） 3.台南知音電台（台南）	北、中、南	
中功率 一小功率	一、飛碟電台（台北） 1.真善美電台（台中） 2.民生展望電台（雲林） 3.台東知本電台（台東） 4.太魯閣之音電台（花蓮） 5.北宜產業電台（宜蘭） 6.中港溪電台（苗栗） 7.澎湖社區電台（澎湖） 8.大新竹電台（屏東）	北、中、東、（澎湖）	

	二、台北之音電台（台北） 1.中台灣電台（台中） 2.南屏電台（高雄） 3.下港之聲放送頭電台（南雄） 4.屏東之聲電台（屏東）	北、中、南	
	三、嘉樂電台（嘉義） 1.全景電台（台北） 2.望春風電台（台中） 3.澎湖風聲電台（澎湖）	北、中、南、 （澎湖）	
	四、金聲電台（南雄） 1.南都電台（台南） 2.人生電台（台南）		南
	五、快樂電台（高雄） 1.全景電台（台北） 2.望春風電台（台中） 3.澎湖風聲電台（澎湖）	北、中、南、 （澎湖）	
	六、澎湖廣播電台（澎湖） 1.全景電台（台北） 2.望春風電台（台中） 3.澎湖風聲電台（澎湖）	北、中、（澎湖）	
	七、台灣全民電台（台北） 下港之聲放送頭電台（高雄）	北、南	
小功率 一小功率	一、全景電台（台北） 1.望春風電台（台中） 2.澎湖風聲電台（澎湖）	北、中、（澎湖）	
	二、女性生活電台（台北） 1.中台灣電台（台中） 2.高屏電台（高雄）	北、中、南	
	三、大彰化之聲電台（彰化） 山城電台（南投）		中

資料來源：游能勇（2008）整理。
註：凡超過兩區（含）以上者，稱為跨區，但離島的澎湖不另列為一區，但在跨區分析中註明。

　　目前廣播產業發展策略聯盟的方式主要可分為3種：一是「經營結合」，二是「節目共享」，三是「業務結合」。「經營結合」

是指結合的兩家廣播電台所播出的節目完全一樣；「節目共享」是指同一節目由多家廣播電台共同製作、播出；「業務結合」則是一種比照聯播的合作方式，因為主播台與聯播台的經營權各自完全獨立，惟對於聯播之節目，則採業務合作的經營方式，期降低節目製作成本（陳佳芬，1998）。

　　目前廣播市場的聯播網，除了新設立的中小功率電台的互相結盟之外，也有與無線電視台、有線電視頻道甚至直播衛星電視業者結盟。此外，更出現與國外廣播電台聯播者，如台北電台與英國國家廣播電台的聯播。

　　根據廣播業者向新聞局提報的資料顯示，國內廣播電台聯播現況，如表2-3所示：

🌸表2-3　廣播電台組成聯播網現況

主播電台	參與聯播電台	聯播所占比率	參與聯播日期
飛碟電台	南台灣之聲電台	49.90%	1997.9.29
	真善美電台	69.79%	1997.9.8
	民生展望電台	69.79%	1997.7.2
	台東知本電台	69.79%	1997.5.19
	太魯閣之音電台	69.79%	1997.3.29
	北宜產業電台	69.79%	1997.6.20
	中港溪電台	69.79%	1997.8.20
	澎湖社區電台	69.79%	1997.8.22
	凱旋電台	10.12%	1999.11.8
	大新竹電台	17.8%	2000.1.1
台北之音電台	中台灣電台	69.04%	1999.5.3
	高屏電台	69.04%	1999.5.3
	台中全國電台	5.9%	1999.7.1
	凱旋電台	3.57%	1999.2.22
	花蓮調頻電台	50%	2000.2.1
	下港之聲放送頭	5.9%	1999.2.22

	屏東之聲電台	3.57%	1999.2.22
嘉樂電台	全景電台	11%	1999.5
	望春風電台	4%	1999.5
	快樂電台	30%	1999.5
	澎湖風聲電台	6%	1999.5
	澎湖廣播電台	7%	1999.5
大眾電台	大苗栗電台	44.6%	1999.5.7
	南投電台	48.8%	1999.5.7
	台南知音電台	42.8%	1999.5.7
金聲電台	南都電台	7.14%	1999.5.12
	人生電台	7.14%	1999.5.12
	民立電台	3.57%	1999.5.12
快樂電台	全景電台	37.1%	1999.5.12
	望春風電台	31.5%	1999.5.12
	嘉樂電台	29.7%	1999.5.12
	澎湖風聲電台	48.2%	1999.5.12
澎湖廣播電台	快樂電台	7.3%	1999.5.7
	嘉樂電台	7.3%	1999.5.7
	望春風電台	7.4%	1999.5.7
	全景電台	7.3%	1999.5.7
	風聲電台	7.7%	1999.9.13
全景電台	快樂電台	9.7%	1999.7.1
	嘉樂電台	7.9%	1999.7.1
	望春風電台	9.8%	1999.7.1
	風聲電台	8.3%	1999.7.1
台廣中興電台	山城電台	10.4%	1999.5
先聲電台	燕聲電台	8.5%	1999.4
	大樹下電台	7%	1999.4
全國電台	台北之音電台	0.6%	1999.3.29
女性生活電台	中台灣電台	59.52%	1998.8.3
	高屏電台	59.52%	1998.8.3

台灣全民電台	下港之聲放送頭	61.31%	1999.12.1
中廣公司	漢聲電台	3.9%	1999.2.16
中央電台	大新竹電台	2.4%	1999.1.12
中廣公司	鄉音電台	1.7%	1999.2
大彰化之聲電台	大新竹電台	10.8%	1999.7.22
警察廣播電台	台北電台	3%	1998.2

資料來源：國家通訊傳播委員會（2006）。

　　根據最近一項研究（游能勇，2008），有關台灣廣播電台實施策略聯盟的主要動機是為了「加強競爭力」，而這些策略聯盟電台選擇主要節目類型則為「音樂節目」，採取其節目比例則大約占5成左右，以「北部地區」及「南部地區」為主要分布範圍。其次，在績效方面，這些電台在採用策略聯盟之後，雖然「電台知名度」並沒有明顯提升，但在「閱聽眾滿意度」、「廣告收入」與「收聽率」方面則有明顯增加及提升，因此，只要條件及能力所及，許多廣播電台仍樂於加入策略聯盟。

(八)地下電台

　　台灣自從1978年解嚴以後，接著便是解除「報禁」與「黨禁」。過去被執政當局嚴密控管的廣播、電視媒體，也開始面臨要求頻道「釋出」的挑戰。雖然在1993年執政當局終於順從民意，分批釋出中、小功率的調頻頻道，但仍有所謂的「地下電台」，像野火般在台灣各地「燎原」。

　　所謂「地下電台」或「非法電台」，是一般人、媒體或官方對未經合法授權擅自使用放大器等器材設備播音者的稱呼，但這些播送者比較傾向接受「沒有執照的電台」或「體制外的電台」之名稱，也有學者將其歸為「異議媒體」的一種。

　　早在1991年，講台灣本土故事「廖添丁」的高手吳樂天，以「台灣之聲調頻廣播電台」為名，進行實況轉播，開了台灣地下

電台第一槍。然而，首開地下電台風氣之先的則是當時擔任立法
委員的張俊宏。他在1992年競選連任時，在其辦公室成立了「全
民電台」，作為其訴求「爭取言論自由」的圖騰。後來新黨的
「TOPGUN」電台也開始「呼群保義」，成為國民黨非主流的精神
堡壘。一直到現在，台灣各地仍有為數上百家的「地下電台」，部
分繼續以「政治」為訴求，部分則轉向「商業」，以賣藥為主業。

　　綜觀地下電台的特質，包括以下數點（陳美華，1955；陳清
河，2008）：

　　1.起於民間，具草根性。

　　2.具鮮明的政治立場，並自許有媒體改革的使命。

　　3.將call-in發揚光大，創新電台節目製作方式與節目風格。

　　4.具驚人的動員力，常介入群眾運動。

　　5.是反對運動的大本營。

　　6.打游擊的性格。

　　7.不斷尋求政治偏異走向及商業偏向的手段。

　　也有人擔憂地下電台煽動人心、煽惑犯罪、干擾社會治安，甚
至可能造成動亂。未來如何因應地下電台，就要看第二屆國基傳播
委員會委員們的智慧與作為了。

第七節　國際廣播

一、何謂國際廣播？

　　國際廣播是負責的國際電台以短波（sw）發送訊號，需要特殊
的短波收音機才能收聽到。短波廣播是介於2-30MHz（兆赫）的廣
播（一般的FM廣播是介於88-108MHz之間，短波廣播的頻率比FM
廣播低的多）。由於短波頻率較低，及不受地形與距離限制的無線
電特性，使得短波一直是跨洲通訊最佳利器。由於短波，在室外直

接用伸縮天線即可接收到短波廣播，所以比其他媒介更適合作爲國際宣傳。

除了廣播服務以外，長程的越太平洋航空管制通訊、海事通訊、業餘無線電、軍警通訊，都可以利用短波達成與全世界任何地點，做距離10,000-20,000公里的聯繫，因此我們才可以利用短波廣播來得知世界各國的動態。

二、國際廣播與一般調幅、調頻廣播之比較

從傳輸工具比較，國際廣播和一般調頻與調幅的廣播電台不同。國際廣播電台顧名思義就是對國外發聲的大型功率發射電台，國際廣播電台所傳遞的資訊是國與國之間的訊息傳遞，凡是跨越國界、語言、種族、思想與文化間的訊息傳播都可視作國際傳播的一種行爲。

國際廣播一開始的定位就與國內其他電台性質不同，國際廣播是對外宣傳廣播，傳達的訊息意義是以國家資訊爲主，向國際社會宣傳各國基本立場及觀點、形塑輿論，提供各國政府推動外交政策，影響其他國家意識型態文化及價值觀，甚至進行國際顛覆。

因應著社會變遷及時代改變，國際廣播電台節目也逐漸轉型，硬性的黨政訊息也逐漸軟化，改以對外宣傳文化內涵爲主。20世紀末，全球化時代來臨，國際間的互動形式有了重大改變，影響所及，國際廣播亦從冷戰意識型態的窠臼中走了出來，逐漸由赤裸裸的政治宣示，轉爲強調文化價值觀的資訊傳播。這便是國際廣播角色轉型的變革。

三、國際廣播的特色

目前國際傳播存在著許多障礙，如語言的不同、文化的差異、傳播工具的落後、種族和信仰的分歧、識字率的偏低等等，使得各國政府在有意無意中，阻礙了國際傳播的發展，但上述所說國際傳

播的困難，卻可藉國際廣播得到部分的解決，因爲無線電具有下列
優點（李瞻，1992：165-166）：

1.電波可超越國界，免於檢查。

2.不受時空限制，可隨時收聽。

3.國際廣播利用各種語言，直接傳給理想聽眾，可克服語言上
　的困難。

4.經濟、方便、迅速、範圍廣、滲透力強。

四、國際廣播的發展與現況

　　國際廣播部分則是得追溯至第一次世界大戰期間，1923年德、
法之間展開第一次廣播戰爭。1933年，希特勒開始以短波向世界、
中波向歐洲宣傳；1939年，第二次世界大戰開打後，英國廣播公司
用16種語言向歐洲傳播。之後美國也在1942年成立美國之音，蘇聯
的莫斯科電台、日本廣播電台等紛紛成立，使得國際廣播宣傳在第
二次世界大戰期間登峰造極。

　　1930年代末期和二次大戰期間，國際廣播以迅如流星般的速度
成長著。戰後，雖然有短暫的停頓，1950和1960年代再次呈現了巨
幅的成長。這似乎顯示出世界各國並不放棄國際廣播。有些國家每
年花費千百萬元發展國際廣播，更有少數國家則用相同的代價試圖
阻止人民收聽國際廣播。

　　國際廣播的成長不僅快速，同時極爲分歧。1930年代末期，國
際廣播已廣爲各國政府、宗教團體、廣告商、傳播業者甚至教育家
使用。今天這些分歧的情形同樣存在，且隨著更多新電台的成立有
與日俱增的趨勢。在一個電視越來越受到重視的時代，國際廣播似
乎仍扮演著國際交流中的重要腳色（李瞻，1992：166-167；179-
180）。

　　然而放眼國際社會，或因傳播科技的精進，或因傳播趨勢的改
變，或因國際局勢的更改，國際傳播的作爲已不再循舊傳統思維行

進了，取而代之的，不僅在節目型態上改變，工具上更是朝著跨媒體的方向結合。

五、國際廣播電台的類型

根據過去國際廣播的歷史發展，只要有重要戰事或地區性衝突，凡是交戰國或衝突雙方，都會充分利用國際廣播這項工具，大幅增加對目標國的頻率、時數、語言的廣播，以爭取輿論支持和對目標區人民進行宣傳。因此，國際廣播電台難免有國家偏見，甚被世界強國所控制，故大多淪爲各國政府的宣傳工具。

若以國際廣播電台的成立性質劃分，又有以下幾種類型，但大致而言，仍以第一類型最爲廣泛（李少南，1994：83）：

1. 由各國政府開辦、提供資金或直接控制的國際廣播電台。如美國之音、英國BBC、中國國際廣播電台、德國之聲、法國國際廣播電台等。目的在宣傳本國政策，樹立國家形象與增進國際間的相互瞭解。

2. 以營利爲目的的商業性國際廣播電台。如歐洲的盧森堡廣播電台、非洲的「非洲第一」廣播電台等。

3. 旨在傳教的宗教性國際廣播電台，如梵蒂岡廣播電台。

4. 刻意越過國界對鄰國人民播音的國內廣播電台，此類電台在中東與巴爾幹地區皆有。

5. 反政府組織在境外設置，刻意向該國進行廣播之祕密電台。這類地下電台有明顯的政治目的，經常與電波目標國的政府對立，他們經常是敵對政府或政治勢力所支持成立的。

六、世界主要國際廣播電台簡介

(一)美國之音（VOA）

美國之音是美國政府所設置的一個純對外宣傳新聞單位。成立

於1942年2月，總部設於美國華盛頓。當年是為了滿足飽受戰爭摧殘的境外人士對追求值得信賴的新聞需求而設立。節目宗旨以報導美國及世界正確與客觀的新聞與資訊給海外聽眾。反映在節目格式上則是包括新聞報導、新聞雜誌專題與現場call-in類節目。成立當時距離美國加入二次大戰才79天而已。VOA成立後歷經幾次改組，目前隸屬於美國國際廣播局IBB（International Broadcasting Bureau）所管轄的四個機構之一。

美國之音以45種語言，每週向世界各地廣播1,250多個小時的新聞與節目，其中電視使用25種語言。該組織設有英語新聞及節目部、外國語言播音部、工程部、行政部、總部和電腦中心，其中以外語部門最大，又以中文部為最大的一個。

根據美國之音資料顯示，不論任何語種，其播音內容皆涵蓋新聞資訊、教育與文化，全球聽友每週超過1億2千萬人，並透過廣播、衛星、電視與網路提供超過45種的語言服務。不過根據1948年的Smith-Mundt Act，其中有條文明文規定不可與民爭利，因而禁止VOA向美國本土播音。

在預算方面，以2002年為例，包括廣播與電視在內，美國國會共通過1億4700萬美元的預算，到了2008年成長為1億9,020萬美元。但這不包括其他贊助的名目。而在美國本土與海外的工作人員方面共僱用超過1,100人，甚至在全美有22個國內特派員，在其他國家還有16個新聞駐點與超過25名的特派員及90名兼職的自由工作者（陳惠芳，2004：63；www.VOANews.com）。

(二)英國廣播公司（BBC）

BBC的最高領導機構是由12人所組成的董事會，成員包括各政黨和社會各界代表，經政府提名，英王任命，董事會必須對BBC的節目和專業表現全權負責。BBC的運作經費主要來自於視聽大眾繳交的收音機與電視機執照費（1971年起，收音機不再繳費），收費

標準由國會決定。

BBC廣播網包括了Radio1、Radio2、Radio3、Radio4、Radio5等五個全國性廣播電台，另外還有數位廣播網包括了Five Live Sports Extra、6Music、BBC 7、1 Xtra、Asian Network以及World Service等，提供音樂、文化、教育、新聞、體育等各種不同面向的廣播服務。甚至第五廣播網Radio5還以中波播出海外廣播節目的精采節錄。

BBC是在1932年12月開始對外廣播服務，而外語節目開始於1938年。2008年12月19日才剛剛度過75周年慶，目前透過英語和其他42種外語對全球各地發音。每週播出時數在870個小時以上，根據最新（2007-2008年）的調查顯示，BBC全球聽眾超過1億8,200萬人，其中有超過2,000萬人都是英語聽眾。國際廣播的主要經費是來自英國外交部，由於外交部決定播出語言與節目時數、長度，節目內容部分則是由BBC自己決定。有人認為，BBC完全獨立於英國政府。然而，根據法律條文規定：在廣播機構違反規定許可的條件或未能履行各自的義務時，英國政府在任何時候均可撤銷其經營執照（張勉之，2005：152）。

國際廣播的節目內容包括新聞、時事分析、政治評論、體育、戲劇及其他娛樂等。英語節目更是24小時不間斷播音，並且在熱門時段增加對中東地區、非洲、東亞、南亞、歐洲與加勒比海地區播音。

BBC在2007-2008年報指出，在世界服務部分，她們也透過其他管道播出，例如在全球154個主要城市，透過FM頻道轉播BBC節目，2007-2008的目標聽眾為1億8,000萬人，實際達到人口數為1億8,200人。BBC目前加強線上節目播出，截至2008年3月，共有8億8百20萬人次瀏覽BBC網頁，而在早一年（2007）只有7億6千3百萬人次。

BBC廣播節目的機動性很強，經常因應世界局勢的變化在節目

時數上予以調整。在預算方面也是一樣，BBC在2007-2008年全部收入為2億5,500萬英鎊。從2007年11月起，連續3年，政府每年將增加2千500萬英鎊，主要提供BBC在現代傳播科技上的發展使用。

(三)德國之聲（DW）

德國之聲Deutsche Welle（DW）總部位在德國科隆，成立於1953年，提供德語與29種外語服務的國際廣播電台，德語每日24小時播出，外語部分每天播出70小時左右，每日播音總時數超過90個小時。每週收聽人數有1億人之多。

德國之聲擁有來自於全球60多國的1,500多名工作人員。節目內容除了新聞、重要事件的深度分析報導外，也提供與政治、經濟、股市、文化、宗教、音樂與體育活動等相關消息，並以多方面呈現德國的各種不同面向，尤其德國重視體育活動，因此在節目安排上，體育的重要性僅次於新聞類節目。一個小時的節目裡，幾乎是每半個小時就有5-10分鐘的新聞，其次是體育消息與新聞分析等。至於德語的推廣也是德國之聲的重點項目，因此在每天節目中也有德語教學內容。

DW所設定的目標聽眾為全球對德國與歐洲事務有興趣的人，特別是那些意見領袖與所謂的「資訊菁英」。在節目的設計上，也是為那些學習德語、已經會說德語以及對德國感到興趣的人而設計。而不論暫時獲永久居住在國外的德國人，也可以將DW當作是回家、關心家鄉事的橋梁。

2008年已屆滿55周年，從設立之初到現在有許多忠實聽眾，且不斷增加播音語言與不同媒體的服務，最早是提供聲音的廣播DW Radio，之後1992年又有畫面呈現的DW TV，最後在2001年才有資訊高速公路網際網路DW-WORLD.DE的出現。

德國之聲是公共廣播業者，也是德意志聯邦共和公共廣播聯合組織的成員，經費來自於政府稅收，2007年來自政府的經費有2億

7,786萬歐元。

(四)日本放送協會（NHK）

　　NHK針對國內廣播的頻道共有8個，分別是兩個地面波頻道、3個衛星頻道（其中之一是高畫質電視頻道）、和3個收音機頻道。國際廣播則以接收方式分成「電視」、「衛星和有線」、「收音機」三種，分別有不同的名稱，各是「NHK World」、「NHK World Premium」、「NHK World Radio Japan」，統稱為「NHK World」。

　　日本NHK的國際廣播，開辦於1935年。

　　NHK宣稱其經營國際廣播業務之目的是向全世界正確、公正地傳播海內外新聞。內容特別注重描述日本人的日常生活、文化、政治、社會現象、科學和產業發展，以及日本對於重要國際問題採取的立場、民意走向，以藉此促進和其他國家的相互理解和友好親善、文化交流。簡言之，就是增進全世界對日本的瞭解並使海外的日本人保持接觸日本資訊的機會。

　　「NHK World」使用3個衛星，向全世界進行全天候的播放。由於沒有鎖碼，除了非洲南部之外，全世界約有170個國家，地區只要裝設衛星碟子和調節器就可以免費看到「NHK World」。該頻道的節目有25%是可以英語收看的。「NHK World」的節目內容是以新聞、資訊節目為主。

　　「NHK World Radio Japan」是個使用日語、英語等22個語言，向全世界播放的國際短波廣播。不同語言加起來的播放時數一天多達65個小時（張勉之，2005：135）。分為一般廣播和地域廣播。一般廣播是以世界各地的外國人、和日本人、日裔為主，以英語（一天14小時）和日語（一天20小時）進行新聞、解說、音樂等節目的播放。地域廣播是向特定地區播放節目，除了日語和英語之外，還有其他20個語言（一天合計播出31個小時），節目還考慮各地的政治、風俗習慣、宗教等特殊性，在新聞、解說節目之外，也加強介

紹日本和加強跟聽眾的連結。日語方面的廣播，則會時常針對國際
情勢變化播放特別節目。另外，每天還向海外的日本人播放「海外
安全」資訊，遇有緊急情況，則向該地區密集提供日語資訊。

在國際新聞方面，除了NHK本身在全世界設有32個總局和支
局，各重要地點都派駐記者、努力製作表達日本觀點的國際新聞之
外，NHK也吸取其他國家製作的新聞菁華。在NHK的頻道分工上，
衛星第一頻道（BS1）是個以新聞、國際資訊爲定位的頻道，因此
除了播放日本自己製作的新聞之外，也有來自外國媒體的新聞，包
括「Top News」、「Asia News」都是直接播放外國媒體的新聞。
來源有美國的PBS新聞、美國的ABC新聞、德國的ZDF新聞、美國
的CNN新聞、法國的F2新聞、俄國的RTR新聞、西班牙的TVE新
聞、韓國的KBS新聞、香港的ATV新聞、菲律賓的CH2新聞、中國
的CCTV和GDTV、越南的VTV、泰國的CH9，這些新聞大多是日語
加上該國語言的雙語播出（陳惠芳：2004：89；http://www.nhk.or.jp/
pr/keiei/kihon/kokusai.htm）。

(五)我國國際廣播—中央廣播電台（CBS）

1.發展歷史

1928年8月1日，「中央無線廣播電台」正式在南京創立，創台
之始，及擔負「國家廣播電台」的功能，中央廣播電台成立到今天
（2008年）已有80年的歷史。該台設台宗旨爲：第一，對國外地區
傳播新聞及資訊，樹立國家形象，促進國際人士對我國正確認知。
第二，加強華僑對祖國向心力，做客觀、公正之報導。該台播送方
式除國際短波外，還包括RTI FM、網際網路、手機等。依英國國家
廣播電台（BBC）對國際廣播聽眾人數統計方式，央廣的全球聽眾
估計約6千萬人。

該台目前的全名爲：財團法人中央廣播電台（Central
Broadcasting System, CBS）是中華民國（台灣）的國家廣播電台，

以「來自台灣的聲音」作為台呼，每天以13種語言代表國家對全球廣播，翔實的報導台灣的民主歷程、藝術人文、社會風貌、文化風俗及各項建設，把台灣的聲音傳揚到世界各地。

中央廣播電台的成長約可分成四個階段：

(1)1928年創台於南京。

(2)抗戰時期：在日本侵華進犯南京之下，遷往重慶播音，發揮廣播的力量，對外向國際宣傳，對內鼓舞國人士氣。在敵人的武力威脅下，日益壯大，被日本稱為「炸不死的重慶之蛙」。

(3)播遷來台：一度以中國廣播公司大陸廣播組、大陸廣播部為名義，以「中央廣播電台自由中國之聲」為台名，對大陸同胞廣播。於1976年恢復原有建制，於1981年遷入新建之台址，為號昭大陸同胞，恢復「中央廣播電台」呼號，展開對大陸廣播。

(4)改制國家電台：1998年1月1日正式改制成為獨立的「財團法人中央廣播電台」（Central Broadcasting System, CBS）並開播，成為國家電台。這項法律的制訂不僅讓中央廣播電台的法律地位更加明確，同時賦予這個歷史悠久的電台一個明確而嶄新的定位——代表國家向大陸及海外地區傳遞國家的新聞及資訊。依照這樣的定位，中央廣播電台脫離過去為黨政軍服務的角色，逐步轉型為國際化、現代化、公共化與專業化兼備的國家廣播電台。2003年7月1日起，台呼改為中央廣播電台——來自台灣的聲音（Radio Taiwan International），沿用至現在。

2.發展現況

中央國家廣播電台因為兩岸的關係，使得央廣除了對國外發聲外，最主要的聽眾是以大陸同胞為主，且對中國大陸的播放時數也比其他地區來得多，中央廣播電台希望能增進大陸地區對台灣的溝

通與瞭解，並樹立起現代化的台灣形象。以下就九種情形分別加以
說明（註）：

　　(1)目標聽眾

　　中央電台邵前總台長立中曾親自檢視該電台設置條例，發現該
條例並未規定，要以短波對國際社會進行國際宣傳。因此，邵前總
台長便對中央電台予以重新自我定位，即不一定是全然的「短波電
台」。過去，中央電台要費很大的力氣，發射短波，進行國際宣
傳。現在，中央電台的目標聽眾（target audience）除了短波廣播的
聽眾之外，更要包括具有影像力的菁英及決策人士，以便影響該國
的政策。

　　(2)節目策略

　　中央電台不是政府宣傳機構，而是將台灣的民主經驗讓全世界
知道。該台的報導較重視生活及消費層面。對於中國大陸的干擾，
雖非百分之百，該台採浮動式反制，尤其是網路遭封鎖時，該台採
取可變動的方式因應。對於東南亞國家，如菲律賓、印尼。我們重
視勞工議題的報導。對日本，針對台、日關係，該台是採取比較
「黏」的態度。英語廣播，則以報導台灣的現況為主。其中文化與
音樂是未來內容加強的重點。

　　(3)新聞政策

　　邵立中前總台長說，記得有一次某部會要求該台不要發布一則
對該部會產生負面的消息，然而被他給否決了。總台長針對此事，
對該台新聞部同仁宣布，儘管中央電台是國家電台，但新聞應有獨
立性，不能讓政府來指導如何做新聞。總之，邵前總台長強調，他
個人是放手讓新聞部的同仁去採訪及播報新聞，從來不干涉新聞部
門的業務。

　　(4)員工編制

　　因預算有限，故員工編制年年縮編，例如：編制員額從過去的
488人，減到2005年的456人。目前仍在縮編裁員中。中央電台的員

工大多都是各部門自己招募，但有時也可以互相調派人手。遇有特殊語網的節目可能會找在台僑生。在語言編導人選基本上希望是台灣人，因爲本地人比較瞭解作業情形，對外發送台灣消息的工作較能勝任。除俄語網的語言編導是俄國人。

(5)製播語言

過去中央電台用18種語言對外廣播，分別是國語、閩南語、客家語、粵語、西藏語、蒙古語、英語、德語、法語、俄語、西班牙語、阿拉伯語、日語、韓語、越南語、泰語、印尼語、緬甸語等18種語言全球發音。現在，該台爲因應「台灣走出去」。自從2003年起，該台華語網台呼改爲「中央廣播電台——來自台灣的聲音」，外語台呼則爲「Radio Taiwan International」，RTI爲央廣英文縮寫；現以4種華語、9種外語進行國際廣播，並提供6種外語（英、西、日、印、泰、越語）的華語教學服務。

(6)收支情形

中央電台的收入來源主要有4種途徑：

①主管機關編列預算補助：國家給予的預算是央廣最主要的經費來源。不過政府每年所補助的預算，對央廣來說，並不是很充足。央廣每年預算約有8成多來自政府。

②國內外公私機構、團體及個人之捐贈。

　　政府相關機構：陸委會、客委會的年度贊助。

　　國營企業：中油、台電贊助。

　　民營企業：中華電信、華航贊助。

③提供服務之收入：出版廣播雜誌供聽眾訂閱。

④其他收入。

根據該台邵前總台長立中表示，電台爲了員工退休準備金，特別是舊制退休制度下的員工退休準備金，電台每年約有4-5億元的缺口，有財務危機。而電台每年歲收爲6億元。因此經營起來支出相當龐大，亦即負擔非常吃力。該台每年自行編列預算1億1千萬，三分

之二用於工程部，因為發射機用電費，每年需8千萬元。現在把它減至7千多萬元，接下來希望減至7千萬元以下。

　　節目部的費用為6千萬左右。中央電台為非營利組織，但此不意味不賺錢，而是更要重視財務的健全。不但要有營收的機會、成本的觀念，否則像真空管的汰換，經費將更為龐大。

　　(7)發射功率

　　中央電台對全球播出的節目，透過全省各地所架設的微波站傳送到各分台發射台，包括：鹿港分台、枋寮分台、長治分台、淡水分台、褒忠分台、虎尾分台、台南分台、口湖分台以及民雄分台等9個分台。總發射電力高達1萬零50千瓦，與英國廣播公司（BBC）輸出電力1萬零4百千瓦相仿，輸出功率是全國其他公民營電台總和的2.69倍，電波有效涵蓋台灣中南部地區、大陸地區以及全球各大洲。

　　中央電台雖有前述有9個分台，但由於機器老舊，需要汰舊換新，但限於經費與許多零件廠商已不再生產，故根據該台總台長的說法是，該台將整併3至5個分台。尤其工程部所占的經費比例太大，因此該台將工程部裁併了三分之二，其中包括裁減了長治分台（屏東分台）及枋寮分台，還有工程人員退休等，讓整個電台的營運不會因為工程部消耗太多的電費、設備費、人事費，而受到拖累。反而經由裁併，而有多餘的經費去做調整，如加強網路傳輸、與國外地區性電台合作、交換節目，甚或出售節目，因為若與國家電台合作會因政治因素，困難度較高。該台總台長邵立中表示，2007年11月，財政缺口有1億3千到4千萬元之譜，而其中汰舊換新至少就需1千萬元。

　　(8)開闢其他通路

　　傳統上，中央電台用短波傳輸到中國大陸，經常被以各種方式「干擾」；甚至中央電台利用網路傳輸，亦有其侷限性，且常被封鎖。然而，中央電台邵前總台長立中表示，該台常思考如何利用新

興傳播科技，例如手機，他認爲它將是一個新興傳輸工具，因此中央電台積極與網路、電信、手機、IPTV業者接觸，來傳輸中央電台的節目、新聞與資訊。針對通路，該台邵前總台長立中希望：第一是海外華人，其次是國內、國際社群（以心理、文化爲地理疆界）、外國人。不管節目、新聞或資訊，都在製作完成後開放給這些華人及外國社群來消費。換句話說，透過資訊，甚至音樂，把台灣眞實的一面呈現給外國人，以建立台灣的國家形象。中央電台的任務不是要美化台灣，當然也不會跟台灣其他媒體一樣起舞來「唱衰」台灣。因爲「台灣經驗不一定是美好的，但一定是寶貴的」。我們希望將台灣的經驗傳授給國際。

　　(9)節目評鑑

　　中央電台對節目品質，每兩年評鑑一次，過去都流於形式，現在，該台將自評與外評分開。外評請專家來評鑑。評鑑與獎勵和考評發生關係，換句話說，評鑑分數較好的，待遇會提高，考績會給予獎賞。相反地，評鑑分數較低的，待遇不會提高，考績也會被懲處。

　　（註：本書作者於2008年1月31日下午2時30分專訪財團法人中央廣播電台總台長邵立中；另整理自中國廣播年鑑民國68-78年，頁26-35。2008年10月22日高惠宇女士接任央廣董事長，繼續爲樹立國家新形象而努力。）

問題與討論

一、何謂「功率」（power）？何謂「波長」（wavelength）？
二、請比較「調幅」（AM）與「調頻」（FM）的不同。
三、試述無線電廣播的傳播模式。
四、台灣廣播產業發展策略聯盟的方式主要可分爲哪三種？
五、何謂「地下電台」？台灣「地下電台」有何特質？

第三章

無線電視

第一節　何謂電視？

一、電視的定義

「電視」這個詞，在中英文中本來沒有這個詞。當電視發明成功後，科學家將源於古希臘文「遠」的「tele」與英文代表「視」的「vision」二字結合，形成「television」（簡稱TV）的複合字，它具有能夠看見「遠方景像」的意思，而成為今日電視的稱呼。有人又將電視稱為「飛躍的圖像」（flying picture），早在1800年代就被理論家作為想像的一個題材。根據維基百科（維基百科網站，http://zh.wikipedia.org/）對於無線電視作出以下的定義：地面電視，一種電視訊號傳輸方式，通過電視塔以無線電波方式播出電視節目。

換句話說，所謂電視，就是將影像及聲音，透過電波的傳送，供閱聽眾收視與收聽。所以它利用許多科學家的一系列大小相關發明，最後綜合而成。這包括音波、光波、電波等等方面發明的成果，而綜合發明的一種新型的傳播科技。

郭文耀（陳東園等，2004：214-222）將電視的發展分為以下9個階段：第1階段－光電轉換實驗期，第2階段－機械掃瞄，第3階段－電子式掃瞄，第4階段－電視的大眾化，第5階段－彩色電視的誕生，第6階段－有線電視，第7階段－衛星電視，第8階段－網路電視，以及第9階段－數位電視的發展。

電視至今仍是全世界最具影響力的「電子媒介」（electronic media）之一。綜觀而論，電視的故事不僅是一部科技發展史，更是一場人類政治、文化、社會與經濟的戰爭史。

二、早期發展

西元1924年，英國科學家貝爾德發明了第一台電視機，至今已近百年，電視的發展從「黑白到彩色」，從「無線、有線到衛

星」，更從「類比轉換爲數位」，電視與人們的生活可說是「密不可分」，它更是知識、資訊、娛樂來源的最主要管道。電視之所以能成爲今日的強勢媒體之一，是因爲它具有人類所熟悉使用的影像（image）和聲音（sound）符號特性。

(一)利用電子傳送影像

　　電視的發明並非一蹴可幾，目前展現在人類眼前是歷經許多科學實驗逐步發展而累積的產物，電視的發明經過半個世紀與19世紀多名科學家的努力，發展歷程是經過許多跨領域知識的累積。其實電視的發明，早在19世紀初即已成形。1817年，瑞典化學家柏茲里亞斯（J. Berzelius）發現物質具有一種質光體，此種新的化學原料叫做「硒」（Selenium, Se）。西元1839年，電學科學家貝昆威（E. Becquerel）發現注意到硒的光電效應，發展出光因子顯現出影像的理論；1873年，英國人梅氏（Joseph May）證實硒電池可以將光能變成電能，表示這種質光體可以用電流來傳遞。也就是說，在理論上這兩項重要的發現，證明任何物體的影像都可以由電子訊號載送發射。這也大大地增加了人類遠距影像傳送的可能性。

　　事實上，在1923年左右，便有一些全部是電氣系統的專利存在，雖然這種電氣系統仍屬粗糙。然而這種電氣系統，與另外一種將圖像轉換爲電子傳輸的機械系統，互相抗衡。當這種電氣系統因技術問題和專利訴訟，遭到挫折之際，另外一種機械系統，卻大有進展。1924年，英國科學家貝爾德發明了第一台電視機。

　　1926年，英國科學界貝爾德採用電視掃瞄盤，完成了電視畫面的完整組合及播送，在倫敦公開表演，引起轟動。到1928年左右，眞正的電視傳輸，才被機械系統於美國的低頻率波段中傳送。同一年美國通用電氣公司的紐約實驗台播映了第一部電視劇。1929到1936年，英國廣播公司與貝爾德合作，多次進行實驗性電視廣播。到1933年左右，德國開始以簡陋的系統，作定期的廣播。

　　然而，在1930年代，美國一些工業界的工程師，製造了一種可供操作的全電氣系統，促進了技術上的發展。這種系統曾在1933年的紐約世界博覽會中（實驗性地）展示。1935年德國柏林的實驗電視台曾經播放過電視節目，但清晰度不佳。1936年8月奧運會在柏林舉行，該台又播送過幾小時實況節目，掃描行數僅為180行。

　　1941年，美國電視業者，曾就這種系統的工程技術標準，達成協議（一種黑白系統，因為彩色系統仍遙遙無期）。聯邦傳播委員會在特高頻（VHF）波段，核准13個頻道，供作電視廣播之用。（第一頻道後來從電視廣播波段，移至其他廣播之用。）

　　然而，在任何重要工業發展之前，第二次世界大戰的爆發，阻礙了更進一步的擴充與發展。在戰爭期間，只有美國6家實驗性電台仍舊播映，其他各國的電視研究、生產和播映全部中斷。大戰結束後，英、法、蘇、德等國電視事業逐步恢復，日本、加拿大等國也相繼興辦。

　　在1940年代，美國由於電視事業快速發展，電視台紛紛設立，頻道不敷使用，電波相互干擾；同時又因彩色電視播映標準未能制定，生產業者直到1950年代以後，發達國家的電視發展十分迅速，隨著電視機的廣泛生產和銷售，電視日益成為重要的大眾傳播媒介。

　　戰爭結束之後，電視業者曾有一段時期，呈現混亂狀態，致使電視擴展受到延誤。惟在這段期間，有兩項發展，刺激了往後的進步：(1)攝影機在設計將光學轉換為電子方面，有了重大改進。(2)美國電話電報公司（AT&T）開始在市與市之間，用視訊同軸電纜連結，這些是電子互相連結網路所必須的。

(二)電視之父

　　人們通常把1925年10月2日蘇格蘭人約翰‧洛吉‧貝爾德（John Logie Baird, 1888-1946）在倫敦的一次實驗中「掃描」（scanning）

出木偶的圖像，視為電視誕生的標誌，貝爾德也被稱做「電視之父」。但是，這種看法是有爭議的，因為在同年，美國人左力金（Vladimir Zworykin）在西屋公司（Westinghouse）向他的老闆展示了他的電視系統，時間相同，但儘管如此，貝爾德與左力金的「電視型式」有著很大差別的。史上將貝爾德的電視型式稱之為「機械式電視」（Mechanical TV），而左力金的電視型式則被稱為「電子式電視」（Electronic TV）。這種差別主要是因為傳輸和接收原理的不同。

因此，電視的發明，歐美各稱自己的科學家為電視之父，如前所述，分別是：德國的尼普考（Paul Nipkow）、英國的貝爾德、美國則為左力金（徐鉅昌，2001：2-3）。至於具體的事蹟則是，尼普考發明電視理論和電視掃瞄盤。貝爾德則是用尼普考的掃瞄盤，發明了一套設備，完成了電視圖像的分解、組合及發射，並創立了世界第一座電視台，也就是1936年英國廣播公司（BBC）。而左力金是因為他發明了用電子掃描的映像管等等，至今電視攝影機和接收機的成像原理，還在普遍享用他發明的成果。

(三)英國首創電視公司

英國廣播公司（BBC）繼西元1923年經營廣播業務之後，於1935年元月創設了世界上第一家真正純屬於「電視」的公司。接著同年3月，德國柏林亦出現類似的電視公司，同年5月被德國廣播公司所接收，就在當時，法國亦開始播放電視。1930年人類第一次播出聲光俱全的電視節目；第一次現場實況轉播為1939年NBC轉播美國羅斯福總統主持「紐約世界博覽會」之實況。世界第一部電視轉播車（OB Van, Outside-Broadcasting Van）是由英國於1937年打造的，英國廣播公司BBC就在當年5月12日使用在英國國王喬治六世加冕實況拍攝，這也是電視首次的「現場實況轉播」（徐鉅昌，1986）。

(四)美國首播彩色電視節目

　　隨著1950年代彩色電視機（color TV set）出現，將電視由集聲音、影像之後，進而「彩色世界」於一身的「超級媒介」，更真實地將五彩繽紛的世界，逼真地呈現在人們的眼前。聲色之娛、令人嚮往，彩色電視機也就如同黑白電視應世之時，受到廣大收視群的青睞。美國則是世界上首先播送彩色電視的國家，西元1954年美國無線電廣播公司（RCA）率先播出彩色節目。從此，電視就從「第一時期」黑白走向了「第二時期」的彩色電視（維基百科網站，http://zh.wikipedia.org/）。1969年7月20日是「地球村」的第一個節日。這一天，由美國土星5號火箭發射的阿波羅11號太空船抵達月球，太空人阿姆斯壯和奧爾德林開始了人類輝煌的月球之旅。世界上有47個國家、約7億觀眾透過衛星轉播收看了從月球上發回的電視圖像。此次電視轉播似乎就是地球村的落成典禮，是資訊時代到來的一個儀式。由於科技發展一日千里，改變了人與人之間的溝通方式，大幅度縮短了彼此間的距離。

三、美國電視台商業經營模式

　　在美國，不管是商業無線廣播電視或者是有線電視媒體都是營利事業，最主要的目的就是賺錢。廣告是無線電視、廣播、電視媒體主要的收入來源。有線電視及類似的媒體大多靠訂戶的訂費來維持。

　　美國傳統定義下的商業廣播電視台須具備以下的實質條件（顧淑馨譯，1999：141）：

(一)擁有聯邦政府發給的執照。

(二)使用指定頻率。

(三)播放為營利事業促銷商品或服務的商業訊息。

　　在一定限度內，每個人可擁有一家以上的電台，但每一家必須

各自申請執照，並以不同的社區為服務對象。

　　由於商業的競爭，因此每個電視台便研發出各種節目策略與節目排檔方式。Eastman等人（1985）認為排檔技巧是節目中具體行動的最後一環。本章主要針對節目系統處理階段，包括節目策略形成及節目編排部分進行探討。

(一)節目策略制定原則

　　有關節目策略的制定，美國廣播學者Eastman等人，提出下列5個原則（莊克仁，1996：29-31）：

　　1.適宜原則（compatibility principle）

　　依據目標閱聽眾的生活型態，配合其一天之作息，來安排適合他們口味的節目。此外，不僅重視時段的安排，更重要是其節目型態與節目內容主題的選擇。

　　2.習慣形成（habit formation）

　　透過帶狀節目，每天在同一時段播出同一節目，養成閱聽眾收視習慣。

　　3.控制聽眾流動（control of audience flow）

　　由於市場競爭激烈，因此，必須掌握閱聽眾收看本節目以及下一段節目的流程。

　　4.廣泛訴求（breath of appeal）

　　設計各種不同類型與不同內容的節目，來滿足大眾的需求。依據市場區隔，先求分眾之爭取，再從分眾中尋找廣泛的閱聽眾。

　　5.節目資源的保存（conservation of program resources）

　　面對新媒體競爭常會面臨節目資源有限的困境，因此，為了利用節目資源，電視台應該把好的節目或拍攝的精彩畫面存檔，此外，也必須注意節目內容必須有存在的價值。

(二)節目排檔方法

1.針鋒相對策略（head-to-head）

指節目訴求方向與競爭對手相同或相似，在同一時段安排類型或收視群相同之節目，以爭取相同品味或特性的閱聽眾。

2.反向策略（counter programming）

指節目內容與競爭對手背道而行，採用時機為同一時段中有強大的對手時，希望以不同的訴求，吸引與競爭對手不同品味或特性的閱聽眾。

3.帶狀策略（stripping programming）

又稱水平策略（horizontal programming），將同一節目安排在每天或相隔數天的同一時間播出，其目的在於養成閱聽眾收視習慣。

4.棋盤策略（checkerboard programming）

指每天同一時段皆安排不同的節目類型，如棋盤一樣變化。

5.區段策略（block programming）

又稱垂直策略（vertical programming），將特質相近或訴求對象相同的節目搭配在一起，前後呼應成為一個區段，希望閱聽眾在此時間的收視習慣能夠延續。

四、美國電視近期發展

1970年代，美國僅有3家主要電視網存在，即美國電視公司（ABC）、哥倫比亞電視公司（CBS）、國家電視公司（NBC）。福斯電視網（Fox TV Network）於1987年才開播，比3大電視網晚起步很多年，然後逐步增加聯播節目，提升加盟台的陣容，而且在成立3年後，就開始盈利。1991年的夏天，由於默多克和迪勒的努力，使得福斯取得巨大的成功，福斯電視網成為一股舉足輕重的力量。尤其在1980年代末，福斯公司拍攝一部生動的電視連續劇《辛普森家庭》反映美國人生活中的巨大變化，也打動了所有美國人的心

（周小普，2006：59-61）。

各電視網的組織結構也跟電視台一樣各有不同，但必須滿足一般行政、技術、節目及廣告業務等4種基本功能。

(一)加盟方式

美國所有的全功率商業電視台中，有半數以上與某一全國電視網有加盟關係。其中大部分是主要加盟台，及這家電視網在某一地區加盟台。加盟並不代表母台擁有加盟台的所有權或經營權。

(二)加盟合約

加盟台與電視網之間訂有正式的合約，規範彼此的關係。加盟台主要的獲利來源，是電視網留下的廣告空檔時間。

(三)電視網的相關法律

由於美國電視網不需聯邦傳播委員會（FCC）發給執照，因此並不在其直接管轄區內，只能透過規範其直營台以及其與加盟台簽訂的合約，間接加以管理。

(四)騰空時間

電視網與加盟台間複雜的關係，都圍繞騰空時間這個問題。

(五)獨立電視台彼此關係的變化

自1980年代末，不斷高漲的開銷，日益競爭，削弱了ABC、CBS、NBC的地位，電視網與加盟台之間的關係也起了變化。

美國目前約有400家電視台被視為獨立台，其大部分是UHF電視台，它們主要從1975-1986年之間迅速增長三倍多，即自94家增加至316家（陸地、趙麗穎譯，2005：34）。

到了1980年代及1995年，美國無線電視發生兩次重大兼併

事件。第一次兼併,是隨著雷根政府的鬆綁政策,於1985年,美國ABC被一家規模極小的大都會傳播公司(Capital Cities Communication)兼併了。第二次兼併是在1995年7月30日,大都會/ABC宣布以190億美元被家族娛樂產業巨頭的迪士尼公司(Disney)兼併。不久,CBS也被西屋電子公司(Westinghouse)以54億美元兼併了(陸地、趙麗穎譯,2005:38-39)。

五、其他國家的電視發展

(一)法國

法國的電視業相當發達。法國有四家全國性國營電視台:法國電視二台(France 2)、法國電視三台(France 3)、法國電視五台(France 5,教育台)以及法德文化頻道(Arte)。另外,還有三家全國民營電視台:法國電視一台(France 1)、法國電視六台(France 6)以及加密台「新增頻道」(Channel Plus)。法國擁有20多個全國性和地方性的有線電視頻道(40%的家庭分別接入一個有線電視頻道網),觀眾可以透過衛星看到眾多電視頻道。法國共有180多個電視頻道,收看電視仍然是法國人休閒娛樂的首選,法國人平均每天收看電視的時間約為3小時15分。法國電視五台和國際電視台(CFI)是法國專門對外播出節目的兩個國籍頻道(明安香,2008:65)。

(二)德國

德國是世界經濟大國也是傳播大國。自1980年代起,德國形成公共和商業二元並行的廣電體制。公營電台有德國公共廣播聯盟(ARD,也稱電視一台)以及德國電視二台(ZDE),下屬11個地方廣播電視台。民營主要是衛星一台(SATI)、盧森堡廣播電視台(RTL)、電視七台(Pro 7)。目前公營、民營廣播電視勢均力

敵，各占50%左右的收視率（李良榮等著，2003：53）。

　　到今天約有300家廣播電台互相競爭的局面，其中240家爲商業電台，60家公營電台，擁有上千萬家庭收視戶，可說是全歐最大的媒體市場（公共電視策略研發部，2007：125）。

(三)俄羅斯

　　蘇聯解體後，俄羅斯政府推行市場化的經濟改革，而在新聞體制改革方面，也是以實現私有化和非國有化爲目標。1990年6月，俄羅斯通過歷史上第一部新聞法，新聞法取消了新聞檢查制度，放寬了公民和團體創辦媒體的權力。1990年7月，戈巴契夫頒布「關於電視和廣播民主化的命令」，打破了中央政府對廣播媒體的壟斷，地方政府及不同政黨、政治團體和組織，開始在體制內創辦廣播電台（常永新，2007：170）。

　　爲了在國際電視新聞報導上打破美國媒體的壟斷，2005年俄羅斯宣布成立「今日俄羅斯」電視台（Russia Today）。該台定位爲非營利性的獨立電視新聞機構，主要任務是針對全球反映俄羅斯對世界看法，正面、積極報導俄羅斯，重塑俄羅斯形象，每日24小時主要以英語爲外播音，並利用衛星傳送到五大洲，目前可爲100多個國家所接收（Russia Today, http://www.russiatoday, ru）。

第二節　無線電視頻譜

一、電視頻道指配

(一)何謂頻率？何謂「頻道」？

　　所謂頻率（frequency），是指在每秒鐘內所產生的訊號週數，所以也叫「週率」。所謂「頻道」（channel）也叫「波段」，是指

在一定範圍的頻率，也是傳送訊號的路線。

　　在1941年時，美國聯邦傳播委員會在特高頻（VHF）波段，核准13個頻道，供作電視廣播之用（第1頻道後來從電視廣播波段，移至其他廣播之用）。然而，這12家無線電視台卻無法滿足電視廣播的需要。1952年，該委員會頒布新的電視規定，將現有的12個特高頻（VHF）頻道，增加70個新的超高頻（UHF）頻道，使電視頻道的總數達82個之多。一年之後，聯邦傳播委員會將其中頻率最高的14個頻道，自電視廣播服務移至其他方面的服務，而將電視頻道減至68個。

　　在1953年，新規定頒布之後，電視台的數量立刻增加3倍多。同年，業者建立了可以相容的色彩標準，電視增加的數量更加快速。然而，由於早期彩色電視的製作，所費不貲，彩色電視機的價格高昂，因此，直到1972年，才真正確立彩色電視，而那個時候，已有半數的美國家庭，擁有了彩色電視機。美國3大電視網的任何一家，都有200個，甚至更多的附屬電視台，福斯電視網的數量也差不多。1997年左右，美國將近有1,500家電視台在營運操作，其中尚不包括額外的1,800家做低功率電視（LPTV）和4,800家做轉播台。在這當中，有75%的電視台以出售廣告為生。美國有98%以上家庭至少有一部電視機，平均每戶每天收看電視時間達7個小時以上（陸地、趙麗穎譯，2005：62）。

(二)超高頻對特高頻

　　1952年，美國聯邦傳播委員會指配頻道給社區使用時，乃將超高頻（UHF）與特高頻（VHF）頻道，混合在一個市場裡。這種做法，將超高頻電台置於不利的地位。由於超高頻（UHF）電波天生傳輸範圍較短，因此，超高頻發射機裝設與運作的成本，較為昂貴。由於當時美國電視網已經與原先已投入市場的12個特高頻（VHF）電台結盟，因此不願與毫無利益可言的超高頻（UHF）電

台結盟。因此，超高頻電台數量，在1954年之前，雖曾一度增加，但是到了1960年左右，卻減至一半。然後，在1965年才開始些微增長，但是一直都在賠錢，到1974年左右，才稍有利潤。特高頻與超高頻電視台彼此之間盈虧不平等的現象，至今仍然存在，但是，儘管超高頻電台沒有和特高頻一樣好，但是，它畢竟生存下來，狀況亦不錯。

目前美國聯邦傳播委員會分配頻道給社區的指配表，是根據1948-1952年解凍時期所訂的全國涵蓋範圍計畫而訂定的，也就是說，都市規模最大的，可以擁有為數最多（6至10家）的電視台，都市規模最小的，也至少能擁有1家電視台；而介乎其間的都市，擁有的電視台家數，則按其規模的大小，適當地分配（莊克仁譯，1987）。

目前美國聯邦傳播委員會的法規中，這個頻道指配表（經常修改）乃以圖解方式，逐一說明每個社區的指配頻道與頻道數目的情形。

二、電視波段

起初，聯邦傳播委員會將電視廣播服務，指配在特高頻（VHF）頻帶範圍內。為了提供每一個頻道足夠的頻率波段寬度，以包容圖像、同步作用與聲音資訊所需的訊息，聯邦傳播委員會規定，每個頻道寬度為6兆赫（mHz）。原先也決定，12個頻道足夠電視廣播之需，後來由於干擾的問題，便將第1頻道減去。由於這12個頻道的每個頻道寬度為6兆赫，因此，在特高頻頻帶中，便沒有連續相接的寬闊頻率，來容納其他的頻道。因此，在某種情況之下，有些頻道就不得不夾在這些用作其他服務的頻率中間。於是，第2、第3與第4頻道，便被指配在54-72MHz的範圍，第5、第6頻道指配在76-88MHz的範圍。第7至第13頻道，則指配在174-216MHz的諸大範圍內。

　　後來，當美國聯邦傳播委員會發現特高頻頻道，將不敷全國涵蓋範圍計畫所需時，該委員會便決定另外增加70個頻道。由於這70個頻道的每個頻道，也要求有6mHz的頻帶寬度，同時，也由於沒有足夠的特高頻（VHF）頻帶來容納它們，因此，這70個頻道便被指配在超高頻（UHF）頻帶範圍裡面。從那個時候開始，聯邦傳播委員會就已經把這些頻道當中頻率最高的14個頻道，轉至其他的服務。因此，超高頻56個頻道裡的第14至第69頻道，乃占據470-806mHz的範圍。電視廣播服務的指配頻道數，一共是68個。

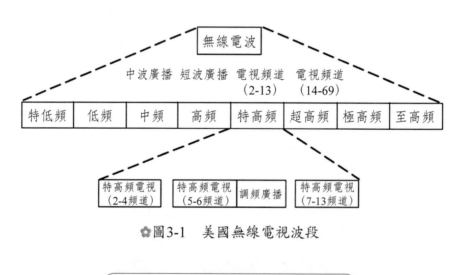

✿圖3-1　美國無線電視波段

第三節　無線電視的傳輸模式

一、無線電視傳輸概論

(一)傳輸系統

　　電視傳輸過程使用兩種迥然不同的傳輸系統：影像發射機（visual transmitter）與聲音發射機（aural transmitter）（莊克仁譯，1987）。

　　影像發射機的操作與調幅廣播發射機一樣，所不同的，只是將射頻載波（RF）與來自攝影棚攝影機和其他影像來源的影像訊號，加以調變。然後，這個影像訊號經過功率放大，再送至適合的天線那裡。

　　聲音發射機的操作，就跟一個典型的調頻廣播發射機一樣。它將射頻載波與來自麥克風與其他音訊來源的聲音訊號，加以調變。然後，這個聲音訊號經過功率放大，再送至與影像訊號一樣的同一支天線那裡。

　　通常這兩個射頻載波（影像與聲音），是在特高頻與超高頻頻率範圍操作，同時在頻率中彼此相距的空間要必須夠大，因此，它們的旁波帶不會彼此干擾。發射機的主要功能則是讓訊號產生、調變與功率放大一個射頻載波訊號，並且將它傳送至天線，以便輻射出去。

(二)訊號調變

　　電視訊號調變分為單色調變與彩色調變。

1.單色調變

　　發射機在特高頻與超高頻頻帶，產生射頻載波。然後，這個載波便與影像以及同步／遮沒信號調變。為了使這個彩色傳輸，能與黑白電視機相容（以黑白展示彩色），因此，每個彩色訊號的一部分，均以同步／遮沒訊號相混合，並且用來與主要影像載波（visual carrier）頻率，進行波幅調變。

　　視頻或調變，產生出大約4mHz的頻帶寬度；因此，在正常情況之下，這個影像資訊將在載波兩邊，產生4mHz的旁波帶，或者總共8mHz的頻帶寬度。美國聯邦傳播委員會允許每一個電視頻道，一共僅能擁有6mHz的頻帶寬度，包括聲頻在內。事實上，電視音頻只占0.5MHz的頻道空間而已，因此，留下很大的聲頻空間以便提供立體聲的多工制等之用。

2.彩色調變

除了藉著混合的彩色／同步／遮沒訊號，對成像載波進行調變之外，還有一種方法可以提供單獨傳送的彩色訊號，作為彩色電視機裡彩色重新組合之用。接著以多工化的方式，將頻道裡的一個副載波（subcarrier），分開進行彩色傳輸；而這個副載波，必須距離影像載波（visual carrier）之上很遠，如此才不會干擾到影像載波的單色上旁波帶（monochrome upper sideband）。

最後這個混合影像信號就被送到天線，在那裡它便與來自分開來的聲音（音頻）發射機的訊號結合。這個混合影像與聲音的訊號，便共同組成整個電視訊號或頻道。

(三)無線電視天線

影像發射機訊號與聲音發射機訊號，兩者均經由雙訊器（diplexer unit），使用一支共同天線。雙訊器的實際用途，是防止影像或聲音的強大訊號，進入對方的發射機，而造成損害；同時，電視天線總是被安放在該地區內高地的高聳自立式鐵塔上。當然，這座鐵塔也必須加上標誌或燈光，以確保飛航安全。

標準的電視發射天線，是水平極化的，但由於手提式與活動式的電視機，使用垂直式與內嵌式天線，因此，美國聯邦傳播委員會乃允許電視台使用橢圓形極化天線操作。換句話說，使得天線能夠朝向水平方向與垂直方向，以利全方位接收。

由於功率與天線高度是成正比，而頻率則是成反比，故任何訊號，只要功率越大，訊號便射得越遠。

二、無線電視訊號傳輸過程

自電視發射天線傳輸出去的電波，是結合多工化調幅影像訊號與單工化聲音訊號的一個混合波。這個混合波在指配的特高頻或超高頻電視頻道裡，都占了一個6mHz寬的頻道。在這些頻率的傳

輸，是直線、直射的，僅止於地平線範圍，但天線高度亦有助於它的延伸。這些頻率會被障礙物所吸收、偏向與阻擋。由於頻率越高的頻道，所受的這些影響越大，同時也由於超高頻電視波段（470-806mHz）比特高頻電視波段（54-216mHz）高出很多，因此，超高頻頻道所遭遇的不良影響，顯然更大，換句話說，頻率越高的頻道，遭殃越多。

基於這些理由，超高頻頻道需要更大的功率，與更高的天線高度（須付出極大的費用），其接收狀況才能與特高頻頻道相互抗衡，然而，即使如此，其不良影響亦無法完全克服（此乃何以超高頻電視接收狀況不如特高頻之另外一個原因）。

通常，調頻的聲音，比調幅的畫面，好的多，也穩定的多。後者除有低度的訊號對雜音比率（signal-to-noise ration）（白點或雪點「snow」）的現象，並常因共同頻道干擾產生「鬼影」（ghost」）或「多重影像」。一般而言，所謂電視螢幕上的「鬼影」，有二種型態。第一種是在正常畫面裡，出現比較淡的、透明的與模糊的移動影像。這種鬼影視由共同頻道的干擾所引起，這個圖像是來自另外一家，別的地方，但在同一頻道播出的電台。位在同一頻道，有兩家電視台重疊的邊緣地區的觀眾，可能會看到這種鬼影。它的現象是，在較清楚畫面的背景，出現較不清楚的畫面。然而，這個較淡的、模糊的影像，與原來的影像無關，或者儼然有別（莊克仁譯，1987）。

另外一種鬼影是，在同一圖像裡，出現雙重或者三重影像。這種現象導致畫面裡的所有物體，不是產生反照、陰影，就是影像有點分叉，或者焦距不準確。這種鬼影視由於電視機接收同一家電視台的兩個訊號所引起的，換言之，一個是直接訊號，另一個是（來自摩天大廈或高山等等）反射訊號。儘管如此，成音部分不受上述這兩種鬼影狀況的影響，因為，如同前面所述，調頻訊號是非常穩定的。

第四節　無線電視接收模式

一、無線電視接收器

　　無線電視接收器事實上是二者合一的接收器。它包括接收影像訊號的調幅廣播接收器，及接收聲音信號的調頻廣播接收器。

　　通常電視訊號乃是被天線所接收。這種天線是經廣泛設計，用來對廣大頻率或頻道作出反應的一種天線。

　　接收器的頻道選擇器（調諧器；tuner）僅針對進入接收器內頻道的影像與聲音訊號，加以選擇、分開與處理。經解調後的影像訊號，被送入電視映像管（picture tube），重新構造原來的影像。而被解調後的聲音訊號，則被送入電視機的揚聲器（speaker），以便將原來的聲音重現。由於影像與聲音訊號是同時被產生、傳輸與接收，它們乃是在絲毫不差的同步情況下，彼此相隨，形影不離。

二、影像轉換

　　在黑白電視系統上，如同拍攝普通照相原理一樣，一個主題物的形象，經過鏡頭的焦點，投影到攝影管內（camera tube），管內的前端有一塊標靶或稱槍靶子（target），靶上布滿了一排一排平行的光電感應點子，由於投射到靶子的形象本身明暗不等，靶上的點子也就隨著反應出強弱不等的電流。攝影管內的後端有電子槍，受到電熱就會產生掃描電子束（scanning beam），連續不斷的向靶上的光電感應點子掃描，掃描的次序是一行一行的由左至右，由上往下，同時又把掃描的點子電流送回後段。這些由掃描拾回來的強弱不等的電流，由後端輸出，就是影像的訊號，或稱電視波。如圖3-2所示（徐鉅昌，1984：115）。

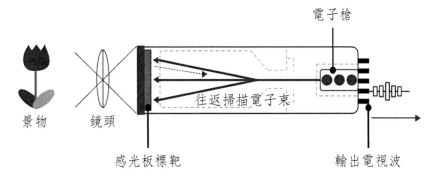

景物　　鏡頭

電子槍

往返掃描電子束

感光板標靶　　　　　　　　　　輸出電視波

❀圖3-2　攝影管電子掃描

三、掃瞄

在黑白電視接收機或監視機上，有一支影像管（picture tube; kinescope），它的前端玻璃幕上塗上一層螢光粉。它的後端有一支電子槍（electron gun），電熱後即產生掃描電子束，射向前端的感光面（light-sensitive surface）或螢光幕。接收機裡面影像管的掃描（scan）順序，和攝影管裡面的掃描順序，完全是「同步」的，由左至右，由上往下；而且為了保全一定的寬度，並為避免畫面閃動，掃描時先掃單數線，後掃雙數線。由於輸入的「影像訊號」的電視波強若不等，投向螢光幕的掃描電子束也隨著強弱不等，因而螢光幕上就顯出明暗不同的點子，整體來看就是原來所拍攝的主體形象。換句話說，前述電子訊號也能絲毫不差地將影像重生，但僅限於黑白畫面而已。由於掃描過程是在每一秒鐘內連續不斷地重複，因此，圖景內的動作，就像電影影片的過程一樣，被一連串極為快速的連續影像所再生出來。美國式的技術標準，每幅（格）畫面525條掃描線，每秒鐘要掃描30幅畫面。歐洲的技術標準，每幅畫面625條線，每秒鐘要掃描50幅畫面（莊克仁譯，1987）。

四、彩色電視基本原理

現有的電子系統，尚未發展出能將所有色彩直接感測與重生出來。目前最好的辦法是，利用電子方式，將圖景區分為三原色（primary colors），將這三原色以電波運送，並將這三原色，以原來的比例組合之後，重新建構圖景，以達成原來多重的色彩。

畫家能將不同數量的紅、藍、黃三原色，加以混合，以造出任何其他色彩的基本技巧，是眾人皆知的。這種技巧也被彩色電視所利用，只不過略有不同罷了。紅、藍、黃三原色，在減色法（subtractive）中，被巧妙地運用，但是，在電磁混色（electromagnetic mixing）（色彩乃電磁波）中的三原色，則必須是紅、藍與綠。因此，為了完成電視裡的色彩分解與混合，每一個圖景必須被分解為紅、綠、藍三原色。然後，再將這三原色分開，處理並傳輸到接收器，同時，加以適當地組合，以便為觀眾在電視螢幕上重新製造出原來圖景的色彩。

彩色電視基本原理乃使彩色影像予以三原色分解，由電視攝影機內紅（Red, R）、綠（Green, G）及藍（Blue, B）之攝像管分別轉成不同比例之影像訊號，經過載波傳遞，天線接收送入映像管內之各部迴路處理，使電波訊號分別由三色電子槍打出在螢幕上重現彩色影像。

彩色訊號也能出現在黑白電視機上，影像訊號在經過「加碼混和器」（coder matrix），就變成輸出的3種訊號：一種「亮度訊號」（luminance signal），和兩種「色度訊號」（chrominance signals），即色相和純色度（hue and saturation）。然而，在彩色電視接收機或監視機上，這紅、綠、藍三種不同的成分，經過「解碼混合器」（decoder matrix）又恢復成影像訊號，在影像管內（picture tube），每種影像訊號的明暗度控制著各自掃描電子束的強弱度。

　　彩色轉換的方式，基本上與黑白影像轉換相同，只不過方法比較複雜。攝影棚裡的攝影機對準一個圖景。這時攝影機的鏡頭，將圖景的光線反射出去，並將圖景影像的確實光線，投影進入攝影機濾光（濾光圓盤；diachronic filter）系統裡面。這個光線便被分為紅、藍、綠三成分，於是，每一支拾取管等於是影像的分開頻道，展示其單一色彩成分。這三支拾取管中每一支的輸出部分，代表它被電子槍掃描時，經由單一色彩過濾器所顯示圖景的一個電子訊號。這三支拾取管中的每一支，則產生出代表不同原色圖景的電子訊號，並且彼此進行絲毫不差的同步掃描作用。攝影機三個分開輸出部分的總和，乃是三個同步（sync）電子訊號的連續流通，也代表某一時刻裡被分為紅、藍、綠成分的圖景元素。

　　在此一系統能夠運作之前，所有的部門都必須一起同步（synchronization）。在電視攝影機裡的三支拾取管，每一支都必須同步，以便一起絲毫不差地進行掃描。同時，接收器的映像管必須和電視台的電視攝影機，不斷地保持同步，以便讓電視台的同步產生器（generator），同時將一個同步信號，送至每個攝影機裡的每一支電子槍那裡，告訴它們在什麼時間，準確地開始對掃描線1，進行掃描，然後，對掃描線2，進行掃描等等，一直到整個圖景被掃描完畢為止。這種同步，或掃描信號，將與來自攝影機的影像（成像）訊號結合在一起，成為總頻道訊號，然後傳輸到電視接收器那裡。

五、接收器的接收過程

(一)接收器的天線

　　固定安裝在屋頂上的電視接收是朝水平方向的，天線架的越高，接收來自電視台直射波的訊號便越遠，也越強。

　　由於每家電視台各設一支天線，頗不切實際，因此，乃設計一

種可接收所有電視台的4組共同接收天線，便可接收整個超高頻電視波段：第1組設定為第3頻道，但可接收第2、第3與第4頻道，第2組設定為接收第5和第6頻道，第3組接收第7至第10頻道，第4組則從第10至第13頻道。

超高頻電視頻道，較特高頻電視頻道的頻率，高出很多。因此，必須要較短的天線，或者需要擁有更大接收能力的天線，以便接收這些特殊的頻率。「弓形結」（bow tie）型的設計，被人發現在當地接收超高頻頻道，頗為理想。在超高頻電台稀少與遙遠的地區，可利用拋物面反射器（「碟盤」）天線，接收單一超高頻電台訊號（莊克仁譯，1987）。

(二)接收器的調諧

過去電視接收機都裝有扳手（轉到刻度自動停止）式的轉鈕，因此，它總是調諧在所要頻道的正中心點。這種方式能確保被寬廣調諧的接收器，將永遠接收到所選擇頻道的6mHz頻寬，使得調諧簡單化。一旦調諧到所選擇的頻道，它便自動地設定，以便接收圖像、彩色與聲音資訊的全頻度寬度。

現代的電視觀眾，人人手中都有一部選台器，隨時按鈕，選擇自己愛看的那一台。

(三)接收器的訊號處理

影像訊號被送入接收器的影像頻道，在那裡將它與影像載波解調，並將旁波帶訊號分開。這包含了影像亮度訊號（以它們適當的比例，將紅、綠與藍三色影像組合），以及同步／遮沒訊號。然後，影像亮度訊號便經由視頻頻道，送往電視映像管，而同步與遮沒訊號，則經由同步頻道，送往映像管。

(四)影像重建

電視映像管的功能，就是要重建在攝影棚攝影機拍攝的影像，但是過程卻是相反。

當影像訊號輸入電子槍時，這些訊號便控制著電子槍。當訊號較微弱時，電子槍便更帶勁地掃射，使螢幕更為白亮。當訊號更為強勁時，電子槍的掃射則較微弱，使螢幕更為灰暗。當訊號達到最強時，電子槍便停止掃射，這時螢幕便成為黑色了。

因此，當同步訊號以連續掃描過程，並與攝影機映像管完全同步的情況下，瞄準電子槍時，並且，在遮沒信號於折返期間，將電子槍關閉時，影像訊號便令電視機映像管，重新產生與來自攝影機一模一樣的影像。但是，它是黑白的，並且是灰色陰影的。

(五)彩色電視機

就影像的（黑白）亮度與視頻而言，彩色電視機的操作，與黑白電視機一模一樣。然而，彩色電視機另外加上彩色映像管與處理彩色的電路。彩色電視機將彩色副載波解調，然後將三原色訊號分開。接著，這3個分開的彩色訊號被送入在彩色映像管裡的分開的電子槍，經由色彩混合，將原來的色彩重新製造出來。

同步與遮沒訊號則控制住所有3支電子槍的掃描，以便步調一致地操作。

(六)彩色重建

一般而言，彩色電視機都是屬於3槍映像管型式（雖然還有其他的型式）。彩色電視機的映像管和黑白電視機的映像管一樣，但是構造較為複雜。彩色映像管包含3支電子槍，每一支代表一種原色。此外，映像管的螢幕含有一層微小的彩色磷光點三色組（trid），或彩色組（cluster）。每一個三色組包含了不同的3種磷光點（莊克仁譯，1987）。

　　當磷光點被電子射束擊中時，一個磷光點便發出紅色，一個藍色，一個則是綠色。一個映像管的螢幕表面，大約包含25萬個三色組，每一個三色組包含同樣的三色磷光點，或者75萬個整齊劃一地以三色組模式排列的彩色點。

　　在電子槍與映像管螢幕表面之間的，是一個有25萬個小孔，每一個孔有一個三色組的陰蔽罩（shadow mask）。

　　電子槍與在映像管表面三色組有關的陰蔽罩之間的搭配，是經由所有的三支電子槍，從同一個小孔射出一連串的電子射束而促成。由紅色信號引發的電子槍，將擊中所有三色組裡的紅色磷光點，而藍色電子槍則射藍色磷光點，綠色電子槍打綠色磷光點。

　　假如這3種電子射束的力量都相等的話，那麼經由混合的結果，三色組便變成白色。假如這3種電子射束的力量不同，那麼，三色組便會經由混合，產生出適當的色彩。假如沒有一種電子射束打中三色組的話，那麼，它將會保持不亮或呈現黑色。因此，紅、藍、綠訊號力量的相互混合，決定了三色組將要顯現的色彩。

　　電子槍是一起進行掃描的，每一支電子槍在同一時間，經由同一個屏孔，對準每一個三色組裡與其相關磷光點的顏色，進行瞄準，同時，各個彩色信號也控制每一個三色組的色彩混合及其變化。

六、各國彩色電視系統

　　世界各電視發展先進國家，在研究彩色電視技術上，曾發生一場激烈的競爭。電視科技原屬於科學技術範疇，但由於電視機產製背後及電視文化產品所牽引出的龐大經濟利益，於是不得不與國際政治和外交發生關聯。

　　電視系統是指一個國家在播放電視節目時所採用的特定制度和技術標準。在電視訊號的傳遞過程中，將彩色的三原色：紅、綠、藍分解與組合成為電視訊號時，一些國家各自採用了不相同的方

式,這便導致了彩色電視系統的不同。

(一)三種彩色電視系統

目前,世界上用於廣播的彩色電視系統有3種,包括:美國的全國電視系統委員會(National Television Systems Committee)、SECAM(Sequential Couleur Avec Memoire)及PAL(Phase Alternating Line)等三種系統。這三種系統的起源年代、制訂國家、掃描線數、每秒圖像數、使用國家等都不相同,分述如下(黃匡宇,2000:22-23)。

第一種用於1953年,啓用於美國的NTSC制。美國RCA公司在1940年,首先完成彩色電視的試驗。經過再三改良,美國聯邦傳播通訊委員會(FCC, Federal Communications Commission)在1941年所頒行的NTSC系統,並於1948年開始正式播送。該系統明定每幅畫面必須具備525條「掃描線」及每秒鐘必須播映30張「畫面」(或稱之爲圖框,frame)。1953年美國「國家電視標準委員會」(NTSC)在審查數種彩色技術後,向政府建議延用RCA公司的彩色技術規格,這就是現在通稱的美規NTSC系統。由於時值二次大戰後不久,於是凡與美國友好或戰後接受美援的國家,大都跟著美國採用525條掃描線的NTSC彩色系統,包括了台灣、南韓、日本和菲律賓等國家。這種系統電視機成本較低,兼容性能也較好,缺點是彩色不穩定。

第二種是1952年由英國、德國、瑞士等西歐國家研發的PAL制。前述國家針對美國NTSC系統的缺失加以改進,又發明了自己的彩色規格:phase alternation line(相位交錯掃描線式,簡稱PAL系統),制訂出625條掃描線及每秒25幅畫面。到了1960年代,英國自己放棄了405線黑白系統而跟隨西德的625線PAL彩色系統。事實上,除了東歐共產國家,當時整個歐洲各國還包括了拉丁美洲和非洲,皆採用了PAL系統。這一點可能是歐洲各國在殖民帝國時期所

造成的現實。這種制式的電視機性能最佳，收看效果好，但成本較高。

　　法國於1949年第二次世界大戰結束之後，在1966年研發成功SECAM（賽康）制（法文SEQUENTAIL COULEUR A ME MOIRE「順序傳送彩色與儲存」的縮寫）。法國的此一彩色電視系統，則一如以往，完全與西歐各國大異其趣，開創出法國獨有的彩色技術。SECAM系統制訂了819條掃描線及每秒25幅畫面。採用此系統的國家有蘇聯及東歐集團。主要的原因是1967年，爲了拉攏法國總統戴高樂，蘇聯率其他東歐各國特意採用法國的彩色電視系統，雖然在當時這種系統並沒有比其他系統好。其主要缺點爲成本較高，兼容性能又差。

　　目前世界各國（地區）採用的彩色系統，如表3-1所示。

❀表3-1　世界主要國家「地區」彩色電視系統隸屬表

系統	使用國家或地區
NTSC-M	美國、日本、台灣、南朝鮮、加拿大、墨西哥、古巴、越南、緬甸
PAL-B、G	西德、新加坡、瑞典、丹麥、西班牙、芬蘭、印尼、馬來西亞、澳大利亞、義大利、約旦
PAL-1	英國、愛爾蘭、香港、南非、澳門
PAL-D	中國、朝鮮
PAL-M	巴西、烏拉圭
PAL-N	阿根廷、巴拉圭
PAL-B	印度、印度尼西亞、科威特、新加坡、巴基斯坦
SECAM-L	法國、盧森堡
SECAM-B	埃及、伊拉克、伊朗、利比亞
SECAM-D	波蘭、德國、俄羅斯

註：本表據中國中央電視台出版的《世界廣播電視》1900年7期第40頁資料。全世界140個國家（地區），使用制式33個，使用P制式68個，使用S制式39個。

資料來源：黃匡宇（2000）。《廣播電視概論》。廣州：暨南大學。第二次印刷，頁23。

值得注意的是，現行的3種系統都不能真正適應衛星和電纜所提供新的傳播方式而將被淘汰。21世紀將推行數位高畫質技術又帶來了新的傳播系統問題，現在日本和以法、荷為主的歐洲國家，又在爭奪對未來電視傳播系統的控制權，但願這場系統爭奪能以統一告終，以方便世界各大洲的電視傳播。

NTSC系統採用地區之人口占世界人口約30%，PAL及SECAM系統占世界人口的70%，3個系統各有特色。由於涉及未來世界電子業、電子市場的占有率、龐大的貿易額，因此居電子科技領導地位的日本、美國、西歐皆各自發展，企圖在未來居主導地位。可預見未來的是，NTSC、PAL及SECAM系統仍將存在，而日本、西歐及美國發展的高畫質電視系統將瓜分市場大餅。

(二)台灣彩色電視系統

台灣電視播映標準是採用美國聯邦傳播通訊委員會（FCC）在1941年所頒行的NTSC系統。這與法國於1949年第二次世界大戰結束之後，所制訂的SECAM系統，以及1952年由英國、德國、瑞士等西歐國家所制訂的PAL系統皆不同。後來彩色電視的發展，台灣仍必然被強制使用美規，其較大好處是此一規格乃在彩色電視的發射訊號以黑白電視機來接收時，依亮度訊號就能使黑白影像再現，且色度訊號不會產生干擾黑白訊號，用彩色電視機接收亦能使影像再現，具有downward（向下相容性）特性；此即黑白與彩色兩立性（可相容；downward compatibility）的彩色電視系統。

另外，在美國也以大樓或社區住戶共用同一個碟型天線來接收衛星電視訊號，再透過同軸網路傳送電視訊號到用戶家中的「衛星電視共同天線系統」（SMATV）與「微波電視系統」（wireless cable，又之稱MMDS），此系統類似有線電視網路，但以無線的方式將數十個頻道的電視訊號傳送到用戶家中，用戶需準備微波天線加以接收。它與5家無線電視台不同的是，微波系統使用在訊號傳送

或中繼（relay）之上，而5家無線電視台廣播，則使用頻率則為數百
mHz的VHF/UHF電波訊號的傳輸模式，上述兩類是比較少見的收視
通路（莊克仁，1987）。

第五節　我國無線電視頻道指配及接收

一、我國電視頻道寬度

　　台灣所採行的NTSC系統，每一電視頻道的寬度明訂為6.0 mHz
（兆赫，m=10^6），其中0至5.5mHz間的5.5mHz頻寬，是供作視訊之
用；而所餘的5.5至6.0兆赫間的0.5mHz頻寬，則是專供聲訊之用。
目前交通部核定開放的計有VHF及UHF二段頻譜（spectrum）：
VHF頻道為美規NTSC系統的CH7至CH13共7個（174mHz至
210mHz14）。其頻寬都在4mHz以上，而一個經由無線廣播的電視
信號，必須將影像及聲音分別調制在射頻（RF）載波上，因此需要
6mHz的頻寬，美國聯邦通信委員會（FCC）將電磁波頻譜上的3個
頻段，定出無線電視頻道使用的範圍，分別為VHF Lo特高頻（低
頻帶）、VHF Hi特高頻（高頻帶）、UHF極高頻，每一頻道頻寬
（bandwidth）為6mHz，如表3-2所示。

✿表3-2　無線電視使用頻道範圍

頻段	頻率範圍	頻道
VHF Lo特高頻（低頻帶）	54-88 mHz	CH2-6
VHF Hi特高頻（高頻帶）	174-220 mHz	CH7-13
UHF極高頻	470-890 mHz	CH14-83

資料來源：塗能榮（1998）。《聲訊傳播手冊》。台北：世界文物。

二、我國電視頻道指配

在我國頻率是屬於國家所有？還是屬於個人財產可以自由支配？我國《廣播電視法》第4條規定：「廣播、電視事業使用之頻率，為國家所有，由交通部會同新聞局規劃支配。……不得租賃、借貸或轉讓。」根據此法及所謂「電波國有論」，可知電波頻率並非國民私人財產，也不能讓私人完全自由選擇，而應當是在國際協議範圍之內，由一國政府統一規定分配，就好像管理全國交通的單位，規定什麼樣的道路必須多寬，什麼樣的車輛必須走什麼樣的道路……。

我國廣播電視頻道的分配，大致如表3-3所示。

✿表3-3　廣播電視頻道分配

頻道類別	頻率波段	波寬	特　性
廣播：調幅AM	540-1600kHz（千赫）	10kHz	涵蓋面積廣，雜音多。
廣播：調頻FM	88-108mHz（兆赫）	200kHz	涵蓋面積窄，直射波，傳真強。
電視：VHF2-6	54-88mHz	6mHz	屬低波段，涵蓋面積大，雜音多。
電視：VHF7-13	174-216mHz	6mHz	屬低波段，涵蓋面積大，雜音多。
電視：VHF14-83	470-890mHz	6mHz	屬高波段，涵蓋面積小，雜音小。

資料來源：徐鉅昌著（2001）。《電視理論與實務》。台北：亞太。頁9。

1976年，我國交通部首次公布了《電視無線電台工程技術及設備標準規範》，其中第4條關於頻道與頻率之規定，如表3-4所示。

❀表3-4　我國早期電視工程標準規範

頻道號碼	頻率範圍（兆赫）	聲音中心頻率（兆赫）	見像載波頻率（兆赫）
1	174-180mHz	179.75mHz	175.75mHz
2	180-186	185.75	181.75
3	186-192	191.75	187.75
4	192-198	197.75	193.73
5	198-204	203.75	199.75
6	204-210	209.75	205.75
7	210-216	215.75	211.75（保留）

資料來源：徐鉅昌著（2001）《電視理論與實務》。台北：亞太。頁10。

　　從表3-2可以看出，交通部早期只開放7個電視頻道，而都屬於特高頻（VHF）類的「高頻帶」（High band）；然而，尚未開放「低頻帶」（Low band）；更未開放「超高頻」（UHF），而將「超高頻」保留給交通部電信局和國防部作通訊網路了（一直到開放成立公共電視及民視為止，如表3-5所示，資料來源同表3-4）。

❀表3-5　我國已開放之無線電視頻道與頻率

頻帶分類	頻道序號	使用單位	頻率範圍
VHF特高頻（低頻帶）	2	民視	54-60MHz
	3		60-66
	4		66-72
	5		76-82
	6		82-88
VHF特高頻（高頻帶）	7	台視	174-180
	8	中視　華視	180-186
	9		186-192
	10		192-198
	11		198-204
	12		204-210
	13		210-216
UHF超高頻（超高頻帶）	33-36	空中教學	584-608
	37-48	V/U變頻轉播站	608-698
	50-53		698-704

三、我國無線電視接收

　　無線電視的接收必須有天線（antenna），一般人只要在家裡裝設天線，接收電視台發射出來的電波，就可以收看到電視節目，這是無線電視傳送的方式。台視、中視、華視、民視、公視5家電視台，都是屬於無線接收的方式。天線接收電台所發射的無線電波，經過電視放大及檢波後，將聲音及影像信號還原出來。由於無線電訊號會互相干擾，因此必須區隔各種頻率的用途，如頻率300KHz-3mHz（K=10^3）的電磁波，我們稱之為「中頻」，簡稱「MF」，此一波段作為區域性廣播（如AM調幅廣播）或船舶、航空器之標示台等之通信用。

第六節　高畫質電視、液晶電視與電漿電視

一、高畫質電視

　　所謂高畫質電視（High Devision Television; HDTV）是指1,000條以上的掃描線畫質，畫面寬高之比是16：9，聲音是多軌立體音質。用比較通俗的說法是只與35釐米電影化的品質相近，而音質和CD相同。同時觀看的角度是110度廣角，觀看的距離也從離電視5倍縮3成。但是HDTV發展的途徑並不是想像中如此簡單，早期發展雖然按上述型式所說，但是所發展出來的系統與現行的NTSC不相容，也就是6兆赫之外，現行媒體之中，想要找到多餘的頻譜來作為HDTV訊號，HDTV訊號需要5倍的寬頻才能傳輸。除此之外，現行媒體之中，想要找到多餘頻譜來作為HDTV之用也非常困難。所以像日本的MUSE和歐洲的MAC系統主要是使用在衛星上，這兩種系統仍然用類比訊號放在6兆赫中，用地面發射的方式傳播，在1990年被視為不太可行。直到美國DigiCipher系統提出數位化壓縮方式，用

現有6兆赫頻帶來地面HDTV訊號，整個HDTV技術雖然已經漸漸塵埃落定，但是在電視機是無法收視HDTV訊號，必須經過轉換，所以目前系統轉換成真正的HDTV，頻寬也許一樣，但是訊號是不相容的。

　　高畫質電視與目前映像管電視（陰極射像管，CRT）的規格有何不同？以下從掃描線數、畫面寬高比、間條比、圖場頻率、影像信號頻帶寬與聲音信號變調方法，製成表格，加以比較，如表3-6所示：

✿表3-6　高畫質電視與映像管電視比較表

比較項目	高畫質電視	映像管電視
間條比（掃描線交錯）	2：1	2：1
圖場頻率（每秒畫像素）	60Hz	60Hz
影像信號頻帶寬	20MHz	4.2MHz
聲音信號調變方法	PCM	FM

資料來源：楊武智編譯（1992）。《高畫質電視影像技術─HDTV技術》。台北：全華科技。頁3。

二、液晶電視、電漿電視

　　映像管（陰極射像管，CRT）引領電視科技風騷逾一甲子，但隨著電漿、液晶顯示（LCD）等寬螢幕平面電視興起，如今映像管即將走入歷史，而且速度遠比任何人預期的還要快。美國折扣倉儲連鎖零售商好市多（Costco）公司就表示，從2007年後，該公司賣場就看不到映像管電視。

　　根據《紐約時報》的報導指出，美國市場上的映像管電視，其機種數目在2006年銳減。2007年起，映像管電視的產量，及販售這種電視的零售商，都將更見減少（李鐏龍，工商時報，2006：A6）。

　　1990年代前半期，日本開發出大型電漿電視，1990年代中期以後，液晶技術則異軍突起。跨入21世紀，液晶面板越做越大，加上成本越來越低，液晶開始逐漸取代歷經50年歲月、年華已老去的映像管技術，以因應電視數位化播放系統的未來發展趨勢（財經出版社，2007：9-10）。

　　所謂的液晶電視顯像原理是透過背面的背光模組進行發光，再由電晶體控制每個像素液晶分子的透光程度。根據奇美電子所公布的液晶顯示原理指出，液晶電視的螢光燈管先投射出光源，光經過偏光板、液晶分子；而液晶分子的排列會改變，穿透液晶的光線角度，然後透過濾光玻璃及配向膜，產生彩色畫面。這時候，底層的薄膜式晶體，會以改變液晶的電壓值，造成光線強度和色彩變化，讓面版組合深淺不同的顏色。換句話說，液晶電視的顯像原理是透過背面的背光模組進行發光，再由電晶體控制每個像素液晶分子的透光程度。但它有兩個缺點，第一，無法達到全黑。第二，它的速度上遠遠不及自己放電發光的電漿電視。以下是液晶電視和電漿電視的比較，如表3-7所示：

❀表3-7　液晶、電漿電視比較表

液晶、電漿電視比較		
比較項目	液晶電視	電漿電視
發光原理	背燈管發光	自發光
發展方向	15-40吋	32-63吋
耗電量	48-170W	350W
使用壽命	約15年	10年上下
輻射劑量	零輻射	低輻射

資料來源：工研院經資中心。
資料整理：廖德琦。《新台灣新聞週刊》。2003年11月15日－11月21日，頁52。

第七節　我國電視發展簡介

1962年2月14日，教育實驗電視台，開始以實驗方式播出，1963年12月1日，教育電視台開播，僅北部可以收看，是我國第一座電視廣播電台。到目前，台灣共有5家無線電視台。簡介如下（鄭貞銘，2005：105-123）：

一、台灣電視公司（TTV）

1962年4月28日，中日合資創辦台灣電視公司。同年10月10日，由蔣宋美齡女士按鈕啓用開播儀式，爲台灣最早成立的電視台，前身爲教育局教育資料館所設立的「教育實驗電台」。1963年4月台視正式成立時，併入了教育實驗電台，並於同年10月10日開播。

二、中國電視公司（CTV）

中國電視公司成立於1968年9月3日，奉中國國民黨總裁　蔣公指示，以中國廣播公司爲中心，結合民營廣播電台及部分有志於電視事業之工商文化界人士，共同集資創辦，並於1969年10月9日開始試播，10月31日恭請當時的副總統嚴家淦先生主持按鈕儀式，正式以彩色開播，並首先推出台灣第一部國語連續劇「晶晶」。

三、中華電視公司（CTS）

中華電視公司成立於1971年10月31日，由教育部、國防部、企業界人士與僑界領袖等共同投資設立，並依《公司法》等相關法令完成設立登記。

四、民間全民電視公司（FTV）

1976年1月8日《廣播電視法》公布實施，成爲我國管理及輔導廣播電視事業的第一個經過立法程序的法令。

　　1987年政府解除戒嚴。1994年1月28日，行政院新聞局開放第4家無線電視頻道申請。

　　民間全民電視股份有限公司於1995年6月11日正式開播，成為繼台視、中視及華視之後成立的第4家無線電視台，也是台灣歷史上第一家民營無線電視台。

　　民視標榜台灣本土化，在開播3個月後，便開始播出7點晚間台語新聞，是台灣唯一在晚間黃金時段播送台語新聞的電視台。民視新聞台更是台灣最本土化的專業新聞台，從週一到週五，每天早上7點、10點、中午、下午1點、3點、5點半共5個半小時的台語新聞。除新聞外，晚間八點檔連續劇也受到觀眾的歡迎，其在2003年上半年的收視率，是老三台總和的133%（王唯，2006：121-122）。

五、公共電視（PTV）

　　由1980年當時的行政院長孫運璿先生提出公共電視台的主張。他說，今天不做，明天會後悔。1984年，新聞局設立公共電視製播小組，向三家無線電視台徵用時段播出。1991年，行政院核定公共電視台籌備委員會設置點，公視籌委會正式運作。公視籌委會委託7位學者專家組成公共電視法草案立法小組，並經過縝密的研議，提出《公共電視法》草案。1993年，行政院將《公共電視法》送交立法院審查，1997年5月31日立法院完成三讀。於1998年7月1日，財團法人公共電視文化事業基金會正式成立，公共電視台並於同日開播，完成長達18年的建台歷程。

　　2000年民進黨首次執政，政府陸續提出了黨政軍退出三台及無線電視台公共化的主張。2003年12月9日，廣電三法在立法院三讀修正通過，明訂政府、政黨、黨務、政務與選任公職人員等，不得投資廣播與電視事業，政府、政黨須在廣電三法公布施行後2年內退出投資，而黨政公職人員須在6個月內退出並解除職務。

　　2004年6月23日，行政院會通過《無線電視事業公股處理條例》

草案，規劃「公共化集團」之政策方向，並賦予台視、華視在2005年底前公共化與民營化之法源。

　　依草案規劃，於2005年底前，老三台正式劃上句號，由公共化集團負責經營。新聞局於2005年之規劃，將由公視基金會統籌營運公視、華視、客家電視台、原住民電視台與宏觀衛視，並成立公共媒體集團。

　　2005年12月26日，國民黨將中國電視公司的股權，賣給以《中國時報》為主的「榮麗投資公司」。2006年1月3日《無線電視公股釋出條例》三讀通過，賦予政府退出台視、華視，併入公視集團的法源。

六、公廣集團的誕生

　　2006年7月1日，公共電視歷經了18年的催生歲月，在成立8週年之後，公共電視台與成立35年的中華電視公司共同合作，正式成立台灣公共廣播電視集團。同年，客家頻道、原住民頻道以及宏觀頻道也將加入公共廣播電視集團的行列。

　　為因應新成立的公廣集團，公視基金會重新檢視治理及經營模式，調整頻道定位，同時訂定相關營運合作辦法、修訂組織規程，建構公共價值評量體系。

　　在治理方面，公廣集團的最高治理單位為公視基金董事會，其組成依《公共電視法》規定，由立法院推舉11至13名社會公正人士，組成公共電視台董、監事審查委員會，審查行政院提名之董監事人選；荊委員會以四分之三之多數同意後，送請行政院長聘任。董事會置董事11至15名，其中1名為董事長，由董事互選之。董事之選任必須顧及性別及族群代表性，並考量教育、藝文、學術、傳播及其他專業代表之均衡。董事會之權責包括：決定公視營運方針、核定年度工作計畫、審核年度預算及決算，並監督總經理所帶領工作團對業務執行之情形，以確保公視營運符合公視使命與目的。公

視基金會亦設置監事會，置監事4人，其中1人為常務監事。監事會之權責為稽查公視基金會經費使用情形。

在經營管理上，公視基金會設總經理1人，副總經理1至3人。總經理綜理職務範圍一切業務，並為公視及其他關係法人之總執行長，負責督導公廣集團之業務。

在行政架構上，公視設企畫部、節目部、新聞部、製作部、工程部、公服暨行銷部、國際部、行政部、新媒體部、策略研發部，並依組織策略需要，增設創意發展委員會。而公視基金會依法辦理之客家電視台及原住民電視台，則各設台長1人，其組織管理及業務執行規章另訂之。

在經費上，公廣集團有公視、華視、客家台、原視及宏觀，各有不同的經費來源，公視2006年總收入進15億元，其中政府每年固定捐贈9億元（約占60%）、有線電視事業發展基金捐贈近9千萬元（約占6%），自籌資金約5億元（約占34%）。華視為公視基金會之控股關係機構，財源完全依賴商業收入（尤其廣告收入為主）。客家台、原視及宏觀則為政府委託公視基金會辦理之頻道，經費由各相關政府單位編列預算，專款專用（公共電視策略研發部，2007：67-68）。

公共廣播電視集團將秉持製播多元優質節目、促進公民社會發展、深植本國文化內涵以及拓展國際文化交流而努力。

第八節　各國公共電視發展及現況

一、美國

美國公共廣播網（PBS）於1934年成立，由於商業電視台無法帶給閱聽大眾足夠的教育、文化與知識性節目，因此，1934年通過傳播法案（Communication Act of 1934）增訂保留所有廣播頻

道之25%，作為教育與非營利之使用。1952年，聯邦傳播委員會
（FCC）在規劃了242個電台，作為非商業之公共教育節目頻道，讓
各教育組織、州及地方政府提出申請。第一個申請建立的公共電視
台由德州休士頓大學所提出（吳惠娟，2006）。

　　1962年美國國會通過《教育電視設備法案》（Educational
Television Facilities Act），提撥3,200萬美元基金，協助教育電視台
更新設備費用，以擴增電視台之設備和保障節目品質水準。這時包
括學校、社區、地方政府及非營利組織，紛紛向聯邦傳播委員會
（FCC）申請合法執照。在1964年之前，全美已經陸續成立126家教
育電視台（公共電視策略研發部，2007：208）。

　　此外，美國《公共廣播法案》（Public Broadcasting Act）於1967
年，詹森總統時期頒布。1968年一個非營利、非官方之法人組織
「公共廣播局」（Corporation for Public Broadcasting, CPB）在華盛
頓成立，負責統籌聯邦政府對各公共廣播電視系統款項。在該局大
力協助下，由所有美國公共電視所組成的「公共廣播協會」（Public
Broadcasting System, PBS）也在1969年成立。PBS與公共廣播局之角
色定位區分為，公共廣播局負責統籌來自聯邦政府之預算，以及各
項的經費補助，再分配給全美各地方的公共電視，作為製作節目之
經費。而公共廣播系統成立目的，在於協助美國各公共電視台尋求
節目來源，並提供工程技術及節目之諮詢顧問（孫青，1992）。

　　截至2007年4月，PBS一共包含了354家電視台，其中51%的電視
台是由社區的非營利組織所成立的，4%是由地方教育機構或是地方
政府所成立（公共電視策略研發部，2007：209）。

二、英國

　　英國為全世界第一個強調公共服務（public service）精神之電視
公司的國家。1936年，英國廣播協會便開始固定播出電視節目。由
於英國公共電視制度規劃妥善，至今仍被認為是最為精良、且最符

合公共利益的制度與典範（余思宙，1992）。

英國為實行公共電視之鼻祖，英國廣播公司（The British Broadcasting Corporation, BBC），最初成立於1922年10月18日，原為由倫敦6家主要電器製造商，在政府授權下共同集資創辦之商業廣播公司。1926年，英國國會通過由郵政大臣擬定之英國廣播公司皇家憲章（The Royal Charter of the British Broadcasting Corporation），決定以政府出資方式，收購所有公司股份，成立公共廣播電台。1927年1月，英國廣播公司（現今之BBC正式成立），僅許可獨家經營，經費來源依賴執照費之徵收，不以營利為目的。BBC之主要特色（Burton Paulu, 1956）：

(一)廣播獨占（monopoly）

基於廣播頻道為稀有資源，以及避免BBC受競爭壓力，並以達成節目水準提升之目的，因此，BBC採取廣播獨占之方式。

(二)執照費（license fee）

基於使用者付費之權利義務觀念，將使用者視為訂戶徵收執照費，按年計費。此外，亦可抵制廣告主對BBC壓力；在國會部分，仍可採取刪減預算或決定調整執照費之方式，作為掌控BBC政策之手段。

(三)非營利之公營事業（as a public corporation）

在《皇家憲章》當中，明文規定BBC為公益事業，不以營利為目的。此目的在於確保BBC獨立之地位與客觀服務公眾之特質。

英國是世界第一個推出無線數位電視的國家，2007年生效的《皇家憲章》（Royal Charter，或譯《特許狀》）明訂BBC未來10年的6大公共目標為：1.維繫公民社會發展；2.促進教育與學習；3.激發卓越創意與文化；4.呈現全國、各區域與各社區；5.將英國帶向

世界，將世界帶進英國；6.引進數位轉換（公共電視策略研發部，
2007：178-179）。

　　BBC第一任總經理約翰·雷斯（John C. W. Reith）時代曾倡議
「提供資訊、教育與娛樂並重」（to inform, educate and entertain），
迄今仍爲重要發展宗旨。總之，BBC之公共意涵，徹底的發揮了資
訊普及化、多樣化，以及品質化的精神。同時廣納不同觀點，反映
民意，扮演社會秩序和社會整合的角色。

三、日本

　　日本公共電視台（Nippon Hoso Kyokai, NHK），即「日本放
送協會」（Japan Broadcasting Corporation），發展歷程可溯於1925
年3月22日成立之日本第一個廣播公司——東京廣播電台（Tokyo
Broadcasting Station）。1926年東京廣播電台擴展成爲全國性組織，
並正式定名爲「日本放送協會」。

　　日本放送協會與美國和英國的公共媒體一樣，不隸屬於政府或
任何政黨，是一個財團法人的機構。而在公共電視台方面，因戰敗
被美國管轄下的日本，在1950年頒定《廣播電視法》之後，正式進
入公共電視領域。1952年，NHK東京台取得執照。1953年，正式播
出常態性電視節目。1957年，開始實驗彩色電視。1971和1977年成
立了一般性節目頻道和教育節目頻道，全部以彩色畫面播出。

　　日本放送協會國內節目放送基準法規中，開宗明義就表明，嚴
守不受任何干涉、不偏不倚的立場，確保放送發表言論及表現之自
由，以充實之內容、良好品質的放送，努力增進公共福祉並提升文
化水準；同時要求協會所播放的節目內容須合乎下列原則（王立
信，1992）：

　　(一)有助於世界和平理想之實現，爲人類幸福而貢獻。

　　(二)尊重基本人權，貫徹民主精神。

　　(三)透過教養、情操、道德砥礪人格，培養合理精神。

(四)保存固有之優良文化，並爲新文化之育成、普及作貢獻。

(五)保持公共放送之權威及品味，以回應公眾的期待及要求爲基本原則。

　　日本放送協會的經費來源與英國相同，同樣是藉由徵收閱聽眾的收視費爲主，2006年總收入爲6,937億日圓，其中收視費收入爲6,644億圓（約96%），銷售收入111億日圓（約2%），餘爲利息其他收入。日本《廣播電視法》並未爲NHK將繳費訂爲義務，因此對不繳費者也無法強制執行，可說是全球獨一無二的營運模式（公共電視策略研發部，2007：39）。

　　不靠政府撥款、不要企業贊助，沒有任何廣告經營，日本廣播協會的經濟基礎爲所收取的收視費。依《廣播電視法》第32條規定：安裝能夠接收日本廣播協會（NHK）節目之接收者，必須與日本廣播協會接收其節目簽約。收費標準時有變化，但必須經國會批准。現行彩色電視上收費每月1,395日元，衛星彩色電視機收費每月2,340日元（張勉之，2005）。

✿表3-8　美國、英國、日本廣電相關法源比較表

項　目	美　國	英　國	日　本
相關政策法源	1934年傳播法 1996年電信法	1996年廣電法 電信法	放送法 電波法
主管機關	聯邦傳播委員會（FCC）	獨立電視委員會（ITC） 廣播管理局	郵政省放送行政局
黨政軍退出	無明文規定	無明文規定	放送協會規定
跨媒體經營	有條件限制	有條件限制	無明文規定
持股限制	限制外國人 限制家數 限制閱聽人人數	市占率限制	限制外國人
電波費／執照費	執照使用費	收視費	收視費
發照程序	公聽程序	有標準	有標準

執照年限	8年	12年	3年
政黨公平競選	有明文規定	政黨法無規定	公平等價利用
少數族群語言保障	無明文規定 具多元化、平等雇用原則	無明文規定 具照顧弱勢之條文	無明文規定

資料來源：行政院新聞局廣電處，2000。

問題與討論

一、何謂「頻率」（frequency）？何謂「頻道」（channel）？

二、何謂「鬼影」（ghost）？何謂「掃描」（scanning）？

三、請根據電磁混色（electromagnetic mixing）的技術，說明彩色電視基本原理。

四、何謂「謂高畫質電視」（High Definition Television, HDTV）？並請說明世界三種彩色電視系統。

五、試述我國公廣集團成立的經過。

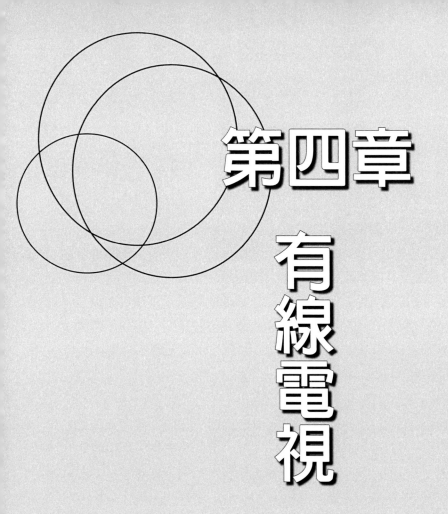

第四章

有線電視

第一節　有線電視基本概念

一、何謂有線電視（Cable Television）？

　　俗語說：「需要為發明之母。」早期有線電視系統的產生，只因為改善電視收視不良的狀況而起。因此，本章的開始，先瞭解有線電視的定義及其發展過程。

　　根據我國《有線電視廣播法》，有線電視乃指「以鋪設纜線方式傳播影像、聲音，供公眾直接收視、收聽」的媒體。另外，根據Baldwin和McVoy的解釋，則認為有線電視「本質上是一種藉由同軸電纜（coaxial cable）將電視、廣播與數據信號，從播放節目的中心站（頭端）送到訂戶家」的媒體（Baldwin & McVoy, 1998: 9）。另有學者Head & Stirling則將有線電視定義為「直接用線纜傳輸視訊到訂戶家中，以改善無線電視收視情況，並且播放更多頻道的節目（Head & Stirling, 1991）。綜上所述，吾人可知，有線電視系統是一種透過同軸電纜或光纖（optical fiber），將電視訊號、聲音及其他資訊藉由線纜從頭端送至各用戶家中的設備（劉幼琍，1994：158-160）。

二、有線電視發展簡史

　　我們根據英、美、日等有線電視先進國家的經驗，將有線電視的發展過程概分為四個階段，其中並略述台灣有線電視發展概況。

(一)第一階段：1950年代

　　特徵：為改善山地偏遠地區電視收視不良，業者便在附近高山頂上，架設天線，連接電纜，以便接收遠處之電視訊號，轉採輸送到用戶家裡，同時按月向用戶收取租金。在此期間，有線電視的

功能，就像電話公司一樣，屬於「公共事業」中的「共同載具」
（common carrier），本身並無自製節目。

　　關於有線電視系統的起源，有人指早在1894年，英國倫敦便有
一家公司，藉由電線提供訂戶收聽歌劇、教堂的節目或演講，年費
爲十先令，但由於技術簡陋，訂戶無幾，於是10年之後，便告壽終
正寢（Hollins, 1984）。比較公認的說法，是1948年美國賓州的馬荷
尼市（Mahony City）一位電器商，在山頂架設一支大型天線，中途
攔截來自費城的3家微弱電視訊號，並利用電纜將該訊號接到店裡，
然後通往山另一邊收視不良的客戶家中，每月則向訂戶收取100元的
安裝費及2元的服務費。經由如此安排，使得他的電視機銷售量迅速
增加（Gross, 1990: 65）。

　　日本地形本多山且人口密集，1954年，群馬縣保伊香溫泉
地區，山區地形受阻，無法接收電視畫面，故在日本放送協會
（NHK）協助下，設立了共同天線電視。

　　有關台灣第一家有線電視的誕生，有人說，是1969年起源於花
蓮；又有人說同一年在石牌、北投、萬華地區，利用電線綁住線端
兩頭，爬上梯子在路燈的電線桿上面架線，業者自稱「新幹線」；
另有一說，是於1976年從基隆的檳榔店兼賣冰及水果店，以放映日
本摔角片吸引客人發跡起家（鄭貞敏，2005：127；陳清和，2008：
50）。

(二)第二階段：1970年代初期

　　特徵：除了轉播無線電視台的節目之外，有線電視業者也開始
製作一些節目，在許多有線電視頻道裡播出。

　　以美國爲例，有線電視業者的自製節目，乃從最簡單的「氣象
報告」做起，也就是將攝影機畫面固定在溫度器與計壓器前面，替
換播出，反正有多餘的頻道可資利用。後來新聞性節目的製播，有
的是將攝影機對準一個與電報機相連的「告示板」，有的則是在攝

影機鏡頭前面，擺上3至5張書寫地方消息的卡片。總之，「簡單、低成本與單機作業」，是本時期地方自製節目的特徵。

後來，慢慢進步到以「攝影棚型態」（studio-type），內容則有地方性新聞、高中體育活動、市議會開會，地方性音樂演奏會，以及當地重要話題的談話節目（Talk Show）。美國第一個播出固定有線電視製播節目的地方，是在1967年的賓州瑞丁（Reading），接著是加州的聖地牙哥（Gross, 1990: 69）。

日本於1968年於東京新宿成立第一家自營的有線電視公司——日本有線電視網。最大的有線電視系統則成立於1969年山梨縣甲府市的日本網路系統（Nihon Network Service, NNS）。1972年7月，日本國會通過《有線電視放送法》，並於當時選定日本東京都多摩市及奈良縣東生駒，由官方經營，進行實驗。前者稱爲「多摩同軸電纜資訊系統」（Tama Coaxial Cable Information System, CCIS），是以家庭資料傳輸、自製節目、雙性傳輸、生活資訊提供爲主，後者稱爲「東生駒互動視訊系統」（Highly Interactive Optical Visual Information System, HI-OVIS），則是以光纖幹線，進行雙向互動的評估，包括電子購物、雙向討論、雙向空中教學、電子投票、健康及醫藥資訊等。

台灣的有線電視又稱「第四台」，以有別於現存台視、中視與華視3家合法無線電視之外的有線播放系統。第一家被政府查扣的非法播放第四台是在1979年的基隆。1990年2月28日，民進黨立委洪奇昌在其服務處成立「中和民主台有線電視」，造成之後民進黨公職人員紛紛投入有線電視經營的行動。這些「民主台」打破了數十年國民黨對資訊和媒體的壟斷局面。隨後第四台便在台灣各地有如春筍般快速成長。第四台透過電纜提供傳統3台更豐富多元的大量節目內容，很快地受到民眾的歡迎。

(三)第三階段：1975年

　　特徵：隨著人造衛星的發射，促使有線電視結合衛星，提供節目播出之服務，甚至包括付費電視上的娛樂性節目。

　　1975年，RCA發射一枚商業通訊衛星SATCOM，同年9月，原沒沒無聞的家庭票房（Home Box Office, Inc; HBO），在衛星上租了一個轉頻器（transponder），首創衛星連接有線電視節目網路，轉採首輪電影、戲劇及體育節目，給家裡裝設碟型天線的訂戶，開啓了付費電視之先河，2年後，家庭票房公司開始有了盈餘，也打開它的知名度（彭芸，1985：90）。

　　透過有線新聞網（Cable News Network, CNN）、音樂電視（Music Television, MTV）以及C-SPAN等有線電視網的服務，有線電視已經顯露了對全美政治和文化的影響力。尤其到了1970年代中期，由於衛星傳送HBO、CNN、MTV、USA、ESPN等頻道節目，於是在美國的有線電視收視人口開始上升，而相對的，無線商業電視台的收視率則節節下降。

　　日本政府原本禁止有線電視系統轉繼外來衛星節目，由於長期受到壓抑，節目內容方面無多元來源，故而缺乏趣味性，一直到1992年實施天空開放政策（open sky policy）之後，允許美國直播衛星公司（Direct TV）進入，媒介通路才得以突破。此時節目雖較豐富，但日本本土節目軟體卻又被直播衛星所掠奪（陳清和，2008：104-108）。

　　這時期的台灣有電視發展又如何呢？大約在1978年左右，第四台的節目內容大都爲摔角、電視劇、時代劇等日本節目。由於這時期的第四台仍屬於非法的行業，因此，業者的規模、成本以及投資皆是相當簡陋，只要幾台錄放影機再加上匹配器以及放大器就可以收取費用而維生。

　　1982年新聞局修改《廣播電視法》，將架設播放系統納入管

理。隔一年的1983年，新聞局便開始實施「順風專案」嚴格取締第四台頭端，從剪線到沒收器材，在全省大力取締，但因數量太多，抓不勝抓。到了1988年，台灣解嚴，所執行的「順風專案」便改以機動性平常處理，但因民意高漲，第四台又開始活躍，然而，取締行動仍照常執行。到了1993年7月，立法院通過《有線電視法》，規定在該法實施前已存在的610家既有系統業者（即第四台及共同天線），在年底前完成登記，其法定名稱為「有線電視節目播送系統」，必須要等到籌設申請通過後，才得以成為正式之「有線電視節目播送系統」。1994年1月，新聞局正式公告有線電視區域劃分為51個經營區域，接受申請。1995年5月第一批有線電視系統申設案初審結果，共計有26家申設者通過，從此有線電視事業終於從「無政府」狀態，進入「政府管理時代」。就在台灣地面上的地方有線電視系統合併大戰醞釀之際，1999年，台灣與新加坡合作發射了第一顆衛星「中星一號」，而直播衛星也同時在台灣開播，傳訊技術的精進，更進一步將台灣推入數位電視的新時代。

(四)第四階段

特徵：有線電視業者結合電腦資訊，由單向傳送逐漸發展為局部雙向，進而研究改良，邁向全面雙向。這時期的有線電視已不僅播送節目而已。

1977年，美國俄亥俄州哥倫布市的華納‧愛克斯（Warner Amex），設立一個名為「丘比」或譯「魔術方塊」（Qube）的大規模雙向有線系統，作為用戶與有線電視之間及用戶彼此之間互通音訊之用，包括保全、電子購物、電子郵件……等各種資訊服務，但因問世早、收費高，不易吸收用戶，故在7年後（1984）宣告停止（Davidge,1987: 75-101）。1990年起，則開始發展「窄播」（narrowcasting）的有線電視頻道。到1996年，美國有11,000多個有線電視系統。有線電視為6,400萬個美國家庭提供服務，占美國電

視家庭總數的66%（詹正茂等人譯，2005：2-3）。自從1980年代以來，美國的有線電視的經營方式，突破了娛樂領域，普遍開展了各種資訊和數據通信結合應用，諸如：自動抄讀使用者家中的電表、水表和瓦斯服務，以及防火防盜安全監視、報警等雙向傳輸的互動服務，朝著整合資訊網路方向發展。公元2000年之後，更成爲結合電腦、網路、電視的多媒體，2010年則進入跨平台營運的產業狀態（陳清河，2008：103）。

　　早在1981年，日本電報公司（NTT）就提出建立一個高度總合情報系統（Information Network System, INS）的構想，以形成日本的整合資訊網路（ISDN）。接著，日本政府在1984年成立一個超部會的委員會——「先進資訊社會顧問委員會」（Advisory Committee on the Advanced Information Society），希望對未來社會可能面臨的問題提出建議。此外，郵電省和通產省則分別提出了「電子烏托邦」（Teletopian Plan）和媒體社區計畫（New Media Communicty Plan）予以配合及呼應。

　　目前台灣有線電視節目頻道數超過100個，其節目類型有電影、新聞財經、體育、購物消費、音樂、資訊教育、兒童卡通、休閒娛樂、綜藝、綜合戲劇、宗教、成人、公益、日片、韓片等，內容多采多姿。此外，台灣有線電視業者多鎖定高速資訊服務的提供，即可利用現成寬頻網路，提供高速網際網路及其他附加價值服務。

三、有線電視的特色

　　根據電子傳播媒體，例如電報、電話、廣播與無線電視等之演進歷程，我們可以發現凡是新的媒體出現，都較原有之媒體多了一些附加（plus）功能。就以有線電視而言，它不但和無線電視一樣，具有聲光畫面的功能，還具有頻道寬廣、節目多元、雙向溝通及富地方性等特色。這也是英、美、日等先進國家，對有線電視系統寄予厚望的原因。茲分別說明如下：

(一)頻道寬廣

　　目前我們在家裡所收看到的無線電視，不管是使用至高頻（VHF）或超高頻（UHF），頻道實在有限，無法滿足多元社會多樣化的需求。等到1950年代初期，有線電視系統問世之後，屬於稀有自然資源的無線電波頻譜，便得到解放，因為這種利用同軸電纜（Coaxial Cable）或光纖（Fiber Optic）輸送訊號的電子媒體，隨著科技的進步，使得電纜的負載能力不斷擴充，以一條400mHz的同軸電纜而言，在1970年可容納30至35個頻道，在1980年則增至50至54個頻道（莊克仁譯，1992：78）。演變迄今，一條500mHz的電纜，如果採用雙軌電纜，可將原有60個以上頻道立即倍增，達上百個。1998年後，電訊傳輸頻寬增加到1千兆赫（gHz），與同軸線纜和光纖網路的配合，數位科技的壓縮，使得有線電視頻道再擴充至100至500個左右。有線電視的功能不只是節目傳輸而已，它與訂戶之間成為雙向互動的有線傳輸網路，儼然成為超級大型資料庫的供應中心（溫永睿，1994）。

　　過去因無線電廣播與電視頻道稀有，以致需要政府選擇、分配與嚴管的傳統做法，至此可望稍獲疏解。

(二)節目多元

　　過去無線電視一台一頻道播放一種節目的現象，在有線電視出現之後，完全改觀，除有線電視系統自製地方新聞之外，尚有來自衛星電視的體育、電影、音樂、宗教、文化、婦女、兒童、成人等各式各樣、五花八門的節目，任自己的興趣與喜愛收看。

　　除娛樂性節目之外，有線電視系統更與當地大專院校合作，提供教育性節目，包括課程教授，這時觀眾不必到學校的教室，而是在家裡的客廳，便可以像其他學生一樣地上課，有的學校還讓觀眾註冊，學期終了經考試及格，還可以發給證書。有的學校，則經由

衛星傳送課程，給外地的學生上課，一樣發給文憑（Bittner, 1980: 173）。

此外，有線電視系統還提供諸如氣象、股票行情、火車、公路與飛機班次、醫院、百貨公司等等資訊服務，以滿足消費者的各種需要。

(三)雙向溝通

有線電視系統前述提供多樣化的節目與資訊之外，更可以在電腦控制下，設上行頻道（upstream），提供多種雙向服務，包括電表、溫度器、防火保全等之監控（Baldwin & McVoy, 1983: 160-161）。

號稱「有線電視城市」（Wired City）的日本東生駒市在其「高度互動光學影像服務」（Highly Interactive Optical Visual Servicce, HIOVIS）實驗中，使用者可在家中參與播出中的一個教學節目，並出現在螢幕上，與教師或其他觀眾對答或討論。這種實際參與互動的經驗，是一般無限電視觀眾所沒有的。

(四)具地方性

從有線電視系統的起源——社區共同天線（CATV）來看，其最早乃為改善偏遠地區收視不良狀況而設，故為地方性媒體（Media of Community），即使後來擴展成為較具規模的有線電視系統，但較諸全國性的無線電視而言，它仍算是區域性的地方媒介，就拿日本都市型的東急有線電視公司（Tokyo Cable TV）而言，其各區的預計訂戶約在10至20萬戶之間（蔡景雲，1990：15）。

(五)資本密集

一般無線電視廣播，只要家裡備有電視機便可收看，因此，一經核准設立，完成電台架設，便可「營業」。但是，有線電視則不

　　然，它必須先鋪設好電纜線路，待訂戶至分支線接好，才能傳送訊號，而且也不能接一、兩戶便開張，而必須接好線的訂戶到達一定數目，才開始正式營運，因此，有線電視業者必須先投入龐大的資本之後，才陸續回收，而鋪設有線電視的成本卻非常昂貴，依據1984年左右，新聞局廣電處委託某大學評估的結果，都市型的有線電視台，每年建台費達新台幣19億5千萬元，年預算則為7億5千萬元，若此照日本有線電視台4年收支平衡、6年還本的情形來看，本台至少必須具備40億以上的資金，始能維持（林瑜芬、黃意惠等，1993：17）。

四、有線電視的缺點

　　吾人從前述之有線電視特性，可以發現其擁有其他媒體所沒有的優點，然而，也由於這些優點，同時也帶來以下的缺點：

(一)頻道寬廣vs.供過於求

　　有線電視寬頻帶的特色，使得這種媒體變成「吃節目的老虎」，在觀眾滿足於自行選擇多樣性節目的同時，也產生頻道消耗量遠低於供給量的現象，以美國為例，1990年左右，一個有線電視訂戶可收看20至30個頻道（Negrino, 1985: 244），但是平均卻只看8至10個頻道；同樣地，日本郵電省及NHK的調查顯示，日本觀眾實際上只接觸5個頻道（Tracey, 1985: 206）。即使到2000年，頻道數遽增，但固定收視的仍然沒那麼多。

(二)節目多元vs.文化侵略

　　許多有線電視系統，包括台灣現有「第四台」在內，均利用直播衛星（DBS）引入外國節目，造成文化侵略的現象。根據國內一項學術研究指出，就短期而言，儘管直播衛星並不會帶來文化威脅，但就長遠來看，如果我國仍然缺乏一套的文化政策，則對容易

模仿外來文化的年輕人，會在省時、便捷的功利價值觀下，毫不保留地從電視上吸收外來文化，這種影響是負面多於正面的（潘家慶，1989：112）。

(三)雙向溝通vs.反應冷漠

由於有線電視乃屬「窄播」媒體，收視者均係小眾特殊品味者，不似無線電視屬大眾之媒體，惟如前所述，有線電視成本高昂，業者莫不傾力吸引最大量之觀眾，企求取得財務之平衡，因此，在國外，有以「雙向服務」為號召，然而，一則參與此項雙向溝通有線系統實驗者，其興趣常隨時間而降低，再則因裝設費用太高，非一般家庭所能負擔，故從美國「丘比」（Qube）系統失敗的例子，吾人可以得知，欲藉由雙向服務獲得利潤的寄望，還得三思而後行（Becker, 1987: 75-103）。

(四)具地方性vs.效果不彰

身處地方意識（Locolism）與分權意識（De-centralizaation）高漲的美國之有線電視事業，在其向當地政府申請營運許可之際，通常都被要求設立接近（公用）頻道（Access Channel），以便供民眾、教育機構或政府免費使用，同時，有線電視業者也會配合製作地方性新聞或公共服務節目，在在均顯示有線電視的地方色彩。

但是，為了爭取營運許可，許多有線電視業者在申請時滿口答應各項配合地方的要求，即使有些是不合理的；有的則是為了節省經費，在准許設立之後，不是不僱用專人指導民眾或社團操作與製作公用頻道節目，任攝影棚閒置，就是自製地方性節目，也因自製做，不符水準，更有的向訂戶任意加價，以致有線電視「地方化」的美意，被七折八扣地失去原貌，甚至在我國在擬定《有線電視法》草案時，乾脆就不規定有線電視系統經營者，必須設有公用頻道。

(五)資本密集vs.加大知溝

　　有線電視在設立之初需高額投資成本，兩者在考慮高額利益與成本回收之餘，將產生兩種現象，其一，人口稀少之處，線路無法達到，就拿我國台灣地區而言，電信局鋪設光纖以應有線電視所需，即從大都會區人口密集的地方著手，偏遠與人口稀少之處，永遠達不到百分之百的普及率。其二，由於有線電視乃是一種付費的媒體，不像收看無線電視一樣地免費，不管每月費率多少，對中低收入者而言，總是一種負擔。

　　以上兩種情形，都會造成知溝（knowledge gap）的加大與加深，也就是社會經濟地位（SES）高者，較社會經濟地位低者，更容易取得資訊，促使兩者之差距，將因經濟（所得）的差異而拉大，最後就變成：貧者越貧，富者則越富矣（莊克仁譯，1988：216-220）！

第二節　有線電視基本架構

一、有線電視系統架構

(一)前言

　　現代的有線電視系統，乃是一種電子傳輸系統，經由山頂上或大廈屋頂的天線，接收鄰近城市電視台或微波網路與衛星電台的節目訊號，再透過同軸電纜或光纖，將這些電子訊號由中心傳送到用戶家裡或辦公室。除了接收外來的電子訊號外，有線電視台也自己製播節目。

　　有線電視系統使用的電纜，有的以高空架設方式，串接在電話公司使用的電桿上，有的則以管線，散布到整個都市，然後配送到

用戶家裡。

(二)有線電視與無線電視的差異

就訊號傳送而言，有線電視與無線電視最大的不同是，前者利用同軸電纜或光纖進行，而後者乃利用「天波」在空中進行。一般無線電視台先得經主管單位，如過去之行政院新聞局與交通部，現在之國家通訊傳播委員會（NCC）獲准指配某一頻率，在這頻率範圍內傳送訊號，只要天空中沒有障礙，家裡電視機轉對頻道，即可接收到節目，反之，若天空中有物理或地理上的障礙，則家中的收視便有困難，甚而收不到（彭芸，1986：94）。

就頻道接收而言，有線電視是多頻道，一般無線電視只播出一台的節目。以前在美國能提供54個以上的頻道，同時藉著並排串聯兩條電纜，可以提供用戶100個，甚至500個以上的頻道（莊克仁譯，1992：180）。

就傳播方式而言，由於有線電視乃利用電纜接收，也可以利用電纜傳送出訊號，因此它是一個雙向的電子傳播媒體，而一般無線電視則只能做單向傳送。

就收費方式而言，有線電視是付費媒體，凡願收看的訂戶，必須每月固定付訂閱費，而一般無線電視，因有廣告收入，故觀眾乃可以免費收看（Gross, 1990: 55-56）。

二、有線電視系統

一般人都將有線電視系統分為三大部分：1.負責各種節目訊號產生與發射的「有線電視發射台」，通稱「頭端」（headend）；2.自頭端傳送節目訊號到用戶家裡的電纜（包括主幹線、分支線、放大器、分支器），統稱「傳輸系統」（distribution system）或傳輸網路（distribution network）及3.有線電視訊號的終點站，包括電纜進入用戶家庭電視機前所需之轉換器（converter）等，通稱「訂戶

接收站」（subscniber drop）或（customer drop）（baldwin & mcvoy,
1983: 12）。

　　不過，為了便於瞭解起見，在這裡我們在「頭端」之前，加了
一項「節目供應系統」（program-supply System），這是一個接收天
線系統，專司接收來自遠方不同的節目訊號，算是有線電視系統的
節目來源之一。這個接收系統，通常是一個高塔，塔上擁有經特殊
設計與自製的小天線（莊克仁譯，1992：182-183）。

(一)節目供應系統

　　有線電視系統的節目來源很多，最常見的是來自攝影棚以外，
由有線電視業者單純接收，然後由電纜傳送出去的節目。這些節目
訊號之遠近、傳送之方式各有不同，一般距離近者，均以空中傳送
為之（彭芸，1986：94）。

1.空中傳送

　　根據1999年及2007年1月修正通過之我國《有線廣播電視法》
第37條規定：「系統經營者應同時轉播依法設立無線電視電台之節
目及廣告，不得變更其形式、內容及頻道，並應列為基本頻道。但
經中央主管機關許可者，得變更頻道。系統經營者為前項轉播，免
付費用，不構成侵害著作權。」又根據國家通訊傳播委員會草擬之
《廣電三法合併修正草案》第77條規定：「有線平台服務業應同
時轉播無線電視平台服務業所提供一個以上，免費且非屬廣告專用
頻道之節目及廣告，並應列為基本頻道。有線頻道服務業為前項轉
播時，不得變更其內容及頻道。但經中央主管機關許可者，不在此
限。」換句話說，有線電視台一旦設立之後，便必須依法轉播現有5
家無線電台——台視、中視、華視、民視與公共電視的節目訊號。
這種「必載」的規定，有線電視系統不但不要經過無線電視台的同
意，而且也是免費，同時，無線電視台節目的著作財產權人並不能
對於有線電視系統傳送無線電視台節目的行為，主張侵害著作權；

然而，此一規定未來也許會遭遇著作權人的挑戰。

前述這種接收方式，就和一般家庭利用屋頂上的天線，接收當地電視台訊號一樣，但是，如果電視台的訊號實在太遠，一般天線難以收到的話，還可以利用兩種方式傳送（汪琪、鍾蔚文，1990：239）。

(1)微波（Microwave）

有線電視系統可與當地傳送的微波網路簽約，以便固定接收某些頻道。簽完約後，微波傳送公司便會在有線電視公司屋頂的高塔上，裝置微波接收天線。

(2)社區天線中繼系統（Community Antenna Relay Service, CARS）

這也是一種微波系統，不過與前者不同之處，是這種系統可由業者自行裝設，將某處之廣播或電視訊號，傳送到自己的頭端，再將之傳送到訂戶家裡，但必須注意的是，CARS系統是在1270至1320gHz微波裡操作，傳送距離約40公里，超過此限，則必須透過中間傳送站傳輸，惟美國此一方式不常使用（馬博洪，1989：9）。

(3)衛星（Satellite）

自從1992年8月1日政府開放中、大耳朵（C頻段）的合法申請裝設之後，至此衛星電視節目在台灣地區凌空而降，全面解禁。

早先在1988年，政府即已開放小耳朵（Ku頻段）的衛星接收器材，日本的衛星節目，如NHK一、二台、WOWOW頻道，以及超鳥衛星節目，因屬Ku頻段，故接收上不須申請，到了大耳朵開放，連屬於C頻段的亞衛一號5個頻道及中央電視台一、二台，也都可以利用13呎的碟型天線接收或轉播（辛澎祥，1992）。

現在，台灣地區的觀眾更可以透過16呎（約4.8公尺）碟型天線，接收到中國大陸東方紅二號轉播內蒙古電視一台和二台；利用20呎（約6公尺）碟型天線接收到東方紅三號轉播中央一台、印尼PALAPA-B2轉播印尼電視台、馬來西哥RIM與TV3兩台、泰國BBTV

與ARMY兩台、菲律賓ABS與CNN兩台及鎖碼的CNN和ESPN；利用25吋（約7.5公尺）碟型天線接收蘇俄GORIZONT-A3轉播莫斯科一號電視台；利用30吋（約9.1公尺）碟型天線接收太平洋衛星（INTELSAT-F3）轉播美國NBC、CBS、ABC、ESPN等節目網節目，但需向美商購買解碼器付費收視（賴丕遠，1992）。

　　前述這些衛星電視訊號，均可被大型的碟型天線所接收。有線電視系統在技術上都可以將這個碟型天線，架設在頭端設備的大樓屋頂上，對準衛星訊號來源的方向，接收到凌空而降的節目訊號，但其節目內容仍須獲得政府之許可才能播放，因為根據《有線廣播電視法》第37條第3項規定：「系統經營者不得播送未經中央主管機關許可之境外衛星廣播電視事業之節目或廣告。」

　　2.本地製作中心（Local Origination, LO）

　　這種節目係由有線電視公司自行在攝影棚內製作與操作，節目內容從簡單與自動化服務的氣象報告頻道，到當地製作的新聞、教育與公共服務節目。

　　有關有線電視的節目類型，以美國為例，可以分為三大類：第一類是聯播網節目（broadcasting network program），第二類是外製或劇情片節目（syndicated program），第三類是地方製作節目（local programs produced "in house"），分別說明如後。

　　第一、聯播網節目：其來源大多為劇情片，由企業集團節目以及大多數傳統聯播網節目製作的供應商提供。

　　第二、外製或劇情片節目：乃由媒介企業集團製作，由於電視台必須砸大錢來製作滿足一整天18或者24小時的節目檔。通常，除了黃金時段或者聯播網的時段外，就是播放一些非聯播網集、首播集以及電影了。外製節目內容有兒童、青少年、女性或成人訴求等類別，以成人訴求類為例，受歡迎的節目類型，包括：(1)遊戲節目（1980年代最為興盛）、(2)動作／戲劇系列影集、(3)體育類型節目（週末吸引較多男性觀眾）、(4)雜誌及軟性新聞節目（1980後期開

始興盛）、(5)談話性節目（1990年代中期開始興盛）。

　　第三、地方製作節目：由地方性的電視台製作的節目，其內容大約有5種，包括：新聞類型節目（News）、體育（Sports）、公共事務節目（Public Affairs）、兒童節目（Children's Programming）及談話性／雜誌型節目（Talk/Magazine）（Eastman & Ferguson, 1997: 202-211）。

(二)頭端

　　所謂「頭端」（headend）乃指「人員與硬體設備的組合，它負責有線電視系統節目製播、控制與訊號之處理」（Bittner, 1980: 163）。

　　不管任何一家有線電視系統，都必須具備有蒐集節目訊號，傳輸給訂戶的一種電子設施，這種設施與建築物，稱之為有線電視系統的「頭端」，簡單地說，就是有線電視發射台。

　　在頭端的接收天線系統，通常是指天線鐵塔，多置於頭端屋頂，或遠離住宅區的山上。

　　頭端的電視製作設備，包括攝影機、攝影棚硬體，其規模視有線電視系統的大小及自製節目多少而定，可以從小型黑白攝影機到全套彩色製作設備。

　　小型攝影棚只能用作新聞報導、烹飪節目與人物專訪，典型攝影棚則包括：電視攝影機、麥克風、移動型燈光系統、道具、幕簾等等設備。天花板高度在4至12公尺左右，視照明需要而定。牆壁與走道需有隔音設備，以免進行錄影或播出時，產生干擾。地板則要堅固平坦，以利機器設備之搬動，且不致產生噪音。

　　攝影棚內之屏牆顏色，宜漆淺藍，以利充作背景之用。棚內由於燈光與機器散熱，故宜有空氣調節器；冷、暖氣必須確保功能，且要寂靜無聲。攝影棚與控制室之間，須備有對講機，以利導播與工作人員通話。

　　大部分商業性質有線電視公司，至少要備有兩個攝影棚，一座供現場播出，另一座則做錄影之用。一般有線系統的本地製作中心使用之攝影棚，場地都不大，同時也不會經常使用，倒是錄製用的攝影棚因供來日播出所需，用的比較多（Deschler, 1987: 11-13）。

　　頭端裡的控制室視接收、放大與處理所有聲音與畫面訊號，並將之輸送至發射機的地方。一般的副控室不是靠近攝影棚，就是位於攝影棚裡面，其中包括以下之機器與設備：

・錄放影機：以1/2或3/4吋之錄影帶、錄製電視節目。
・畫面切換器（video switcher）：提供導播進行畫面選擇、畫面變換與特殊效果之功能。
・混音器（audio mixer）：藉音量之控制，處理來自麥克風、唱盤、錄放影機的音源。

　　在攝影棚周圍，還需備有以下的空間，藉以輔助節目製作之圓滿完成：

・道具間：供應節目所需之道具。
・化妝室：供化妝與卸妝之用。
・影片儲存室：剪輯、放映與儲存影片之處。
・影片轉換機（telecine）、幻燈機（slide projector）或特效放映機（special projector）放映室：上述放映機與電視攝影機經適當安排之後，可將前者影像投射在電視攝影機上，而獲得所要的鏡頭。
・準備室：演藝人員或應邀訪問之來賓等待上節目之休息處所。
・辦公室：管理人員、演藝人員、業務人員及公關人員辦公及休息之處所。

　　由上可知，頭端可接收的訊號，除第一節所提到的：經由衛星傳來（可能多達30至40個頻道）節目、當地無線電視台（我國為台視、中視及華視）、當地調幅（AM）調頻（FM）無線電廣播電台

節目與微波所傳送（在美國也不常用）之外，就是有線電視公司自
己攝影棚所製作或錄影帶播放的節目。

　　這些接收到的節目訊號還需進一步加以處理，才能夠再分配到
規定的頻道發射，其相關設備包括：

　　・無線電視解調器（TV Demodulator）。

　　・AM、FM解調器。

　　・衛星訊號解調器（SAT. Demodulator）：將C或Ku頻段訊號還
　　　原為高頻或中頻訊號。

　　・衛星訊號解碼器（SAT. Demodulator）：將付費節目頻道上予
　　　以「亂碼」的訊號「解碼」，以便讓訂戶收看。

　　・立體聲訊號還原與產生器：將衛星傳送之立體聲節目傳送到
　　　有線電視頻道上。

　　由此可知，從訊號接收到輸入電纜，至少要使用三種設備與步
驟：

　　・訊號處理器（processor）將接收訊號加以整修。

　　・解調器（modulator）：將接收並還原好的節目訊號重新指配
　　　一個新的頻道。

　　・頻道合成器（combiner）：匯集後，再輸入幹線電纜
　　　（maintrunk）。

　　在美國，一般小型有線電視系統的頭端，面積不大，如同家裡
一間車庫的大小，裡面設有訊號處理器與頻道合成器而已。

　　大型的有線電視系統，面積較大，除了訊號處理設備外，尚有
攝影棚與辦公室。

　　一般而言，在美國一座頭端的投資費用，大約在美金50萬到100
萬元左右。

(三)傳輸系統

　　有線電視操作人員將電視訊號加以處理與混合之後，便經過電纜，分別送至訂戶家裡。這個將投端有線電視節目送到訂戶家中的纜線，統稱爲「傳輸系統」或傳輸幹線（distribution system or distribution plant）。

　　首先，我們要介紹的是同軸電纜（coaxial cable）。它是用來分布在發射頻道頻率的CATV訊號之管道（conduit），是一項具有遮蔽優點的、有效的寬頻傳輸線。

　　由於同軸電纜的任務，是載送如特高頻（含部分超高頻）的高頻率，因此它的結構至爲特殊與精密。通常其中心爲一金屬導體，外爲由絕緣體緊緊包圍。在外一層，則是網狀或鍍金屬管狀的第二個導體。在此之外，再包以一層保護性塑膠或聚乙烯的物體。最後，也是最外層，則以鋁來被覆。其所以如此層層保護，主要是防止埋沒於地下或架設在電線桿上的電纜，不至於受損（莊克仁，1988：186-187）。

　　自頭端傳送出去的電視訊號，先是由粗大牢固的幹線電纜（直徑約從1至11/2吋）配送到人口密集的地區，再經分接器（tap）連接，改由較細（直徑約1/4吋）的分配線（feeder line）承擔鄰近地區的傳送任務，其後再經由一般的引進線（drop line）送到訂戶的解碼器（decoder），經過解碼器（descrambler）將亂碼解除後，才能讓訂戶的終端機或電視銀幕上看到正常訊號的節目（Nancy & Smith, 1983: 17-18）。

　　由於有線電視系統涵蓋範圍極廣，電纜鋪設少說也有數十公里，故沿著幹線與分配線，每隔適當距離（半公里），都要安置強波器（amplifier）來維持訊號的強度與品質（史習健、汪精三，1895：286）。

　　傳輸系統一般有兩種形式：1.樹形分枝系統（tree-branchsystem）與2.星形切換系統（switched-star-system）。茲分述如下：

1.樹形分枝系統（圖4-1）

這種形式是由頭端以同軸電纜將訊號由幹線輸入，中途有強波器彌補電訊強度耗損，再由引進線送到訂戶電視終端機上。其優點是：此種形式技術已臻成熟，而且所有線纜規格相同，訂戶只要用選頻器（turner）即可收到節目。然其缺點為：所有管線容量相同，訂戶接收到的頻道數因而相同，對頭端而言，不易控制某些訊息流向與方向，故在管理付費節目時，就感到不易（王淑芳，1992：14）。

2.星形切換系統（圖4-2）

這種形式是將訊號先由主幹線送到切換箱（switch box），再通過星形分部的引進線傳給訂戶。其優點是，這種系統具雙向功能，較樹形分枝系統只具上行（upstream）管道經常堵塞之功能為佳。其次，這種系統雖幹線可載送數十個頻道，但引線則只傳送3、4個頻道訊號，由於雙向功能佳，訂戶只要用選台器隨時通知切換中心，便可隨時收看到所希望看到的那一家電台節目，如此一來，便可簡化訂戶家中終端設備；反而言之，在樹枝系統裡，訂戶必須裝設複雜昂貴的終端設備，負擔自然較重。最後，本系統頭端因擁有較大的控制權，不但提高安全性，也減少了非法收視的可能性（汪琪、鍾蔚文，1990：243-244）。

目前最新的網路，已開始使用光纖，未來更可能使用超導體，故更能加速線纜的運輸功能，但缺點則為費用較高，技術也有待開發。

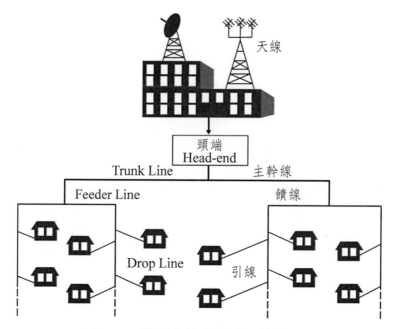

✿圖4-1 樹形分枝有線系統傳輸網路

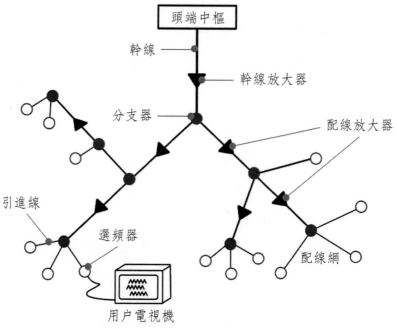

✿圖4-2 星形切換有線系統傳輸網路

(四)訂戶接收站

　　訂戶接收站是有線電視訊號的終點站。這是指當引進線離開分配線，並且在用戶電視機後面終止而言。然而，這卻又是訂戶接收站開始的地方，也就是說，當引進線進入訂戶家裡，並且和電視機背後連接，然後以一種叫做Matching Transformer裝置，接到電視的傳送終端機（Transmitter Terminal）。有些新型的電視機，由於裡頭便擁有Matching Transformer，因此，引進線便可直接裝到電視機的背面，而不必接到傳送終端機（Singleton, 1986）。

　　一般電視機不能直接收看到有線電視的節目，必須加裝轉換器（converter），將有線電視頻道轉換到一般電視看得到的頻道上。這個轉換器是由引進線先連接，再接到電視機。

　　不久的將來，隨著科技的進步，新型轉換器的功能將更複雜，不必如現在在地按鈕，只要使用鍵盤，也可用遙控操作。另外，也可設定密碼，觀看限制級節目，或者以程式設定頻道自動開關的時間。

　　對於付費電視，有線電視業者可提供用戶一種位址（addressable）轉換器，如果訂戶希望觀看某一個電視節目，業者可不必打電話去問訂戶，而藉「位址指令」來指引轉換器訊號，找到此一特定訂戶的地址，然後傳送該一節目，供其觀賞（汪琪、鍾蔚文，1990：245）。

第三節　有線電視科技發展

　　為了迎接寬頻網路時代來臨，為了讓寬頻應用更加多元化，有線電視必須提升其雙向傳輸的效能，因此，目前台灣5大有線電視系統業者紛紛推出Cable Modem有線寬頻服務，利用有線光纖同軸混合（HFC）網路架構，頻寬比傳統電話線的ADSL更大，速度比一般

電話線撥接快上10倍，以充分利用科技帶來的便利。以下僅從公元1990至2010年的有線電視傳輸技術發展，作一簡介。

一、傳輸技術

從1990到2010年主要是從同軸電纜到光纖，有線寬頻網路的建構，有線電視除在主幹線採用光纖，在饋線（feeder line）和收視戶引線（drop line）則是使用同軸電纜；主幹線和饋線間，則以光纖節點做光訊號和電子訊號的轉換（林淑惠，1985；陳清和，2008：78-83）。

(一)1990-2000年：幹線光纖化（HFC）

1.有線電視樹狀（tree branch）網路採用幹線光纖化，引線採用同軸電纜做法，故又譯「光纖同軸合成電纜」（Hybrid Fiber Coax, HFC），亦即將光纖合同軸電纜連接在一起，以減少網路放大器的數量。2每個結點可服務200-500戶。3.增加網路頻道容量。4.減少雜訊干擾，提供品質較好的影像服務。5.頭端與頭端間可由光纖網路互連，減少播送設備投資。6.使用類比訊號。目前在台灣有線電視只能採非同步傳輸（Asynchronous Transfer Mode, ATM），或是非對稱式數位用戶迴路（Asymmetric Digital Subscriber Line, ADSL），將光纖作為骨幹，將訊號由頭端送到節點，再由同軸電纜從節點送到收視戶家中。這種將幹線網路（backbone network）與收視戶網路（access network）分開處理的做法，突破了傳統式網路的寬頻運用，加大並加速資訊傳輸的技術。

(二)2000-2010年：光纖到近鄰／節點（Fiber To The Curb, FTTC）

1.有線電視星狀（star branch）採用光纖到家觀念，主配線光纖化，降低網路複雜程度。2每個結點可服務200至500戶。3.頻道數量可藉由壓縮技術擴增至300至500個。4.可提共互動式影像服務。5.使

用類比訊號與數位訊號。

(三)2010年以後：光纖到家（Fiber To The Home, FTTH）

1.網路全面光纖化。2.全數位化傳輸，可結合寬頻電信網路。3.可提供電信服務。4.使用類比訊號與數位訊號。

(四)衛星傳輸與電腦結合（direct PC）

運用衛星高頻寬的優勢，並可免除最後一哩（last mile）的困擾，建構行動數位或加值的服務平台。

二、數位及雙向互動服務

有線系統經營者除在收視戶迴路做光纖化的投資外，尚須投資相關設備，例如加裝數位交換機，以提供雙向服務。所謂有線電視互動式電視（Interactive TV）服務，就是系統經營者或節目供應商，將節目儲存在伺服器內，伺服器可隨時因應收視戶的需求，透過傳輸網路將節目訊號傳送至收視戶家中，再藉由數位機上盒將訊號解碼輸出。

收視戶則可自行瀏覽、搜尋伺服器中所儲存的節目。

第四節　台灣有線電視的現況及展望

一、現況

根據新聞局統計，1996年8月時，全國47區領有「有線電視籌設許可」的有線電視系統家數為127家。到了2006年4月，根據行政院新聞局「有線電視經營區劃分及該經營區內現有系統一覽表」顯示，台灣的有線電視經營區仍分為47區，而獨占市場（一區一家）即占31區。另外，至同年5月17日止，台灣有線廣播電視系統及播送

系統取得全區營運許可並已開播者共64家。到了2007年9月止，根據國家通訊傳播委員會統計，有線電視業者則變成65家。

　　同時，截至2007年9月，台灣有線電視全國總戶數為7,630,590戶，而收視戶數為4,839,592戶，因此，有線電視普及率為63.42%。這項有線電視業者用戶數不包括中華電信多媒體隨選數位電視系統（MOD）用戶數33萬3千3百40戶（截至2007年4月17日）。中華電信發展MOD，乃透過網路收看電視（IPTV），已成為世界最新趨勢。

　　台灣有線電視產業從1970年代的業者違法牽線的非正式經濟開始，歷經共同天線、第四台、民主台的蓬勃發展，一度進入叱吒風雲的600家戰國時代，一直到近年來財團媒體版圖蠶食鯨吞的併購，經歷了台灣過去傳統產業所未曾見過的市場逐鹿大戰。特別是外資大舉進駐台灣有線電視，東森、中嘉、台灣寬頻等台灣主要的有線電視系統，都在短短半年內被私募股權為主的外資高價買走。

　　最近的消息是於2008年6月間，有關私募基金凱雷（現改名為凱擘）再度與日月光集團攜手，共同收購大新店民主有線電視系統，國家通訊傳播委員會（NCC）二度審查通過此收購案，凱擘握有新店區兩家系統台股權，並承諾將不會共同經營新唐城、大新店民主兩家業務。

　　凱擘日前與日月光集團旗下上市公司宏璟建設100%持股的宏璟新投資公司，收購東森媒體科技股權，凱擘旗下系統台有12家包括：台北市4家，新北市2家，以及桃園縣、新竹市、台中市、台南縣、彰化縣、屏東縣各1家。這次凱擘再度與日月光合作，收購大新店民主股權。

　　據瞭解，凱擘透過荷蘭商W.P.V. Holding B.V.公司，以持股58.02%比率、宏璟新則持有41.98%，共同持有浩緯股份有限公司，以多層次轉投資共計20億元，收購大新店民主股權，每戶收購價格約4萬元，最後收購目標為100%。

外資掌控電視後，他們能提升台灣電視產業水準，或是賺錢就走人？對483萬多電視收視戶而言，他們是福，是禍（見表4-1）？

✿表4-1　台灣五大有線電視系統業者（MSO）有線電視市況一覽

項目	中嘉	凱擘	台灣寬頻	富洋	台基網
主要股東	亞洲私募基金安博凱（MBK Partners）持有（和信、台泥與香港星空傳媒—梅鐸）	凱擘股份有限公司（Kbro）（之前為東森集團擁有）	澳洲麥格理銀行（Macqiaroe Media Group）（之前為卡萊爾擁有）	富邦集團及台灣電信集團轉投資（之前為台灣固網）	中區地方獨立系統台組成（為防止財團併購）
數位電視用戶	3到4萬	3到4萬	未知	無	有線寬頻用戶約6萬戶
有線電視總體用戶	113萬（23%）	107萬（20%）	65萬（13.8%）	45萬（11.5%）	29萬（9.2%）
主要涵蓋區	苗栗以北及台南、高雄	西部都會區	桃、竹、苗及台中市	大台北、宜蘭及高雄	台中縣、南投縣、雲林縣
系統名稱	吉隆、萬象、長德、麗觀、新視、家和、三冠王、港都、慶聯、北……等10家	新台北、大安文山、金頻道、陽明山、新唐城及大新店民主……等12家	南桃園、信和、北視、群健、吉元……等6家	富洋媒體、台固永紅觀佳樂、樹林、天下、聯禾、鳳信……等7家	中投、大屯、西海岸、佳聯、北港……等5家

資料來源：資料來源：業者、國家通訊傳播委員會及參考經濟日報2006年9月4日 A2版、洪賢智（2006：180）。

更何況處於現今科技日新月異、多變化的時代，有線電視的發展也須配合時代的演進而改變，除了提供多樣化的型態節目選擇，服務品質與傳輸畫素也不能令人失望，因此，在未來除了VOD隨選

視訊的運用及帶來的便利衝擊，一定還有更新、更合乎人性需求的工具產生，而位在台灣的我們，除了享受有線電視演變所帶來的便利之外，也要隨時隨刻注意此一隨處可見、並可能帶來危險的電纜傳輸。

二、展望

　　有關我國有線電視的未來，首先，根據學者劉幼琍（2005: 20-22）認為，有線電視的機會點有：1.落實數位化：未來，數百個頻道可容納更多元化的節目，藉由分眾化、專業化的區隔，導正各電視台節目高度同質化，品質粗俗、低劣的情形。此外，藉由機上盒的鎖碼功能，可實現頻道分級付費的願景。2.競爭又合作的策略：未來台灣的有線電視大概可以容納五、六家大型集團進行良性競爭，如協調指派一部SNG車負責大家的轉播工作，以減少資源的浪費。3.推展電視商務（T-commerce）：建立數位互動電視平台，包括：電視銀行、居家保全、遠距醫療、在家學習、購物頻道，乃至於電視化政府（TV Government）等。此外，「全球化」策略是未來有線電視市場發展的重要關鍵，利用「一套產品，多重行銷」的方式，以便為企業創造更多的附加價值。

問題與討論

一、試述有線電視的特色。
二、試述有線電視的缺點。
三、試述有線電視系統架構。
四、有線電視的傳輸系統一般可分為哪兩種形式？
五、試述台灣有線電視的現況及其未來發展。

第五章

衛星電視

第一節　衛星概念

一、前言

　　自從1957年蘇聯成功地發射了第一顆人造地球衛星（satellite）以來，目前世界上已發射了許多通訊用的衛星。1964年8月19日美國發射「同步衛星三號」成功轉播「東京世界運動會」，揭開了衛星電視越洋轉播的紀元。

　　直播衛星的設立，乃提供含有廣播性質的電視訊號，從單一地點，藉衛星將節目傳給涵蓋範圍與衛星的覆蓋區域（footprint，或譯「腳印」）中的用戶（莊克仁，1992）。直播衛星系統可滿足許多民眾對電視節目多元化的需求，尤其是直播衛星可改善有線電視或地面無線電視對偏遠地區接收不到以及不良的情況。

　　直播衛星與無線、有線電視兩種不同的媒介體質互異，以範圍來看，直播衛星可以說是無國界，傳輸範圍可以突破區域性，不像有線、無線電視因拉線與發射範圍的限制，再廣也只限於某一特定區域。以下僅就無線、有線和衛星電視技術特性優缺點比較如表5-1。

❀表5-1　無線、有線和衛星電視技術特性優缺點比較

	無線電視	有線電視	直播衛星電視
優點	1.天線安裝以及維護容易 2.無收視費 3.可以提供廣域收視	1.可收視頻道多 2.訊號傳送較為穩定 3.較不受天氣影響 4.可避免電波資源浪費	1.幾無收視死角 2.無系統建置成本 3.建構系統較快
缺點	1.鄰頻干擾多 2.多重路徑接收易受困擾 3.建置成本高且費時 4.占用電波資訊	1.系統建置成本過高 2.線路後續維護困難	1.常受雨衰現象影響 2.接收設備較為複雜 3.操作及維護較不易 4.衛星有固定壽命期

資料來源：陳清河（2008：120）。

二、衛星的定義

　　衛星，或稱做環繞地球的「人造平台」（man-made platform）的範圍，是遼闊、複雜及詭異的。

　　衛星被使用於許多不同的用途，包括：科學研究、天氣追蹤、環境監視、飛航、軍事功能、實驗，以及其他許多用途。許多衛星以極快的速度，環繞著地球，每天以不同的路徑，繞地球好幾次，而其他的衛星，則在固定的軌道上，在上空與地球同步。

　　衛星分別被各國政府、國際機構、個人及商業公司所擁有。它須遵守國際及國家的有關法律。衛星是尖端科技的縮影，對科學、法律、經濟、傳播和其他各種學科而言，它是個嶄新的領域。

三、衛星的構造

(一)通訊衛星

　　所謂的「通訊衛星」（communications satellite）是指以通訊為目的而放射至太空軌道中運行的人造衛星。它可以在同步地球軌道（Geosynchronous Earth Orbit, GEO）運行，也可以在低軌道（Low Earth Orbit, LEO）運轉，這類通訊衛星藉由收、發、處理大量的資料，來傳送高品質的影像、聲音，甚至還包括多媒體服務（multimedia service）（莊克仁譯，1992）。

　　通訊衛星的構想始於1945年，由一位當時擔任英國皇家空軍的飛行中尉，如今以其科幻小說（2001年：太空之旅）（2001: A Space Odyssey）聞名於世的克拉克（Authur C. Clark）所提出。他認為將一個與地球同步的人造衛星射入離地球表面3萬6,000公里的太空，與地球同步在太空軌道中運行，那麼衛星上的電子裝置就可以接收地面傳送的訊號，並將這些訊號轉送到涵蓋範圍內的任何地區去。這個訊號將涵蓋地球表面大約三分之一的面積，同時可克服

多山地區收視不良的情況。雖然克拉克的建議和今日通訊的發展沒有產生任何關聯，但這個非常具有震撼力的幻想和今日通訊衛星原理相當的接近。所以，克拉克仍被尊稱為「通訊衛星之父」（洪賢智，2005：205）。

(二)通訊衛星常用頻段

衛星通訊最主要的媒介就是微波，依據國際電信聯盟（International Telecommunication Union, ITU）指定的衛星通訊頻段，常用的可分為6種頻段（見表5-2）。衛星頻段約分為6類，其中低於L Band的頻段大多用於非同步衛星，而同步衛星則多使用0.3-10GHz頻段，及無線電視視窗的6G/4G頻段，8G/7G頻段則多為國家軍事或政府機關使用。在固定衛星通訊領域中，主要應用包括衛星線路租賃業務與小型衛星地面站（VSAT）兩大類，後者因架設便利，成本便宜，最受業者青睞（倪思敏、沈素琴，2007：121）。

❀表5-2　衛星通訊常用頻段

頻段	範圍（GHZ）	用途
UHF	0.2-0.45	無線電視
L-band	1.5-1.6	多使用於車輛、船舶、飛機等的衛星通訊
S-band	2.0-2.7	
C-band	3.7-7.2	固定地面通訊服務與廣播電視為主
Ku-band	10.7-18	多用於衛星廣播服務
Ka-band	18-37	
Q-band		

資料來源：顧淑馨：1999：117-118；倪思敏、沈素琴，2007：121。

隨著微波頻率的增高，頻寬（bandwidth）就越寬，但波束卻越集中。換句話說，越高頻的頻段可以提供越多的頻道選擇及越高速的資訊傳輸。但也由於波束的集中，發射、接收天線的指向

（pointing）都需較準確，所以比較適合同步軌道中運行的衛星通訊之用。目前台灣地區可以接收到的直播衛星服務（Direct Broadcast Service, DBS）的國外電視節目，幾乎都是接收自這類以高頻傳送訊號──位在35,000-36,000公里高的地球同步軌道中運行的通訊衛星（顧淑馨，1999：116-118）。

(三)通訊衛星的基本構造

通訊衛星包含下列五種硬體組件（顧淑馨譯，1999：119）：

1. 轉頻器（transponder）：接收來自地面的節目，增強其電波，然後再傳回地球的接收裝置。
2. 天線：包括接收上鏈及傳送下鏈訊號（含節目內容及遙測資訊）的兩種天線。
3. 電力供應系統：由一排太陽能電池及蓄電池組成。
4. 遙測裝置：將衛星本身的重要訊息向地面控制站報告，並接收地面人員的指示。
5. 小型噴射火箭：由地面人員發出指令，可推動衛星前進，控制行進方向，維持衛星正確位置。

四、衛星的功能

如前所述，通訊衛星像是一個停留在地球上方不動的太空船。它像一個平台，作為無線電轉播站（轉頻器），可接收從地球發射過來的無線電信號，並且將這些信號，轉播送回地球上的其他地方。

由於衛星的高度，允許它「看到」地球表面三分之一的面積，因此，它可以將來自這個地區任何一點的信號，轉播到任何一個定點、多點，或將信號涵蓋整個地區。

在真正的運作當中，衛星上的天線，通常被設計來將它傳送的能量，集中在一個特定的地區裡，例如一個洲、一個國家、時區、

區域、或其他地理或政治的區域。衛星散布或傳送信號所涵蓋的地面區域，被稱爲衛星的「腳印」（footprint）。

第二節　衛星的發展簡史與實務運作

一、各國衛星發展簡史

(一)美國、日本衛星發展情形

科學家將無線電信號，從月球（我們的天然衛星）送回地球的那個時候起，便開啓了衛星傳播。透過世界各國無數科學家艱辛探索與努力，直到20世紀60年代，英國科學家兼幻想家亞瑟・克拉克的夢想終於變成了事實。1957年以後，歐洲、美洲、亞洲中的幾個科技與經濟發達的國家，先後展開了衛星電視廣播業務。

1960年，一個直徑約30公尺的金屬飛船（回聲1號「Echo I」），被射到太空，而無線電信號，也自太空送回地球。

由於衛星的軌道低，使得衛星飛行速度比地球轉動還快。同時，衛星傳播只限於它被人的肉眼看到這段時間。就理論而言，如果一個在特定高度環繞軌道的物體，位在赤道（equator）的上方，朝與地球自轉相同方向運轉的話，它的速度和路徑，將會和地球自轉同步，並且，看起來在地球上空固定不動。1963年一枚衛星（同轉「Syncom」）的發射，證實了這個理論。

1964年，各國電信聯合會組成了一個組織（國際通訊衛星公司lntelsat），以便籌設一個衛星傳播的國際性機構。1965年，該機構發射了第一枚衛星（晨鳥「Early Bird」）。

1972年，加拿大發射了第一顆商用衛星（兄弟「Anik」），攜帶12個無線電自動轉頻器（中繼器或答詢器「transponder」），供傳送聲音、影像與數據之用。

美國第一枚國內傳播衛星（西星1號「Westar I」），於1974年發射。翌年，它轉播第一個長時間、不中斷的電視節目（足球賽）。

1975年，一個攜帶24個轉頻器（答詢器）的衛星（衛星通訊1號「Satcom I」）發射，藉著它，一個新穎的付費電視系統（家庭票房；HBO），將其節目傳送到全美各地的有線電視系統。此舉乃使垂垂欲墜的有線電視工業，起死回生，並為衛星企業開拓了嶄新的領域，也使衛星通訊1號成為著名的「有線電視衛星」（cable bird）。

1979年發射的衛星通訊3號（Satcom Ⅲ）人造衛星，在太空中消失的事件，削弱了衛星業者的信心；就在那一年，公共電視網（PBS）經由衛星，開始將節目傳送給它全國的附屬台。

結果，商業廣播與電視網，開始慢慢地、小心翼翼地脫離美國電話電報公司（AT ＆ T）地面轉播系統，改由衛星將它的節目傳送到它們的附屬台。

1983年，美國第一枚傳播衛星西星1號（Westar I），經過9年工作之後（比預計多了2年），便告壽終正寢。

1984年，日本發射實用性的直播衛星「百和2號-A」（BS-2A），正式揭開了直播衛星（Direct Broadcasting Satellite; DBS）時代的序幕。普通家庭只要約7.6公尺的天線，就可直接收視清晰的衛星廣播電視節目。

1989年，日本發射CS衛星「超級鳥」（Super Bird SCC 1號及JC-SAT）。這是利用中耳朵來接收，同時開始加上密碼，必須用特殊的解碼器才能收視。

1990年2月28日，「百和3號A」衛星在日本鹿兒島宇宙中心順利升空，屬Ku頻，衛星上有個頻道，除2個保留外，1個是民營電視的JSB頻道，又稱WOWOW頻道，播出體育、電影、音樂、劇場和夠霧的節目，兩個是NHK在「百和2號」上播出的節目，還有一個

是爲高畫質電視（HDTV）作實驗播出的頻道，NHK每天播出2小時的HDTV節目。

1990年，「亞洲1號」於中國四川發射至同步軌道。

1991年夏天，升空的「百和3號B」衛星，NHK每天播出8個小時的HDTV節目。

1994年3月，美國Direct TV 推出直播衛星多頻道。

這裡要特別說明的是，美國衛星媒介的最大貢獻應是與有線電視的結合，進而使有線電視成爲一個具有規模的企業。

1980年代的美國TBS、CNN、HBO、ESPN等電視頻道，開始利用衛星在世界各地傳送自己的節目，不斷擴大其節目市場和閱聽人。1990年代，由於在軌衛星攜帶的Ku頻段轉頻器的數量大增，同時，最新的數位電視壓縮技術也迅速運用，衛星廣播技術隨之發生重大變革，亦即直播衛星成爲衛星電視發展的主流方向。有關直播衛星，第三節將有詳細介紹。

至於日本在1978年發射全球第一顆直播衛星，帶動該國在高畫質電視（HDTV）與衛星電視的發展。日本第一家數位直播衛星則於1996年10月起試播，訂戶約有10萬2千。2000年起，BS衛星開始數位播出，並於2007年結束類比高畫質頻道。

日本原有3家直播衛星經營者，即Perfect TV、JskyB與Sky Perfect TV等3家，彼此競爭激烈。在1998年後，由梅鐸旗下新聞集團的JskyB，合併Perfect TV成爲Sky Perfect TV，並藉由吸收股份，整合Direct TV的業務，並使其對上日本市場（陳清河，2008：136-137）。

(二)台灣衛星電視發展情形

我國於1969年成立台北衛星通訊中心，先後於台北市郊的陽明山上，完成三座標準碟型天線。第一與第三座，是以太平洋爲範圍。第二座則是以印度洋爲範圍。至2000年，台灣先後完成了11座

衛星地面站。為因應廣播電視業者於節目的需求，交通部於1994年
制訂了《廣播電視業者使用衛星轉頻器中繼節目信號管理辦法》，
許可業者自行租賃轉頻器及建立地面站，以從事點對點的訊號傳
輸。由於交通部政策性的開放，使得衛星傳播不再是政府經營的專
利，故國內第一家民營的衛星地面站「超衛電訊公司」於1995年成
立，隨後又有「泛宇」及「台亞天纜」等公司相繼設立地面站，從
事代客上鏈的業務。

　　為因應衛星傳播科技的興起與有線電視媒體的快速發展，政府
於1999年2月3日公布實施《衛星廣播電視法》。根據該法第條第1
項規定：「申請衛星廣播電視事業之經營，應填具申請書及營運計
畫，向主觀機關提出申請，經審核許可，發給衛星廣播事業執照，
始得營運。」自此，我國有線電視的上游，也就是衛星電視頻道節
目供應者（含境內外），正式有了規範與遵循的法律依據。同時，
行政院新聞局於1999年7月成立第一屆衛星廣播電視事業審查委員
會，受理衛星廣播電視事業節目供應者與服務經營者的申設業務。
目前，衛星廣播電視節目供應者共計有56家、87個頻道（東森、民
視、非凡、國興等）。境外衛星廣播電視節目供應者計有19家、36
個頻道（三商多媒體：NHK、香港商亞太星空：衛視電影台等、新
加坡商全球體育衛星電視：ESPN等、英商開曼群島商台灣電視：
MTV等等）。直播衛星廣播電視服務經營者有4家公司（太空衛
星、星際、卜樂、國際先進音樂）、境外直播衛星廣播電視服務經
營者有3家公司（新加坡商全球廣播商業新聞電視台、美商特納傳
播、英屬開曼群島商台灣電視）（2003年，葉國興：130-131；223-
231）。經過3年，上述數字，有了變化。根據新聞局網站公布資料
則顯示，截至2006年7月24日止，台灣境外衛星廣播電視節目供應者
為17家公司、44頻道。

　　由於我國並非ITU會員國，無法取得衛星軌道及頻譜，以致在
發展衛星計畫中遭遇到許多困難。過去，根據交通部電信總局的評

估，我國所能採取的變通策略有以下3種：第一，參與他國主導之區域衛星計畫，如中星衛星。第二，由我國主導區域之衛星計畫。第三，自有衛星計畫，但功能不是通訊衛星。目前我國發展衛星計畫，乃採取第一和第三策略。由於電信總局與新加坡合作發展衛星，雙方各有轉頻器的使用權。據交通部表示，我國與新加坡合作發展的衛星，在涵蓋面、轉頻器、數量頻寬功率等方面，皆較我國業者目前所使用者爲佳。

中星衛星1號於1998年8月25日於法屬圭亞那庫魯發射基地發射，成爲我國首顆商用衛星，也將成爲我國建構資訊高速公路的基石。我國與新加坡各擁有C頻段轉頻器7個，Ku頻段轉頻器8個。至於由行政院國家科學委員會太空計畫室所主導的衛星科技計畫，當時則預定於2005年以前發射中華衛星（ROCSAT）「中華衛星1號」。它是一顆使用Ka頻段的低軌道科學衛星，於1999年發射升空，其主要用途爲海洋水色照相儀、電離層電動效應儀及通訊實驗酬載等三項科學任務。

「中華衛星2號」則於2004年5月21日凌晨順利發射升空，開始5年期的遙測觀測任務及高空大氣閃電觀測實驗。它是我國第一顆自主擁有的高度遙測衛星，在890公里高的太陽同步軌道上飛行。上面載有一具高解析度光學遙測機，對地解析度爲黑白影像公尺、彩色影像公尺，任務壽命5年。中華衛星二號主要任務是拍攝台灣陸地及附近海域即時的衛星資料，作爲土地利用、農林規劃、環境監控、災害評估、科學研究與教育等相關民生與科學用途。

「中華衛星3號」乃於2005年4月14日發射升空，目的是觀測全球氣象資料。其目標是：建立全球大氣重要參數之衛星即時觀測作業網，除了增進全球及地區性天氣預報作業之精確度，並期能增進太空天氣的監控及預報能力，以提供氣候研究及全球變遷研究資料，以及地球重力及衛星軌道研究等相關資料。它以6顆微星組成，發射後每天可以收取2,500個點以上的即時大氣資料，除了GPS之

外，另外兩個關鍵儀器「小型電離層光度計」和「三頻段信標儀」共同肩負起探測地球電離層和大氣層的任務。

由於我國不是ITU會員國，無法直接申請通訊衛星的軌道位置，因而使用Ka軌道。根據國科會太空計畫室的資料選擇Ka頻段的原因主要有六：第一，可以使用的頻寬大幅增加，可滿足未來增長的部分。第二，衛星系統與地面系統沒有干擾的問題。第三，減少國際間頻率的協調及CCIR規定的困擾。第四，沒有軌道擁擠的現象，衛星可以停留在相當接近的距離（經度約隔1度）。第五，更寬的頻寬及更集中的天線波束，可提供高速資訊的傳輸。第六，在軍事上具有預防干擾及減低被偵測的作用。

除了軍事上的用途之外，利用Ka頻段在未來傳播上的運用，還可以有下列四種不同的途徑：第一，固定衛星服務（Fixed Satellite Service, FSS）：促進電話、傳真機高速數據傳送及小型衛星通訊網路的發展。第二，直接廣播服務（Direct Broadcasting Service, DBS）：帶動高畫質電視和視訊會議的普及。第三，行動衛星服務（Mobile Satellite Service, MSS）：利用行動無線電控制陸地、海洋及航空資訊。第四，建立資訊高速公路（Information Superhighways）：建立亞太資訊傳輸及國內資訊傳輸兩條通訊網路（劉新白等，1996）。

(三)中國大陸衛星電視發展情形

中國衛星電視起步於1970年代，到2005年底，已建成衛星地球站34座，衛星地面接收站118萬座，並利用9顆通訊衛星，39個轉頻器傳輸126套廣播節目、93套電視節目。以下是中國衛星廣播電視發展大事紀（劉洪才等主編〔上〕，2007：93-95）：

1970年4月，發射成功第一顆試驗低軌道、非同步人造地球衛星「東方紅」1號。

1984年4月，發射成功第一顆試驗衛星「東方紅」2號。

　　1988年3月至1989年11月，「東方紅」2號甲（87.5°E）發射成功。

　　1991年5月，亞洲號（105.5°E）發射成功。

　　1993年7月，購買中星5號（115.5°E）替代「東方紅」2號甲。傳送CCTV-1、CCTV-2新疆、西藏、四川、浙江、山東電視節目。

　　1995年，透過泛美2號衛星向北美西部、澳洲、東亞傳輸CCTV-4節目。11月，亞洲號（1004°E）透過衛星發射成功。

　　1996年5月，CCTV-3、5、6、8電視節目由中星5號轉到亞洲2號傳送。

　　1996年8月，亞太A（134°E）衛星發射成功。

　　1997年9月，CCTV-9英語節目開始播出。

　　1998年7月，星諾號（115.5°E）衛星發射成功。

　　1999年3月，亞洲S（105.5°E）衛星發射成功。

　　2000年12月，CNR利用世廣衛星、亞洲之星東北波束聲音廣播衛星直播試驗。

　　2001年，建立VAST站，具有新聞採集、應急播出、節目交換、數據傳輸等功能。之後，542台衛星地球站竣工。

　　2002年，利用鑫諾1號衛星3個Ku波段轉頻器建立了境外電視直播衛星平台，傳送32套境外節目。

　　2003年，亞洲4號（122°E）衛星發射成功。

　　2005年，中國電視（CCTV）利用衛星傳輸高畫質（HDTV）節目。

二、衛星集團

　　衛星可根據其服務地理區域，分爲三大集團（groupings）：

　　(一)國際衛星類，提供全球及國際間的通訊。這一集團包括服務135個國家的國際電訊（intelsat）衛星系列，以及提供船對船、船對岸海洋服務的海洋衛星（marisat）與海上街星（mares）系統。

(二)區域衛星（regional satellite）在鄰近國家之間，提供一個共同的通訊系統。這些區域衛星，包括了經由20個歐洲國家操作的Entelsat系統、阿拉伯國家的Arabsat系統、東方集團（Eastern Bloc）系統、斯堪地納維亞系統（Scandinavian Systems），以及其他系統。

(三)國內衛星（domestic satellite）是指那些服務單一國家，像加拿大的兄弟（Anik）衛星系列、印度的國內衛星（lnsat）、法國的巴拉巴（Palapa）、和其他國內衛星系統（莊克仁譯，1992：211）。

在當時，美國國內有很多重要的傳播衛星：西星（西方聯合公司「Western Union」）、衛星通訊（RCA）、傳星（美國電話電報公司）、SBS（衛星業務系統），以及銀河（Galaxy）（休斯公司）。

三、衛星實務運作

(一)赤道同步軌道與控制

衛星是藉著火箭發射，到達赤道上太空大約36,000公里的適當高度。與太空人進入太空160-240公里的高度相較，我們不得不對衛星科技所造就的距離，刮目相看。

衛星脫離火箭之後，地面控制人員便利用衛星自己內部的小火箭，將它推動，進入正確的運轉位置。然後，火箭的動力便可以熄掉，同時，衛星的原始動力，便在幾近沒有磨擦的空間裡，維持不變。

衛星便在這個高度和速度下，每天24小時，環繞著地球旋轉。由於地球也是以每天24小時自轉，同時由於衛星和地球是以同方向在運行，因此，衛星看起來是停留在地球上空不動。這種現象，也就是所謂的同步（synchronous），赤道同步（geosynchronous），或

赤道同步軌道（geostationary orbit），如圖5-1所示。

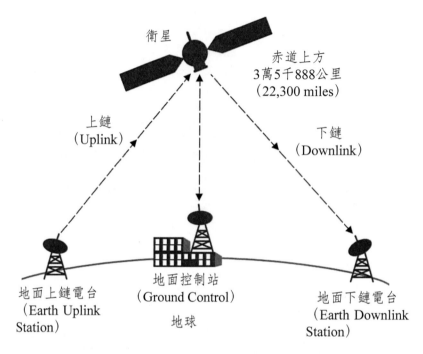

衛星

赤道上方
3萬5千888公里
（22,300 miles）

上鏈
（Uplink）

下鏈
（Downlink）

地面上鏈電台
（Earth Uplink
Station）

地面控制站
（Ground Control）

地球

地面下鏈電台
（Earth Downlink
Station）

✿圖5-1　衛星系統

　　經過一段時間，雖然衛星可能會從它正確的位置，慢慢地移動
或漂失（drift），但是，地面控制站（ground-control）必須立刻從
火箭上的小火箭，發出動力，予以修正。地面控制站能以這種方
式，永遠確保衛星的適當位置。尤有進者，當需要的時候（過去曾
經發生過），地面控制站更能將衛星移到另外一個軌道位置。

　　在衛星可用的生命結束時，或者衛星提早夭折（電池沒電等
等），地面控制站便會將衛星推往太空深遠處，使它成為天上永久
漂浮的廢物。

(一)上鏈與下鏈

本質上，所有的衛星傳播，都是以同樣的方式操作。這與不受地平線距離限制的「跳躍，或中繼」（one-hop）地面微波系統，非常相像。

地面發射台，從地面製播來源接收到無線電訊號（電視、聲音、影像、數據等等），將它轉換為衛星微波載波頻率，並且將它向上發射到衛星那裡。這個過程，叫做「上鏈」（uplink）衛星轉頻（答詢）器（接收部分）接收到這個訊號，並將它轉換為不同的微波載波頻率。按著，轉頻器（發射部分）便將它傳回到地面，而涵蓋一特定「腳印」區域的這個訊號，就被設計進入衛星發射天線。這個訊號，能被「腳印」區內的任何適當接收點所接收。這種從衛星到地面的傳輸過程，稱為「下鏈」（downlink）。

一旦這個訊號被任何地面電台接收到，它便可用這個訊號，或將訊號轉換與傳送到其他的使用者。上鏈電台，可分兩大類：固定的與活動的。一般而言，固定上鏈電台乃策略性地位於通訊頻繁的人口聚集中心之間或附近。製播中心將它們的訊號送往上鏈電台。在那裡，不管什麼形式的訊號，乃被調變為適當的衛星微波載波頻率，並且向上射往適當的衛星。

通常，發射天線是一個很大的微波碟盤，也許半徑3到9公尺，直接對準衛星。這個碟盤，體積夠大，足以使微波能量集中為瞄向衛星的強勁集束之效率與效力增加，並減少所需的功率。

小型的活動上鏈電台，是一項相當新的發展。這種上鏈電台，是利用體積很小的碟盤天線，裝在汽車牽引的拖車上，或平底卡車上。規模較大的電視台與製作單位，很流行用它，從遠距離或配輸設備，從事電子新聞採訪，或其他現場報導、或介紹功能。這些車輛，通常被稱為SNG（衛星新聞採訪）車，以有別於同類的與傳統的ENG（電子新聞採訪）車（莊克仁譯，1992：216）。

(二)轉頻器

在衛星上的每一個轉頻器，是由一個藉太陽能電池提供動力的微波接收器與發射機所組成。在大多數的衛星裡，這些微波發射機的功率均非常低，還不到10瓦。

一般而言，每一個轉頻器擁有的頻率頻帶寬度，或頻道寬度，足夠容納一個彩色電視頻道，6百個廣播節目，1千2百條路迴路（circuit）、高速數據迴路，或與這些系統同比例的組合。

一顆攜帶24個轉頻器的人造衛星，那麼，便可以轉播24個電視頻道，1萬4千個以上的廣播節目，將近2萬9千通電話，數不清的數據傳輸，以及與其有關的組合。一顆衛星的資訊轉播容量，是相當令人驚異的，同時，這種容量也正迅速地增長；然而，衛星頻道的需求量，也告增加。

雖然一顆衛星可以攜帶24個轉頻器，但是，每一個轉頻器卻是在不同對的微波頻道上操作。一個單一轉頻器，是由一個微波接收器、一個轉換器，與一個微波發射機所組成，它還配有一支天線，並且是由太陽能電池提供電力（莊克仁譯，1992：217）。

衛星是連續不斷地被地面控制站來導向，期使太陽能板朝向太陽，而天線則朝回地球。來自上衛地面電台的束集訊號，乃被適當的天線以及在衛星上的接收器所接收，並且轉換為不同的（較低的）微波頻率。這種做法，是為了防上進來與出去的訊號，彼此造成干擾。接著，低功率發射機便將訊號傳向地面，它的天線被設計用來在地球產生一個特別的「腳印」或地理涵蓋區，如圖5-2所示。

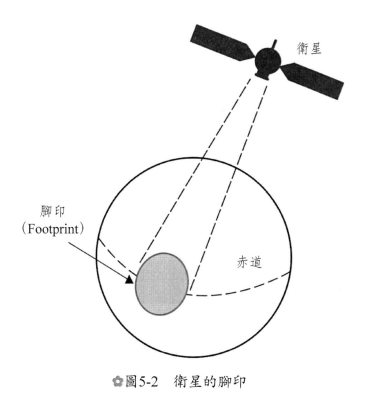

衛星

腳印
（Footprint）

赤道

❀圖5-2 衛星的腳印

四、衛星傳播的優點與缺點

　　如前所述，通訊衛星是指以通訊為目的而放射至太空軌道中運行的人造衛星。它可以在同步地球軌道（Geosynchronous Earth Orbit, GEO）運行，也可以在低軌道（Low Earth Orbit, LEO）運轉，這類通訊衛星藉由收、發、處理大量的資料，來傳送高品質的影像、聲音，甚至還包括多媒體服務（multimedia service），謹將其優、缺點說明如後。

(一)優點

　　1.遠距離傳播：衛星傳播已證明是一個遠距離傳播極為有利的工具。它們對遠距離的直線特性，乃指一跳躍（one-hop）傳

數千公里，而不是經由地面微波鏈路、電線或同軸電纜，作
短距離的傳播。

2.經濟效益高：衛星傳播需要處理與操作的訊號並不多，但卻
需要雜音與失真較少的訊號。直線的特殊傳播，需要極低的
功率，將訊號從地球傳送到衛星，並由衛星傳至地球，這比
使用許多高功率的地面電台與多重傳播，產生更大的經濟效
應。（將訊號從紐約轉播到洛杉磯，約需75座地面微波中繼
站，但是，只需要一顆衛星，便可轉播相同的距離。）

3.高頻寬：衛星能夠且必須使用極高的微波頻率，蓋其頻道極
為寬廣，可傳送大量的資訊。每一個頻道能傳送電視、高速
度數據、多元無線電廣播與電話副頻道，及其他的資訊處
理。

此外，這些微波頻率的性質，使它們不受大氣層或其他自然的
干擾。雖然衛星傳播的工程技術需要巨大的費用，但是和傳統遠距
離的地面傳播系統相較，衛星傳播比較便宜、快速、清晰，同時，
效率更高，效果更好。

(二)缺點

1.不具安全性：衛星的訊號都具廣播性質。除非在傳播過程中
加強加碼，否則均缺少安全性，任何衛星訊號都可到的地面
電台，只要調到適當的頻率，都可以接收到衛星發射的任何
訊號。

2.訊號的延遲：衛星在地球軌道上運行，與地面有相當長的距
離，使得產生固定時間的傳播延遲（大約14秒），因此，在
數據傳播通訊則變得非常沒有效率。

3.訊號的干擾：衛星訊號的傳播均使用Ku與Ka頻道，非常容易
受到惡劣氣候的影響，尤其是雨霧的干擾，而在C頻帶則容易
受到陸地微波訊號的影響（陳清河，1997：2-7）。

第三節　衛星的種類與直播衛星

一、衛星的種類

(一)以業務分

　　以業務分，衛星通訊可分為固定及行動兩大類。第一類是衛星固定通訊業務（Fixed Satellite Service, FSS）。第二類是衛星行動通訊業務（Mobile Satellite Service, MSS）。分別說明如下：第一類，衛星固定通訊業務：由經營者提供國際、國內之衛星電路出租業務，包括衛星小型地面電台網路出租及點對點、點對多點的衛星電路。第二類衛星行動通訊業務：由經營者提供國際、國內之行動電話、衛星行動數據及衛星行動呼叫業務。衛星服務因為衛星通訊可具備寬頻、無線、廣播的特性，因此發展出各式相關服務，例如：使用小型地面衛星接收站（VSAT或USAT）的衛星寬頻網路（satellite broadband）、直播衛星服務（DBS）及數位語音廣播（DARS）（倪思敏、沈素琴，2007：113）。

(二)根據衛星的轉頻器功率的分類

　　由於衛星轉頻器的功率與頻率，決定接收碟盤天線的大小，因此，這些因素有助於決定它們能夠使用的用途。根據前述的性質，衛星則可分為以下四類：C波段衛星、K波段衛星、混合衛星及直播系統（DBS）衛星。

1.C波段衛星

　　所有低功率衛星，統稱為C波段衛星（C-band satellite）。一般而言，它們都用於公用電信事業（商業傳播）用途。這名稱來自它們操作的微波波段。微波波段是以英文字母來作為它們指引的參

考。

　　這些C波段衛星，在6gHz頻譜範圍內，操作上鏈頻率，並且在4gHz頻譜範圍內，操作下鏈頻率，這兩者都在著名的微波波段C波段的範圍內。

　　C波段轉頻器乃是在5至10瓦的功率範圍內操作。這種低功率的消耗，使得衛星通常得以攜帶14個轉頻器。然而，新衛星卻可以攜帶36個轉頻器，不久的將來，甚至可能攜帶54個。

　　低功率與相當低的微波頻率，需要相當大的微波碟盤，供地面電台接收之用。過去，有過半徑9公尺那麼大，但是，由於科技進步，已將這種要求降低，首先是半徑2.4到3公尺，現在，則為半徑1.7到1.8公尺。

　　2.K波段衛星

　　中等功率商業傳播衛星，在微波頻譜的K波段範圍內操作，因此，乃命名為K波段衛星。

　　這些衛星攜帶的轉頻器，在14gHz範圍內，操作上鏈，而在12gHz範圍內，操作下鏈。請注意，所有的衛星乃是在較高的上銜頻率與較低的下銜頻率操作。這樣做的原因之一，是可在接收處進行訊號的重新轉換，或下行轉換。

　　K波段衛星轉頻器的功率，一般而言，是在40-50瓦之譜。這種較高功率的要求，需要更多的太陽能板與電波，為此，便得犧牲轉頻器的空間。因此，一般而言，K波段衛星每顆僅能攜帶約10個轉頻器。

　　較諸C波段衛星，K波段衛星的優點，乃是其較高頻率與較高功率，導致較少受地面微波系統的干擾，使得訊號較強，以及因而可用較小的地面電台接收天線。接收K波段衛星訊號的光碟盤，約為半徑2至3英尺。

　　然而，K波段衛星的缺點是，更為容易感受「降雨衰減」（rain fade），或有些訊號強度被大雨吸收。然而，它在颱風期間的表

現，顯示這種現象還不至於那麼差。

　　3.混合衛星

　　雖然混合衛星（hybrid bird）尚未被單獨分類，但是，越來越多的衛星，攜帶C波段與K波段的混合轉頻器，而成為混合衛星。這使得衛星能提供比以前更多的服務與優點，或者更為多面性（莊克仁譯，1992：220-221）。

　　前面介紹完三種衛星之後，接下來將介紹直播衛星。

二、直播衛星

(一)前言

　　直播衛星（Direct Broadcast Satellite, DBS）的設立，乃提供一種方法，讓含有廣播性質的電視信號，能夠從一個單一地點製作，並且直接播送給衛星涵蓋區內所有的一般公眾。

　　這將准許電視業者，將電視節目上衛到DBS衛星，再經由下衛，對衛星廣大涵蓋區，作地毯式的廣播。在這種情況之下，所有的家庭與公司，都能以非常小與便宜的屋頂式碟盤天線，直接收到電視訊號，並且將該訊號下行轉換為標準電視機所能接收的訊號。

　　DBS衛星業者，可以將「免費」的廣告商支持或付費（擾波）電視節目，傳送給特定地區內的一般公眾，或者是藉二、三枚衛星，傳送到整個美國地區。

(二)歷史回顧

　　直播衛星是利用高功率的轉頻器，以高頻率將電視節目訊號向地面發射，收視戶只要裝設小型碟型天線便可直接收看衛星電視節目。美國直播衛星的發展，開始於1980年代初，直到1990年代才較有好成績。其間經過一些公司早期的市場實踐，有關法規政策逐漸完善，相關技術不斷改進，用戶市場也日漸成熟起來。

　　1980年，美國聯邦傳播委員會開始考慮使用直播衛星，並且在1981年中期，公布DBS系統指配暫行管理的議訂政策與條件。

　　1981年10月，該委員會接收了8家公司申請DBS的興建許可。這個決定似乎過早，因為設立DBS系統操作參數的國際性組織，預定在1983年才要集會。然而，聯邦傳播委員會認為，這項暫行辦法能使美國為這項國際會議作好準備，惟相對地，也使這項暫行辦法顯得語焉不詳並具伸縮性。到最後，這8家公司幾乎都因為種種原因退出了直播衛星電視領域。

　　1983年的國際會議，指配給美國8個DBS衛星停泊位置與32個頻道。於是，聯邦傳播委員會使准許這8家申請公司，進行DBS計畫與能力方面的發展。但是真正讓直播衛星發生效用的是在1994年。1984年11月，聯合衛星公司（United Satellite Communication Inc., USCI）使用加拿大的阿尼克通訊衛星，又嘗試開始直播衛星電視服務，但只堅持了半年，便因訂戶太少、虧損過大、資金周轉困難而停止營運。

　　時序進入20世紀90年代，隨著數位壓縮技術的發展與應用，一顆衛星轉頻器可以傳送4套，甚至更多的節目。這使得一顆載有24個轉頻器的衛星，可以傳送上百套電視頻道。

　　1993年，美國休斯公司發射世界上第一顆數位壓縮直播衛星，並於1993年12月開發並組裝了採用數位壓縮技術的商用衛星電視系統Direct TV。至此，數位直播衛星電視業務從美國崛起，迅速進入商業營運軌道，並很快在全球形成一股發展的熱潮（黃升民、周艷等人，2006：24-31）。

　　1994年3月，美國休斯公司的子公司——直播電視公司（Direct TV），將上百個衛星電視頻道的訊號，送到高功率休斯601型衛星，為北美地區民眾帶來直播衛星的服務。在1996年時，其收視戶已達3百萬戶以上。1996年1月23日，美國電報電話公司（AT & T）向DirectTV公司投資1.37億美元，並將Direct TV公司的節目提供給其

900萬有線電視用戶（陳清河，1997：259）。1988年，Direct TV的頻道數增加到185個，市場範圍也從1994年的3個州發展到35個州，占多頻道市場的10%，訂戶數更增加到400多萬戶，年收入達15億美元。在當時與Direct TV公司並存在直播衛星市場競爭的，尚有USSB公司、PrimeStar公司、EchoStar公司及AskyB公司。到1999年4月，Direct TV以13億美元的高價收購了USSB公司，並接收了該公司的110萬用戶。2000年更收購了PrimeStar公司，這時Direct TV公司在2個軌道上擁有6顆衛星，用戶達到700萬，2002年超過了1,100萬，而與EchorStar公司形成雙頭壟斷。2002年，EchorStar公司在4個軌道上擁有6顆衛星，用戶超過700萬戶，年收入達40億美元，與Direct TV共同占據了美國衛星電視90%的市場（黃升民、周艷等，2006：30-33）。

在Direct TV成功之後，休斯公司便進一步向亞洲發展，與宇宙通訊公司、大日本印刷和一家錄影帶店合作。在台灣則與菲利普簽約，希望提供160個以上頻道進駐國內市場。

(三)停泊空間

1994年，美國發射第一枚DBS衛星。DBS是在K波段的12gHz（或許17gHz）範圍內操作。轉頻器的功率，將在150瓦到170瓦之間的範圍內。一顆典型的DBS衛星，將攜帶3個轉頻器，但有些則可攜帶6個。DBS轉頻器的高功率與高頻率，將允許半徑不到1公尺，小型家庭式地面電台碟盤天線（只收電視）。美國國內傳播衛星，必須停駐，或「停泊」在赤道，以及美國大陸、阿拉斯加、夏威夷與領土範圍的正上空3萬6千公里高的地方。這是唯一它們能夠與地球同步，以提供持續與可靠的全國傳播系統的方法。然而，對於加拿大、墨西哥、拉丁與南美洲國家的衛星，以及某些國際衛星而言，這個方法也同樣適用。所有的衛星，都必須共用同一個停泊處。

　　此外，由於太空衛星與地面國家一樣，必須隔離一段空間，以免干擾，因此，這個停泊處的停泊空間是有限的。國際條約需要為衛星的安置（或停泊位置的預訂），以及在美國大陸上空的使用，建立一套廣泛的參變數。能夠在這個赤道停泊處占據空間的衛星數量，是由它們位置能靠得多近來決定；而間隔，必然地，也由其使用的功率與頻率而定。

　　美國已經為國內衛星一共指配了113個停泊空間。其中，35個給低功率C波段衛星，70個給中等功率K波段衛星，8個是分配給高功率直播系統（DBS）衛星。起初，C波段衛星在軌道上，彼此距離4度；然而，由於衛星的增加與科技的精進，使得這個空間減為2度，理論上，將能夠停泊的衛星數增加了2倍。原先，K波段衛星彼此距離3度，現在則減為1度。DBS衛星預定彼此距離9度。在3萬6千公里的空間，一度約為740公里，詳如圖5-3（莊克仁譯，1992：222-223）。

(四)美國直播衛星的特色

1.以高功率、多頻道經營為主

　　世界各國使用直播衛星時，為求接收碟型天線更小，因此，會提升為高功率傳輸方式，美國的Primerstar就是最好的例證。另外，數位壓縮後的大量頻道數，更是帶動美國直播衛星更具商業特質的動力。

2.節目內容多元化

　　美國對直播衛星的概念一直存乎於服務偏遠地區及弱勢族群為考量，因此，其節目內容自然以分眾為主。基於此一基本理念，當美國運用數位壓縮多頻道經營的直播衛星，只是加入國外市場的考量，而目前美國直播衛星乃可視為是與有線電視並存的媒介通路選擇。

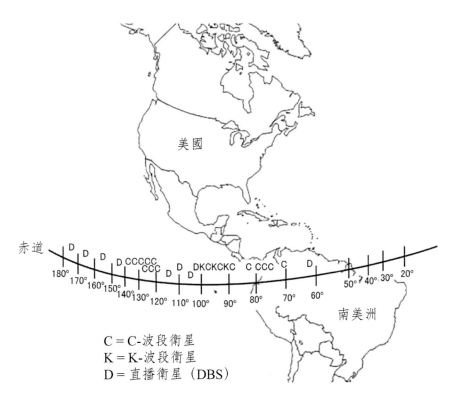

C＝C-波段衛星
K＝K-波段衛星
D＝直播衛星（DBS）

✿圖5-3　美國國內衛星的大概位置

3.進行傳播與電信結合

衛星是一種寬頻電波的通路，此一概念對一直以民營結構運作直播衛星的美國而言，必須更爲明確。過去衛星電視經營者因礙於法令而無法跨媒體經營，但因近年來，隨著科技的發展以及受到各國逐步開放媒介政策的影響，美國已逐漸開放電信業者投資直播衛星電視的整合。

4.全數位化逐漸與歐洲規格相容

類比的直播衛星系統使得傳輸過程仍遭遇到各國系統轉換的問題，如今數位化傳輸已呈必然的趨勢。美國已在1996年12月公布該國的數位化規格，其中，對於衛星傳輸數位化的要求，是列爲未來

優先實施的對象。因此，也使得美國的直播衛星發展政策更為明確。

5.加強公眾化服務

依據《美國直播衛星服務管理辦法》第100、51條平等僱用機會，所有直播衛星傳播機構的執照持有者，均應遵守平等僱用原則，不得因種族、膚色、宗教、國籍或性別而有歧視情事發生。尤其是，美國對於直播衛星的節目內容，應以公眾服務為基礎，並維繫多元文化的特色（陳清河，262-263）。

(五)直播衛星的未來

衛星電視一直引領著創新科技技術的應用，過去如此，現在如此，未來也將如此。尤其當直播衛星傳輸標準已經數位化之後，不管高畫質電視（HDTY）或數位錄影機（如TiVo），用戶可以用來將節目直接錄進電腦硬碟中。更重要的是，業者正積極引進數位有線服務，藉以避免客戶的流失，預計未來，直播衛星仍為未來幾年，將持續以19%的速度增長（張海鷹譯，2006：101）。以下介紹直播衛星運用的兩個例子。一個是失敗的銥計畫，然而，另一個卻是非常地成功的全球衛星定位系統。

三、銥計畫與衛星定位

(一)銥計畫

1988年，美國摩托羅拉公司（Motorola Inc）提出「銥」（IRIDIUM）系統。1996年，「銥」衛星電話計畫推出，台灣的太電集團也耗下鉅資參與，與此同時包括全球（Globalstar）、亞洲通（AceS）、ICO都相繼投入衛星電話服務。至2000年3月17日，銥計畫宣布停止。ACeS衛星計畫的亞洲公司結束營業，太電集團投資的銥計畫也告吹。所謂銥衛星電話是指重約250g-390g的輕便電話（邱

依依，2000：62）。

(二)全球衛星定位

全球衛星定位系統（Global Positioning System, GPS）是由美國國防部開發，利用遍及全球的人造衛星系統傳送定位資料。它的精確度高，不需要付費，且能提供使用者全天候、即時計算的資訊。使用者只要配合電子地圖，便可藉由GPS找到目的地（倪思敏、沈素琴，2007：115）。

問題與討論

一、試述通訊衛星的基本構造。

二、試述衛星傳播的優點與缺點。

三、何謂「上鏈」（up-link）？何謂「下鏈」（down-link）？

四、請根據衛星的轉頻器功率說明衛星的種類。

五、試述美國直播衛星的特色。

第六章

數位科技與數位電台

第一節　數位科技

　　自從人類開發數位技術，製作出電腦及其周邊設備以來，由於它能用來替代人力，快速、輕鬆又精確地完成文書、會計、計算……等瑣碎的紙上作業。因此，數位科技很快地被普遍應用在通訊、金融、教育、醫療、商務、行政等領域以及跟大眾有關的機構中。不僅如此，此一數位技術有如水銀撒向大地般，迅速地滲進吾人日常生活用品的電器設備中，包括目前家家戶戶都在使用的類比廣播收音機和類比電視機，不久的將來也都會被數位廣播接收機和數位電視機所取代。

一、何謂「數位科技」？

(一)何謂「數位」？

　　在物質的世界裡，一切事物都是由「原子」組成的。原子曾被認為是組成物質的最小元素。如今，在人類表示訊息的世界裡，它的原子則是「0」和「1」，其重要性就如同DNA對生物世界一樣。在訊息的世界裡，「0」和「1」不但變化無窮，而且法力無邊。何以見得呢？根據「台灣數位視訊協會」的定義，所謂「數位」（digital）是指將傳統傳送的聲音、影像或文字的類比訊號，藉由科技技術轉換成可由電腦處理的0與1數位訊號。換句話說，電腦除了能計算數值、打出文字之外，更能播送音樂，此外，在螢幕上還可以出現彩色圖像，看電視和電影。因此，凡是人類視覺或聽覺所能感覺到的一切，不管在日常生活實際看過，或只在夢境中遇到的情景，例如火山口噴發熔岩的危險而壯觀的場面，由於數位採樣原理，舉凡前述扣人心弦的樂章、變幻莫測的圖形、美妙無比的景色，或是五彩繽紛的焰火，都可以利用數字序列表示，而在電腦的螢幕重現出來（貪伍編著，2003）。

(二)何謂「科技」？

科技（technology）一詞源自希臘文「technelogia」。首先，「techne」的意思是「技能」與「藝術」。當代對科技最有思考的海德格（Heidegger）曾說：「科技不僅止於工匠的技巧，是思考與藝術，或是詩？」其次，「logia」則指的是「研究」。蓋「科技」就是技能的研究，其中涉及資源改造，以利於實際用途。

總而言之，數位科技是21世紀傳播主流，以廣播而言，數位成音廣播（Digital Audio Broadcasting, DAB）具有單頻、可同時播送多路優質語音及附加數據服務功能，解決了類比廣播無法辦到的問題。這種革命性的技術突破，被認為是繼傳統的調幅、調頻廣播後的第三代廣播。同樣地，以電視而言，如果說黑白電視是第一代電視產業，那麼彩色電視即是第二代電視產業，如今又漸漸走進高品質影音及多媒體時代的數位電視，如此說來，那應該就是第三代電視產業了。

二、數位科技（Digital technology）的演進

(一)數位時代的來臨

傳播學者Ithiel de sola Pool在其1985年出版的著作《自由的科技》（*The Freedom of Technology*）一書中指出，傳播的第一個世代是口傳，第二代是書寫，第三代是印刷術和其他可能大量複製的形式，如留聲機、照片、錄影機、錄音機等各種可保留影像及聲音的媒介；而第四代是，所有傳播媒介都成為電子的形式，包括電報、電話、廣播、電視、錄影科技、有線電視、衛星廣播及多媒體等，亦即工業社會中的主導傳播模式，已由「印刷媒介」改為「電子媒介」；然而，以現在傳播科技的進展來看，應已進入第五代——數位化的時代。也就是說，任何媒體若要躋身新傳播科技之列，首要

之務便是將其資料先經數位化，前述「電子媒介」也改爲「數位媒
介」。

(二)數位科技的演變

1.基本原理：類比（analog）的意思是一種隨時間而改變的線
性記錄原則，它無法在現有的資料及設備內，獨立創造一樣
的資料，它可以用相似的東西去表達一種類比的紀錄方式。
數位化簡單地說，就是以數字（digits）來描述事物，也就
是訊號（signal）。瞭解數位化的原理，首先一定要有10進
位（decimal）轉換2進位（binary）的觀念，那就是「2即進
1」的2進位計算方式。其中2進位的單位，稱之爲一個位元
（bit）。就訊號的特性來說，在一定的時間內，給予電壓來
區別內容，記錄有電壓提供時的區塊，我們賦予數字「1」，
記錄無電壓提供的區塊，我們賦予數字「0」，然後再將「編
碼」（encode）後的數據組合起來，在還原時，以「解碼」
（decode）的方式處理訊號。如此的紀錄與還原的過程，就是
一種「數位化」。數位化的訊號是屬於「非連續性」的訊號
格式，它有別於「連續性」的類比訊號，所以在訊號的判別
與偵錯上較爲有利（程予誠，2000：146-150）。

2.演進過程：其實人類在近兩百年前（1838年）以運用類似數
位訊號，將字母轉換爲長短組合的訊號來傳遞訊息，那就是
鼎鼎有名的摩斯電碼（Morse code），也是數位化的始祖。
其後數位技術應用到影音上，像是數位影音訊號就是將影
音（audio and video）訊號或多媒體內容視爲資料（data或
information）。

人類在第三次工業革命的三大主體技術當中，電腦技術是當
代世界影響最大的技術領域，換句話說，電腦已成爲整個現
代科學技術發展。早在機械計算機的階段，分別有法國數學

家什卡（Schlckarg, 1952-1635）於1623年，及另一位也是法國數學家巴斯卡（B. Pascal, 1623-1662）於1642年，都分別發明過可進行加減運算的機械計算機。此後，德國數學家萊布尼茨（G. W. Leibniz, 1646-1716））研究巴斯卡計算機時，最先提出了把「2進位」用於計算機的設想。但在萊布尼茨以後，機械計算機的研究一直處於沈寂狀態。直到進入19世紀之後，英國傑出數學家拜比吉（C. Babbage, 1792-1871）才再度開始進行機械計算機的研究。由於歷史條件的限制，拜比吉研製的分析機雖然未能獲得完全的成功，但拜比吉的設計理念卻爲後來機電式計算機的興起奠定了技術基礎。

除了技術基礎之外，電腦之所以能在1940年代中期發明，也源於電腦所必須的數學基礎的布爾代數，早在19世紀中期即已奠基。所謂布爾代數就是邏輯代數，它是由英國數理邏輯學家布爾所創立的。1854年，布爾發表了邏輯代數的奠基性著作《思維規律研究》。在這一論著中，布爾以「2進位」爲基礎，把形式邏輯結爲一種代數的演算。在這種邏輯代數演算中，他從一組邏輯公理出發，向推導代數公式那樣來推導邏輯定理，這種邏輯代數後來經過德國數學家施羅德（E. Schroder, 1841-1902）等人的進一步發展，此後變爲電子計算機所必須的主要數學基礎（童鷹，2000）。

3.電腦與網際網路的演進：在計算機工具方面，早期的計算機工具已經相繼經歷了機械計算器、機械計算機和機電計算機這樣3個前後相繼的歷史發展階段。爾後，由於電子技術的發展，1942年乃促成第一部電子計算機的設計，1945年底終於研發成功第一部以眞空管爲主的第一代電子計算機ENIAC，隨後相繼進入第二代以電晶體爲主的電腦發展時期（1950年代中期至60年代中期）、以半導體積體電路爲主的第三代（1970年代中期至70年代初期）、以大型積體電路爲主的第

四代（1970年代初期）電腦發展時期，這時出現微型化與巨型化的不同發展趨勢。當1972年美國英戴爾（Intel）公司的Ted Hoff博士發明中央處理器（CPU）之後，象徵電子計算機向微型化的方向成功地踏出了第一步。

從此以後，以微處理為核心的微電腦幾乎每隔3至5年就發生一次更新換代，此即著名的「摩爾定律」（Moore's law）。例如從1972年4位元晶片的第一代微電腦，發展到現在的64位元晶片，但要普及化之前，則需微軟公司2006年新的作業支援系統出現。此外，網路因電腦的發展而使得人類的傳播更為便捷且無遠弗屆。例如：1968年，電腦發明之初，美國國防部因「國防通訊」的需求成立「尖端研究企畫署」（ARPR），嘗試建設一個實驗性的網路ARPANE T（Advanced Research Network）。

基本上，其乃是一個廣域網路，但只能服務少數人，因此，1980年另一個美國聯邦機構國家科學基金會（National Science Foundation, NSF）繼國防部之後，加入這個計畫，NSF建立5個超級電腦中心給那些喜學術研究為目的的使用者使用。NSF期望超級電腦的使用者來使用ARPANET以進行存取，但這個機構很快就發現現存的網路無法負荷，於是NSF建立了一個新網路，並擁有更高的網路能力。該網路稱為NSFnet，就是用來補充舊式的不足及ARPANET的超載。ARPANET、NSFnet、和其他網路的連結就被稱為「網際網路」（Internet）。

此外，連結分開的網路的過程就稱為「網路連結」（internetworking），而將正在運作網路集合在一起就被描述為「跨網運作」（internetworked）。這就是網際網路之所以取這個名稱的緣由，因為它是遍及全世界網路所形成的網路（普羅數位科技編譯，2003）。

三、數位科技的特色及其優、缺點

　　基本上，數位訊號是種離散訊號，與類比的連續訊號是不同的。我們都知道，自然界和生活中的圖像則是連續變化無間斷的類比或模擬訊號，而數位訊號在時間、空間上都是離散的，要想進行數位化的傳輸，必須先轉化成爲數位訊號。簡單地說，其過程就是在符合抽樣原理的前提下，對類比或模擬圖像當中像素的亮點及色度進行採樣，然後將時間離散化的訊號，按照一定的量化間隔量化，達成幅度離散化，最後以特定規格編碼，形成數位訊號。一般所謂的數位訊號是指0與1數字表示的2進位訊號，而位元（bit）是數位化計算中的基本粒子。位元沒有顏色、大小或重量，能以光速傳輸，是資訊的最小元素，是一種存在的狀態。爲了實際上的方便，將位元想成「1」或「0」。一串的位元通常是表示數據資訊，而這些訊息都可以簡化爲1和0。但是這類的訊號取碼率過高，要經過壓縮之後才可以傳輸（郭文耀，2004：315-320）。

(一)數位科技的特色

　　1.**高準確度與可重複性**：由於數位訊號是以0、1的位元形式存在，具有最小量的特性，故其準確性高，無論在處理、傳輸或複製的過程，均維持原來的樣貌，不會改變。

　　2.**低干擾與低失真**：儘管類比訊號被轉換數位訊號時，會損及其訊號的完整性與品質，但是，一旦轉成之後，其受干擾而產生誤差的情況，卻遠較類比訊號時爲低。然而，數位訊號在產生、複製或傳遞過程中，還是跟類比訊號一樣，會受到器材本身及外界雜訊的干擾，但是只要其目的地能分辨0與1（或有與無）兩個狀況，便能正確還原原來完整的訊號。

　　3.**窄頻傳遞—非同步性傳輸**：相較於高頻寬的類比訊號無法經由低頻的線路來傳播，數位訊號卻可以在任何頻寬的傳輸管

道來傳遞訊息，只是向動態視訊（如電視節目或影片）在低頻寬數據機傳送時，其傳輸速度可能會很慢，比如傳輸一分鐘長的電視視訊訊號，可能要花上1小時的時間。不過，一旦全部訊號都到齊了，看起來就像經由高頻寬管道傳輸一樣，這種並非及時性的傳輸，亦可稱為「非同步性傳輸」。

4.寬頻傳遞──即時性傳輸：如前所述，數位訊號固然可利用窄頻傳輸，但是很費時。這與人們習慣用即時（Real Time）電話、收音機或電視等的習慣不符。如果數位訊號要即時傳輸，還要達到高品質的影像的話，則需要更寬廣的頻寬。這是目前個人電腦和網路連接技術一直在努力發展的目標。

5.**資訊的整合**：數位訊號的傳輸，是將所有的訊號轉換成與原來的資訊型態及種類無關的同質脈波（0/1值）列，而後加以處理。因此，吾人可以利用同一數位傳輸系統來載送不同種類的資訊，也能即時傳輸相同內容，但品質、速度不同的資訊。如果以類比方式來處理、傳送如聲音、傳真、資料、圖像或視訊等異質訊號時，必須將其分開處理。然而，相對地，若改用數位方式，就可以將所有的非同步訊號轉換為數位式資訊加以處理，而且還可以利用同一設備來使這所有的非同步訊號，到達同一個目的地或很多不同的目的地，然後在目的地予以適當的解碼。由於較大的儲存空間或頻寬，需花費更多成本，所以較實際的辦法，是將數位訊號加以壓縮，這樣便可以減少資訊儲存空間，或以較快的速度傳遞資料。

(二)數位科技的優、缺點

1.**優點**：數位訊號抗干擾能力較類比訊號強，在再生中繼中容易消除雜訊，並加以自動修補與強化，同時，還可以無限次複製，並易於長久保存。此外，數位化資訊的傳輸設備不但

容易和電腦連接，數位訊號在資料中還可以單獨分離，作特別處理，例如電腦合成，而且易於「封包」傳輸，更具有效率及方便性。最後，數位技術容易構成「整體服務數位網路」（ISDN），結合各種數位訊號（電報、電話、影像和數據）特點，形成完整的數位網路。

2.缺點：由於原始聲音和影像都是類比訊號，而人的耳朵也只能接受類比訊號，因此，數位訊號到最後還必須還原為類比訊號。

四、數位傳播科技的應用

數位科技之所以成為當今市場上媒體訊號的主流，原因有三：其一，電子媒介市場不但眾多，而且混亂，2進位的數位訊號似乎較容易令這些媒體訊號彼此辨識。其二，為延長媒體的價值，媒體訊號往往需要多重複製，數位訊號較容易維持其原有標準。其三，配合電腦使用的數位原理，在控制、傳輸中，較容易擴展電腦自動化的運用，況且電腦及相關周邊設備更為普遍地存在於生活的應用上，所以，人們對於數位化的要求，不僅存在於工業體制，更對於商業市場及一般日常生活有其必要性與方便性。在這種供需條件之下，數位科技的優點就理所當然地被運用在各種媒體上，包括數位廣播、數位電視、數位音響、衛星數位電視、數位照相、數位圖書館及數位博物館。

至於目前各國數位電視訊號傳輸系統的國際標準與所採用之參考區域，如表6-1所示：

✿表6-1　各國數位傳輸系統對照表

	美國	歐洲	日本	台灣	韓國
數位行動廣播電視（手機電視）	DVB-H	DVB-H	ISDB-T	DVB-H	T-DMB
數位衛星電視	DVB-S	DVB-S	ISDB-S	DVB-S	S-DMB（手機接收）
數位有線電視	OpenCable	DVB-C	DVB-C	DVB-C	DVB-C
數位地面無線電視	ATSC	DVB-T	ISDB-T	DVB-T	ATSC
無線寬頻網路／手機	BCMCS/MBMS				

資料來源：作者整理。

　　以下僅就數位廣播系統和數位電視系統，說明如後。

第二節　數位廣播系統

　　如前所述，繼1920年代的第一代調幅（AM）廣播及1940年代第二代調頻（FM）廣播之後，目前的數位廣播則被稱為第三代廣播。所謂「數位廣播」（Digital Audio Broadcasting, DAB）系統採用先進的數位音訊壓縮以及傳輸技術，能夠有效地利用有限的頻道，解決現有類比系統（如FM廣播系統）因地形因素造成接收不良或忽強忽弱的現象，數位廣播除可播放如CD般的音訊品質之外，還可播放多媒體資訊及傳呼等通訊服務，最重要的是，全國性電台可以使用單頻網路，提高頻譜使用效率。此外，多個節目共用1個發射台更可以節省發射成本（朱強，2004：503-506）。

一、數位廣播的特色

　　有關數位廣播的特色還包括以下11點（吳頤堂，2001，頁1-4～1-8）：

　　(一)提供CD音質的服務：數位廣播系統採用先進的音訊壓縮技術，包括：MPEG（Moving Picture Experts Group）、MUSICAM（Masking-pattern Universal Sub-band Integrated Coding And Multiplexing）及數位傳輸技術（結合通道編碼[Channel Coding]與正交分頻多工技術），不僅能以相當低的資料傳輸速率來傳送立體音樂及語音，更能將衰落（fading）所造成的叢束錯誤（burst errors）打散成隨機錯誤（random errors），以便協同處理器（viterbi）解碼法能有效更正傳輸錯誤，克服接收機在行動中接收不良的現象，進而提供CD音質的服務（吳嘉輝，2000）。

　　(二)藉由數位編碼（digital coding）可以提高頻譜資源使用效率。

　　(三)藉由通道編碼技術具有更正錯誤的能力。

　　(四)藉由數位調變技術以降低傳輸功率。

　　(五)數位路線較類比路線成本爲低。

　　(六)運用時域／頻域交錯技術（interleaving in time/ frequency），不論是固定點（如家裡）或移動中（如汽車上、行人）的接收機，隨時隨地都會有良好的收訊效果。

　　(七)比傳統調頻（FM）廣播系統具有更高的頻道使用效率，如在單頻網路（single frequency network）上頻道使用頻率是FM系統的3倍。

　　(八)就發射端而言，發射功率較傳統FM廣播系統爲低。

　　(九)比起傳統FM廣播系統較無涵蓋死角。

　　(十)具有數據傳輸能力，更能提多樣化的加值服務，如金融消息、交通路況、緊急警報、傳呼（paging）等等服務。

　　(十一)對頻段以及廣播方式（如地面廣播、衛星廣播、地面／衛星混合廣播及有線廣播）的選擇更具彈性。

二、數位廣播在台灣

數位音訊廣播起源於德國，1980年德國開始發展數位音訊廣播的研究，並在1985年於慕尼黑近郊進行數位音訊的研究與實驗，到了1987年以德國、英國、法國、荷蘭、丹麥等所組成的EUREAKA聯盟（European Research Coordinating Agency），共同制定DAB的規格，稱爲Eureka-147。目前除了我國所依循的歐規Eureka-147外，有關DAB的其他規格，尚有美國IBOC（In-Band-On-Channel）、法國DRM（Digita Radio Mondiale）、日本（Integrated Service Digital Broadcasting）及韓國DMB（Digital Multimedia Broadcasting）等標準。

由於廣播數位化已經是全球傳播科技發展的趨勢，台灣亦不能例外。1998年交通部電信總局委託工研院電通所，就歐洲與美國數位廣播系統提出綜合報告，之後決議以歐規Eureka-147作爲台灣DAB的測試標準。

2000年1月交通部正式公布歐規Eureka-147的試驗計畫，同年2月29日並公布DAB試驗電台名單，其中包括中廣、中央、警廣、漢聲、教育等5家全區電台，及飛碟、全國、港都等16家分區電台。

經過4年的試驗之後，在2005年6月獲得政府開放申設的數位廣播電台有全區網三家：福爾摩沙台（民視）、優越傳信數位廣播（大眾電台）和中國廣播公司。地區網「北區」寶島新聲電台、台倚數位廣播（台灣大哥大、倚天科技），「中區」無，「南區」好事數位生活台（港都電台）（洪賢智，2006：205-206）。

然而，在公布前述民營數位廣播電台的申請設立之際，原有全區公營廣播電台，如教育等則宣布退出試播電台行列。更令人難以相信的是，到了去2006年起直至今日，前述民營數位電台除寶島新聲電台之外，均已告停播，如表6-2所示。在2007年1月11日上午，由數位廣播通訊聯盟假台北市電腦商業公會召開的一次會議中，與

會數位廣播業者即表示，停播原因很多，也很複雜，但主要問題是數位廣播自試播及開播以來，已經燒了不少錢，在開銷經費龐大，而收入卻極微情況下，無以爲繼。

✿表6-2　第一梯次數位廣播業者現況

編號	電台名稱	經營地區	現況
1	福爾摩沙電台籌備處	全國C組11D	架設許可證逾期
2	優越傳信數位廣播股份有限公司籌備處	全國B組11C	架設許可證逾期
3	中國廣播股份有限公司	全區單頻網A組	架設許可證逾期
4	寶島新聲廣播電台股份有限公司	北區E組10C	完成架設申請核發電台執照中
5	台倚數位廣播股份有限公司籌備處	北區D組10B	業經本會許可廢止數位廣播籌設許可
6	好事數位生活廣播電台籌備處	南區E組10C	架設許可證逾期

資料來源：國家通訊傳播委員會網站。

第三節　數位電視系統

電視經歷三波的革命：第一波是黑白電視：1928年電視發明，1939年正式開播。第二波是彩色電視：1953年由黑白電視轉換到彩色電視。第三波則是數位電視（Digital TV）：1998年試播數位電視是將電視訊號由目前所使用的類比訊號，轉換成數位訊號的電視系統。

相較於傳統的類比電視，數位電視除了可以儲存之外，最重要的就是可以做有效率的壓縮，而且數位信號可以做錯誤改正的運算，使得畫質穩定，提升視訊服務品質。

另外，可以多工（multiplexing）方式組合相關輔助資料，成爲

單一運輸串流源（transport bitstream），在利用數位調變方式合載於射頻發射，故具有高品質、高效率與高整合能力的優點。

　　因此，目前可統稱為數位電視的平台，一共可分為四種，分別是：1.無線數位電視，2.有線數位電視，3.衛星數位電視，4.電信網路數位電視（多媒體隨選系統服務，MOD）。

一、數位電視訊號與類比電視訊號的差別

　　(一)傳統一般家庭電視是為類比電視（Analog TV），畫面信號是屬連續性的變化，採用NTSC系統。

　　(二)數位電視則是將畫面信號經數位化處理後，變成一串數據資料，再經數位調變傳送到家。簡單的說，數位廣播是從電視台的發射端到家庭的通道發生不一樣的傳送方式。包括：攝影機、錄影機、傳輸通道等都是數位化，包括空中的通道也是數位化。

　　(三)數位電視的成功，主因是視訊壓縮技術之進步。

　　(四)目前國際統一的壓縮標準是MPEG-2，在傳統無線電視台6M HZ頻寬的電視頻道中，可傳送1080條水平掃描線的高畫質電視（High-Definition TV，簡稱HDTV）。它的畫面比傳統電視（525條）畫面細膩，色彩逼真，同時也提供身歷聲（杜比AC3）高級音響效果。結語因為類比訊號在經過傳輸處理過程中，會累積許多「雜訊」無法去除，而「數位訊號」可以把這些「雜訊」去除，維持原有訊號的「品質」與「乾淨」，效果自然「十分完美」。舉例說：若干年前的類比式電話，自國外打回台灣時，因「雜訊」太大，聽起來會模糊不清，雜音很大，必須大聲叫喊才能通話，現在由於電話訊號已「數位化」，聲音就像隔鄰打來一樣清晰。另外數位化訊號還可以「壓縮」，使傳送資訊量加大，譬如：一個類比電視頻道只能播送一個節目，而一個數位電視頻道卻可播送三、四個或更多節目。此外，數位化訊號還可以增加很多訊號處理方式與花樣。這些都是數位化帶來的好處。

　　(五)「互動性」是數位電視與類比電視的最大差異。數位電視可提供「隨選視訊」的功能，只要觀眾想看某一個節目，隨時都可以「主動」地要求系統業者播出，甚至還可以暫停、倒帶，就像看DVD一樣，而收看類比電視僅能「被動」地接受系統業者提供的節目。

　　(六)未來透過電視不但可以購物，還能看醫生、遠距教學，將為人類帶來嶄新的生活模式。表6-3是有關數位電視與傳統電視的比較。

❀表6-3　數位電視與傳統電視比較

項目	傳統電視	數位電視
電視訊號	類比	數位
影像效果（解析度） 高畫質 一般畫質	— — 480i	1080i（1920 * 1080） 720p（1080 * 720） 480p、480i
螢幕畫面比例	4：3	16：9、4：3
音效品質	FM品質（2聲道）	杜比音響（5.1）頻道
頻道數	少	多（傳統電視4到7倍）
移動接收果	差	佳
互動服務	無	有

資料來源：2007股市產業百科全書：萬用手冊，頁161。

二、數位電視的特色

　　數位電視的發明是電視產業的第二次革命，第一次革命指的是由機械式進展至電子掃描式電視。與傳統電視相較，數位電視尚具下述之特點：

(一)高音質

　　數位化之後，視訊以MPEG-2壓縮，音訊則以Dolby AC-3方式壓

縮，藉以提供更穩定的畫質、更高的畫面解析度質以及立體音響效果。

(二)有效利用無線電頻譜資源

信號數位化之後，壓縮技術使得同樣的頻寬可容納更多的頻譜，廣播節目可提高3至6倍。另外，採用全數位調變傳輸方法，數位傳輸方式可提高頻譜使用效率。

(三)互動與多樣化的資訊服務

電視利用數位訊號傳輸之後，在影像處理方面更為多元，例如：分割畫面、子母畫面、局部放大等效果。此外，頻道增加之後，亦可提供資料傳輸、隨選視訊、互動遊戲等相當多的服務，而且數位化節目鎖碼保密性佳，節目分級制度較容易實施，這是現有類比電視所無法達到的。

(四)結合電腦與網路

訊號轉為數位，除擁有電腦傳輸資料即瀏覽網際網路的優點外，亦能更容易與電腦網路互聯互通，同時還保有收看電視等功能。特別是文字、聲音、影像與圖片均成為0與1的數位資料之後，在資訊交換上將更為便利，其次，對於跨平台的播送與儲存是極為有利的條件。

三、數位有線電視

(一)數位有線電視的定義

數位有線電視是將電視台發送出來的節目訊號由目前所使用的「類比訊號」轉換成「數位訊號」，然後以「數位訊號」方式傳送至觀眾家中的新電視科技系統。目前全球數位電視傳輸標準之

發展，主要有3大標準，分別爲歐洲廣播聯盟（European Broadcast Union, EBU）所制定的DVB（Digital Video Broadcasting）、美國的ATSC（Advanced Television Systems Committee）、以及日本的ISDB（Integrated Services Digital Broadcasting），此外，擁有廣大市場的中國大陸在地面廣播方面亦不排除推出自有標準，我國業者係採用歐洲的DVB傳輸標準（新聞局網站）。

(二)數位有線電視的優點

1.**可提供較佳畫質及音質**：數位有線電視由於採用「數位訊號」傳送及處理電視訊號，可以在過程中去除外界的雜訊，因此能獲得比傳統類比電視更好的影像及聲音品質。

2.**可強化電視節目內容**：因爲數位有線電視採用數位化的方式處理訊號，因此可以在訊號中加入其他資訊，強化電視節目的內容或提供原來的類比電視所無法做到的全新服務，例如提供多種語言字幕、不同視野角度的螢幕、演員的簡介資訊、比賽的統計資料等等，還可以傳送整版報紙、電腦軟體、股市資訊、互動教學教材等數位化資訊給消費者。

3.**提供更多頻道**：數位訊號經過壓縮處理後，原來的類比電視所使用的頻道可以傳送更大量的訊號，因此系統業者可以傳送更多高畫質節目給消費者，提高頻道的使用效率。

4.**提高頻道資源使用效益**：數位壓縮技術將可大幅提高頻道資源使用效益，無論傳輸之質與量均有提升，而且互動功能的開發將使數位電視提供更多元的功能。

四、電信網路數位電視系統

首先是多媒體隨選系統服務（Multi-media On Demand, MOD）。它主要是透過「非對稱式數位用戶迴路系統，ADSL」網路，傳輸「語音、影像資料」。用戶只要申請MOD服務，機房就會將原

本512/64K的網路寬頻「放大」到4M以上，讓用戶可以收看高畫質的DVD影像節目，MOD就像一套互動式的多媒體系統，民眾可彈性點選頻道，當利用MOD收看節目、唱卡拉OK同時，也可上往下載資料，或接聽電話，利用一條線路，即可享受所有多媒體影像服務（資料來源：大成報2004年1月27日B4版，數位流行風）。

　　還有另外一種數位電視，叫做「手持式行動電視」（DVB-Handheld, DVD-H）。這種手持或隨身攜帶、在行動中收看電視的方式，可以分為兩種，一種是利用手機網路方式收看，另一種是利用微波播送方式傳送節目訊號。目前我國數位無線電視的傳輸標準，是採取歐洲的DVB-T系統。根據統計，截至2005年年底，全球使用手機電視的用戶數不到6百50萬戶，預計到2011年將大幅成長到5億1千4百萬戶。由於行動電視被視為2007年國家重要政策方向，國家通訊傳播委員會（NCC）在2006年10月時，發出5張試播執照，選出北區中視、公視、台視3家；南區中華聯網、動視科技2家業者，進行手持電視試播作業。當時預計試播1年，並決定透過試播結果決定正式發照對象（侯俊宇，2008.1：26-29）。這裡要特別說明的是，如果手機行動電視經由數位接收機，接收衛星訊號，或利用手提電腦收看，都是屬於數位電視。相反地，若所接收的是類比訊號，只能稱「行動電視」（mobile TV），但卻不屬於數位電視。

五、電視數位化的效益

　　(一)現有6兆赫（MHz）的電視頻道中，可播出4-6個標準畫質（SDTV）節目，或播1個高畫質（HDTV）節目。

　　(二)提升服務品質：改善收視區訊號水準，提升影像畫質，增加音響與視訊服務。

　　(三)多媒體服務：整合通信與電腦，開闢多元化的業務與商機。觀眾可透過電話與數位電視相互溝通，達成如購物、選片等雙向互動功能，也可接網際網路等數位裝備。

(四)提高頻譜使用效率：傳輸數位化後，頻譜效率提高。新建數位台使用UHF頻道，釋出現有VHF頻道，供給公眾通訊使用，充分有效運用頻譜資源。

六、各國數位電視發展簡史

(一)美國

美國的聯邦傳播委員會（FCC）從1987年便開始著手制定新一代的電視標準（ATV）。首先，他們與業界組成了「先進電視諮詢委員會」（Advisory Committee on Television Service, ACATS）。其次，在美國國家標準局（American National Standards Institute, ANSI）之下成立ATSC標準研商組織。1993年，由競爭ATV標準的各家廠商組成了「大聯盟」，經由整合後的系統則被ATSC採用當作為電視的標準，1995年6月，「先進電視諮詢委員會」建議FCC採納ATSC的標準，作為無線電視地面廣播的標準。經過幾次商議之後，FCC在1996年12月正式的確定採用ATSC的DTV標準。此後，數位電視地面廣播的硬體規格政策便在產業界的共識下確定成立。1997年4月公布數位地面的廣播時程，並要求：第一，4大電視網所屬的電視台（ABC、CBS、NBC、FOX），要在1998年11月之前，必須在前10大電視市場開播數位電視節目。第二，要求所有的商業電視台，必須在2002年開播。第三，要求所有的電視台，必須在2003年5月開播。總之，美國預計在2006年起，可以結束類比訊號的使用，並且同一時間收回類比頻道。

但是，根據2008年1月12日《聯合晚報》記者楊曉芳在B3版的報導，美國新任總統歐巴馬團隊計畫以消費者準備未及為理由，建議國會考慮將預計2009年2月17日全面停播類比電視訊號計畫延後，美國數位電視全面開播時間可能延後至4個月，甚至可能再增列預算。根據報載，美國政府計畫15億美元的預算，以及每張貼補券40

美元推動美國一般家庭全面採用數位電視廣播。但根據美國商務部日前表示，截至2008年11月止，美國當地民眾已兌換超過4千萬台機上盒（Set-Top Box, STB），目前還有千6百萬張補貼券尚未進行兌換，顯見仍有相當多的美國民眾不清楚此一政策，仍採觀望態度。

前述「機上盒」是指「數位機上盒」，其中又分為：「無線數位機上盒」（T-STB）、「有線數位機上盒」（C-STB）與「衛星數位機上盒」（S-STB），以分別對應(一)無線數位電視、(二)有線數位電視與(三)衛星數位電視（另外尚有「電信網路數位有線電視」，又稱「隨選多媒體：Miltimedia-on-Demand, MOD」）。

想收看無線數位電視節目，必須安裝無線數位機上盒。美國聯邦傳播委員會（FCC）強制規定，2005年7月1日以後，所有新出貨的36吋以上電視機，都必須內建無線數位視訊協調器，來接收無線數位電視訊號。至於有線數位電視與衛星數位電視則採訂閱服務，一般由有線、衛星電視業者負責銷售，目前有線、衛星數位機上盒是以北美市場為主，無線數位機上盒則以歐洲市場為大宗（自由時報，2003年12月7日，第30版，星期專題）。

談到美國無線電視的發展，就必須談到有關「有線電視必載數位無線電視訊號問題」。事實上，目前有很多先進國家的有線電視收視都是偏高的，如果是有線電視不播載地面廣播數位電視節目，這樣就必須改變消費者的收視習慣，消費者必須自行購買接收數位電視地面廣播的訊號才能收看數位電視地面廣播的節目，因此地面業者擔心，有線電視業者沒有辦法成為無線電視收視業者的收視戶，而因此影響收視率。目前美國的電視普及率在6成以上，而台灣更高達8成以上，因此消費者皆已經習慣透過有線電視收看節目，若有線電視不必載，就很難執行數位電視普及化了。然而，有線電視業者必載方式無線電視業者的節目內容是一個具有爭議性的問題。美國廣播電視協會（National Association of Broadcasters, NAB）只有讓有線電視必載才能讓數位電視繼續存活發展下去，另一方面美

國有線電視協會（National Cable Television Association, NCTA）則主
張必載規定延伸到包括數位電視，但卻侵犯了美國憲法第一修正案
（The First Amendment）所賦予有線電視系統業者的言論自由權。

　　其實，有關於必載政策的規定，先前，Turner Broadcasting
System便曾經跟美國最高法院控告FCC，指控FCC對於Must-Carry的
規定已侵犯了憲法第一修正案所賦予的言論自由權利。但是最高法
院判定Turner Broadcasting System敗訴，主要的原因有三：第一，免
費接收節目有助於多元資訊的傳播。第二，地面廣播電視受到Must-
Carry規定的保護，可促進地面廣播電視台和其他的有線電視業者的
競爭，而且有利於收視大眾。第三，沒有證據可以顯示有線電視業
者因Must-Carry的規定而受到嚴重的損害。

　　於是，FCC在2001年1月便對有線電視業者必載數位電視訊號
的問題，採取新的規定。FCC指出，如果只有播放數位電視訊號的
電視台，不論他是商業或是非商業的性質，都可以立即主張其訊號
必須地方的有線電視系統承載播放的權利；而其他已經歸還類比頻
道、並且轉換成數位運作的電視台，地方有線的電視台也必須承載
播放他的節目訊號。

　　另外，一些相關的重要訊息包括了：第一，在轉換期間，同時
播放類比、數位格式的商業電視台，在類比訊號部分則可選擇「必
須承載」或「再傳送同意」（retransmission consent），在數位訊
號部分則可以選擇「再傳送同意」。第二，只有播放數位電視訊
號的商業電視台，可以選擇「必須承載」或「再傳送同意」，只有
播放數位電視訊號的非商業電視台，也可以選擇「必須承載」的權
利。第三，選擇「再傳送同意」的電視台，則可以和有線電視系統
業者協商數位電視的部分訊號傳送。最後，FCC在數位訊號承載內
容的界定方面，也有相關的定義說明，但是由於牽涉的範圍很廣，
因此仍有些部分尚須待各界持續的研商討論以獲得共識（吳以婷，
2008：36-39）。

(二)歐洲各國

　　歐洲各國在1980-1990年的初期時，就已經推出高畫質的電視系統，但是並沒有成功，隨著數位科技的進步和研發，再加上歐盟的協力合作的力量，歐洲的數位電視得以順利的推展。歐洲在1993年成立了DVB（Digital Video Broadcasting）組織。他是由廣播電視相關業者、器材的製造廠商、傳播網路營業者、研究機構等約300個成員組成的，現在正透過跨國合作，以開放性、互通性、市場導向為理念，共同訂製了數位電視標準。DVB組織也完成了包括數位地面傳送標準DVB-T、數位有線電視播送標準DVB-C、以及數位衛星播送標準DVB-S等完整的數位電視播送標準以及相關服務的規格，包括條件接取（Condition Access）、家庭多媒體平台（Multimedia Home Platform, MHP）、單頻傳送網路（Single Frequency Network, SFN）等。

　　英國先於1998年11月開播，成為歐洲第一個開播數位電視的國家，而且近兩年來有令人稱許的表現，但是在2002年4月卻傳出ITV Digital公司將結束收費電視服務並且要進行清帳的消息，而5月份則由NTL申請破產的消息，原本被人看好的發展也因此破滅。繼英國之後，瑞典於1999年4月接著開播。1999年10月西班牙也跟上腳步開播數位電視。2001年芬蘭、荷蘭、愛爾蘭等國也接著開播了。至於其他的歐洲國家如德國、法國、義大利、丹麥等，大致上雖然已經進行試播工程，但是他們的數位地面廣播電視政策還處於規劃或尚未明朗的階段，不過其中義大利國會已於2001年2月通過一項法案，規定義大利電視廣播將於2006年起全面採用全新的數位電視系統，法國最遲則可以在2002年底前開播（吳以婷，2007：41-42）。

　　歐洲2004年上半年DTV普及率達到55.4%，同時接收類比（analog）和數位（digital），普及率為4%，總普及率達到59.1%。目前英國、瑞典、芬蘭、西班牙、荷蘭、瑞士（Engadine和Ticino）

和德國柏林地區已開播，其中德國因政府對於電視台設備建置、節
目製作及低收入戶購買接收設備皆有所補助，成效進展最快，其
類比頻道已於2003年8月結束廣播。2004年9月更由Nokia、NEC、
Motorola、Siemens、Sony Ericsson Mobile Communication進行合作
「Mobile Broadcast Service」，繼續朝行動接收里程前進。

　　此外，歐洲在HDTV的腳步亦未曾落後，已於2004年1月1日開
播數位衛星HDTV服務；2006年德國將以HDTV轉播世界盃足球賽，
同年義大利也以HDTV轉播冬季奧運；法國數位衛星HDTV則計畫於
2005年底推出。

(三)日本

　　關於數位電視的起源，如果要正本溯源，日本早在1960年代中
期即由日本國家廣播系統（NHK）的Takashi Fujio博士發展出高畫
質電視（即相當於電影的畫質與CD的音質）並進行試播，日本最終
目標是要將世界高畫質電視的製播規格標準化，也就是企圖統一未
來電視的規格。這裡要特別強調的是，在1984年日本的高畫質電視
算是類比式的衛星廣播技術，但線數高達1,125條。有關數位電視，
日本採日規ISDB標準，1998年開始局部試播，並於2003年12月在
東京、大阪、名古屋地區正式開播。日本強調高畫質、高影音之節
目，預計於2006年底遍及全國。另外，NHK及NTT DoCoMo計畫於
2005年第三季開始在行動電話中提供數位電視節目。

　　位於日本與中國大陸之間的大韓民國，其地面廣播採美規ATSC
標準，於2001年10月開播，預計2010年回收類比頻道。有線部分則
採用Open Cable標準，2003年底營運。行動TV及音訊服務則使用歐
規DAB/Eureka-147標準（DMB）（賴伯洲，2005：3-19）。

(四)台灣

　　行政院在1997年11月時訂立了台灣數位電視廣播政策，計畫於

1999年開始測試試播，於2001年在「挑戰2008－國家重點發展計畫」明訂「數位台灣」推廣數位電視廣播的施政重點，並預計於2006年要全部回收類比訊號，停止類比電視的播放。

在實際的推動數位電視方面，行政院國家資訊通訊基本建設小組已在1997年11月核定台灣數位電視地面廣播系統推動時程。在1998年5月則公告選定美規ATSC作為我國數位電視地面廣播的系統，並且同年年底開始進行工程測試。然而，電視學會卻向交通部提出欲改採歐規的DVB-T作為我國標準，此建議於2001年6月22日獲得交通部同意，至此，我國數位電視的規格終告正式定案。

表6-4是比較歐規的DVB-T系統和美規的ATSC傳輸系統之間的差異之外，也將其優缺點清楚的以表格呈現。

✿表6-4　歐規的DVB-T系統和美規的ATSC系統技術標準比較

(李國榮，2005)

	歐規DVB-T	美規ATSC
訊息編碼	視訊：MPEG-2系統 音訊：MPEG-1 LAYER2	視訊：MPEG-2系統 音訊：Dolby AC-3
服務多工	MPEG-2	無
傳輸變調	COFDM	8-VSB
優點	1.可以選擇不同的傳輸容量。 2.可進行單頻網路（SFN）傳輸。 3.對抗多路徑干擾能力強。 4.可用於行動接收。 5.衛星和有線電視傳輸媒體較容易相容。	採用的8-VSB變調技術簡易、較為成熟、傳輸容量大、發射效率高。
缺點	1.需要較大的發射功率。 2.頻譜使用效率差。 3.某些傳輸容量無法傳輸HDTV訊號。 4.所需頻寬為8mHz與7mHz，若將頻寬降為6mHz，則每秒所能傳送的資料量減少。	1.對抗多路徑干擾能力差。 2.無法提供大區域的單頻網路傳輸。 3.行動接收能力差。 4.傳輸容量固定。

在實際節目的播送上，台灣的5家數位電視地面廣播已於2000年6月27日舉行試播典禮，每天有5小時的節目播送，而涵蓋的地方包括陽明山竹子湖發射台所涵蓋的苗栗以北局部區域為主，台灣從此開始真正的邁入了數位電視的時代。從2002年5月31日開始，台灣西部地區已正式開始播出。2003年4月底，東部地區3個發射站系統開播，台灣此時便全面邁向數位化的時代。以其在符合經濟效益原則下，推展數位電視廣播系統，並建立北部地區營運系統計畫，作為商業運作平台，播出之節目廣播10幾個數位頻道，以提升節目可看性，進而創造商機（賴伯洲等編著，2005：3-19）。2004年7月1日前述5家數位無線電視台正式開播。其播出頻道如表6-5所示。

❀表6-5　台灣無線數位電視現有頻道

台視	CH31 CH32	台灣電視台 台視家庭台（戲劇、生活、婦女、職棒體育） 台視財經台（新聞財經）、健康台
中視	CH24 CH25	中視主頻道 中視生活台（My life）（戲劇、綜藝、首輪外片等）；新聞台（氣象、交通資訊）
華視	CH34 CH35	華視 華視教學台 優（U）新聞頻道（新聞及體育）
民視	CH28 CH29	民視無線台 飛來訊車用電視 台灣交通台（新聞、交通資訊、凌晨1~6點播音樂） 民視新聞台
公視	CH26 CH27	公視 DIMO行動台（娛樂、新聞、生活資訊、卡通短片等）

資料來源：5家數位無線電視台。

新聞局公告了新的數位電視發展策略，規定自2006年元月起，29吋以上的電視機必須內建數位電視接收器，2007年元月起，21吋以上的電視機必須內建數位電視接收器，同時，行政院將編列3億元

預算，補助低收入家庭購置數位機上盒（STB），此外，行政院也擬定「數位電視導入時程及配套措施」行動計畫，2008年起將分階段從離島地區開始實施類比頻道收回計畫，包括澎湖、金門、馬祖等，到了2009年擴及東部地區，包括宜蘭、花蓮、台東（含綠島、蘭嶼），到了2010年收回本島西部地區，包括基隆以南、屏東（含小琉球）以北等，預計2010年底全國數位電視的普及率將達85%，台灣正式進入一個數位電視的新紀元。

(五)中國大陸

　　中國於1994年11月開始發展高畫質電視（HDTV）計畫，並於1996年獲得政府當局的認可與支持，同時決定將此一開發計畫分為兩個步驟。第一個步驟是在兩年內先發展出雛形系統，第二個步驟則是於2006年開始高畫質電視地面廣播試播。經過各單位合作研發，終於在1998年6月開發完成中國自製的第一高畫質雛型機系統。該系統並於1998年9月在北京中央電視台進行數位電視面廣播試驗，1999年10月在幾個主要城市開始為高畫質電視地面廣播試驗，計畫於2006年開始全國廣播。

　　數位電視的發展需要有線、衛星及地面3種方式均衡發展，才能最終實現完全的數位化，其中地面數位電視更是提高滲透率（數位電視用戶／電視用戶總數），以達到最終關閉類比播出的關鍵所在。全球的電視用戶超過10億，中國大陸擁有3.4億；全球電視機超過14億，中國大陸擁有4億。中國大陸電視用戶及電視機數量均占全球總量的13%左右，然而，與歐美發達國家相比，仍有段差距。數據顯示，截至2004年底，全球數字電視滲透率已經超過13%，英國仍是全球數位電視滲透率最高的國家，達59%；美國數位電視滲透率約50%，歐洲的平均滲透率達22%，而中國大陸僅0.3%。Datamonitor預測到2007年英國的數位電視家庭數量將達到1,800萬，滲透率達72%。Forrester Research公司預測到2009年，英國數位電

視家庭將超過1,990萬，滲透率達79%（R&TI Research: 2004-2005, 2005：33-34）。

2000年中國國家廣電總局制訂了「廣播影視科技15年計畫：2010年願景規劃」。據此，廣電總局於2003年發布了「中國有線電視向數位化過渡時間表」，按照這份時間表，中國數位電視建設將分為4個階段進行：第一個階段到2005年，直轄市、東部地區（市）級以上城市、中部地區省會市的有線電視完成向數位化過渡；第二階段到2008年，東部地區縣以上城市、中部地區地（市）級城市和大部分縣級城市、西部地區地（市）級以上城市和少數縣級城市的有線電視基本完成向數位化過渡；第三階段到2010年，中部地區縣級城市、西部地區大部分縣級以上城市的有線電視向數位化過渡；第四階段到2015年，西部地區大部分城市的有線電視基本完成數位化過程。

按照中國有關有線電視數位化的具體步驟，將在2015年前，有線電視基本完成數位化，完成類比向數位的過渡，停播類比訊號。而在具體操作上將分成東部、中部、西部3個區域、4個階段分步實施。2005年，中國有線電視的擁有量在1.15億左右，中國電視用戶占全球廣播電視用戶大約三分之一，如果都更換成數位電視，包括機上盒和電視機在內的數位電視產業，至少將創造3,000億元的市場（高璐、宋玲玲編，2006：269-270）。

第四節　結論

政府為推動廣播、電視及電影之數位化，促進數位視訊產業的發展，特於「數位台灣」（e-Taiwan）計畫」中，研發「數位娛樂計畫」，其目標為推動有線、無線廣播電視之數位化及輔導獎勵數位電影，並藉修改法規、補助數位設備、協助籌建數位傳輸平台等策略，來健全數位發展環境。

　　然而，就數位廣播實驗而言，目前除了寶島新聲電台之外，似乎其他獲得執照的電台，幾乎全部停擺。這說明在推展數位廣播政策方面，面臨挫敗的局勢。此外，在推展數位電視方面，進展較順利，五家無線電視台已陸續開播數位節目，儘管數位電視節目的觀眾還沒有預期的多。

　　有鑑於「內容為王」，而「內容」需要人才來構思與執行製作，因此，唯有培育數位視訊人才，才有可能提升數位節目品質。在這前提下，如何建構台灣數位電視（有線、無線、衛星）及數位廣播等之共同平台，加強數位內容發展，應是目前當務之急（黃葳威，2008：226）。

　　針對我國數位電視的發展，國家通訊傳播委員會（NCC）吳家輝主任祕書指出，其成功的核心要素包括以下4點：1.開播高畫質電視（HDTV）節目，加速我國數位電視產業升級，創造相關產業商機，促進經濟發展。2.建立行動手機電視DVB-H/IPDC平台並進行測試，擴大影音數位科技運用發展。3.建置第二單頻網，以提供製播分離的共同傳輸平台。4.建置公共化數位片庫，提供資源共享的數位平台。

　　吳主任祕書認為，未來應借重日本、英國的經驗，例如：日本NHK最早投入數位電視技術研發，配合國家政策發展「日規」，投入HD高畫質節目製作，帶動日本媒體產業整體發展，產值高達3.8兆日圓。英國BBC組成Freeview，在政府提高執照費支應數位發展所需的前提下，推出包括兒童、幼兒、新聞、生活資訊等6套全新製作之無線數位電視節目，免費提供數位收視戶觀賞，使英國無線數位電視普及率高居全球之冠（吳以婷，2007：76）。

問題與討論

一、試述數位科技的優點與缺點。

二、試述數位廣播的特色。

三、數試述位電視訊號與類比電視訊號的差別。

四、試比較美規與歐規數位有線電視不同的技術標準。

五、試述數位有線電視的優點。

第七章

網際網路與網路媒體

第一節　網際網路

一、前言

根據網路世界統計（Internet World Stats: Usage and Population Statistics），截至2008年6月全球上網人口達14.6億。全球上網人口從2000年（3.6億人）到2008年成長率超過300%，由此可見全球上網需求之殷切。

若按地區來看，亞洲地區居冠，占全球上網人口數的40%（5.8億），歐洲為26%（3.8億），北美是17%（2.5億）。從2000到2008年亞洲地區上網人口增加最多，達4.6億人，其次是歐洲地區（2.8億人）。未來在世界各國竭力提升資訊普及程度的情況下，上網人口將呈現更快速的成長。

至於我國的情況為何呢？截至2008年9月底為止，我國有線寬頻用戶達474萬戶，電話撥接用戶數為68萬戶，學術網路（TANet）用戶數為448萬人，行動網路用戶數為1,426萬戶。

若將上述各個連線方式用戶數經過加權運算，並扣除低用度用戶、一人多帳號與多人一帳號等重複值後，估算2008年9月底止，我國經常上網人口達1,025萬人，網際網路連網應用普及率為45%。這裡所謂「經常上網人口」乃指這些在每季末於網際網路服務業者處有登錄網路帳號且仍在使用中之用戶。

至21世紀，網際網路已儼然成為嶄新而有威力的媒體，同時，傳統媒體，包括印刷與廣播、電視媒體，亦紛紛設立網站，展現各項資訊與商業性服務。以下將分就網際網路（Internet）的發展與廣播電視媒體應用網際網路的情形，特別是台灣部分，加以說明與介紹。

二、網際網路的發展簡史

(一)網際網路的起源

　　網際網路的發展是起源於1960年冷戰時期的美國軍事研究，亦即美國國防部的一項計畫。當時美國國防部為了讓資料可以在不同的軍事基地電腦設備間流通，於是進行了一項高深研究計畫署網路（Advanced Research Project Agency Network, ARPANET）計畫，並發展出一套分封交換（packet switching）的電腦網路系統。

　　到了1983年ARPANET被一分為二，一部分開放給學術單位使用，名稱係用1975年所更名的DARPANET（The Defense ARPANET）：另一部分則專供軍事國防部使用，名稱也更改為MILNET（Military Network）。前者非軍事用的DARPANET即成為互聯網或網際網路（Internet）的起源。

　　1990年，DARPANET再度被改組，並移交給美國國防科學基金會（National Science Foundation, NSF）管轄，同時被改名為NSFNET。雖其任務後仍承擔DARPANET原先的任務，但名稱消失了，可謂功能身退，而NSFNET則成為今日Internet的骨幹網路（Backbone Network），一直到1995年才結束其服務（林興銳，1999：9-4～9-5）。

　　更重要的是，ARPANET也於1982年全面採用TCP/IP（Transmission Control Protocol/Internet Protocol）通訊協定，電腦網路之所以可以形成，必須要訂定一組規則或程序，藉以規範通訊雙方的運作及確保能互通訊息，TCP/IP通訊協定的採用，使得各單位所架設的網路得以因此依共同的通訊規則而相連，也就形成了今日的網際網路（程予誠，1999）。

(二)網際網路的發展

　　網際網路可說是人類在1990年代中期最重要的科技發展。首先，美國國家科學基金會（NSF）於1991年宣布開放網際網路供商業用途使用，使得原屬軍事與學術研究跨越到商業界的網際網路，成爲企業與媒體等之競相爭取以求優勢的重要利器。

　　1991年還有一件對網際網路發展極具重要性的事件，即由Tim Berners-Lee創立全球資訊網（World Wide Web, WWW）並定義超文件傳輸協定（Hyper Text Transfer Protocol, HTTP）、全球資訊網定址器（Uniform Resource Locator, URL）與超文件標注語言（Hyper Text Markup Language, HTML）。

　　WWW起源於1989年歐洲量子物理實驗室（The European Laboratory for Particle Physics, CERN）所推展的分散式超媒體系統（Dis-tributed Hypermedia System）計畫，其目的在謀求可讓分散各地的研究人員得以很方便地利用電腦網路來傳送含有文字、影像和圖形的資料，以便彼此得以迅速分享研究的成果，而利整體研發工作的推展。1991年當時WWW計畫主持人Tim Berners-Lee曾在網際網路上針對WWW發展專論，而在瀏覽器設計方面係據文字模式，惜並未引起資訊界多大的迴響（林興銳，1999：9-19）。

　　由於要存取WWW網站中的HTML超文件，必須先要在自己的電腦上執行一個叫「瀏覽器」（browser）的用戶程式，以便根據該文件中的HTML命令，加以解釋、處理、再連結……，並透過適當方式將圖、文、影、音等多媒體資料顯現出來。

　　全世界最早具聲光效果的瀏覽器，則是在1993年美國伊利諾大學國家超級計算應用中心（National Center for Supercomputing Applications, NCSA）研究人員所開發出一種可以瀏覽WWW資源的NCSA- X Mosaic Browser，Mosaic最早的Alpha版本（1993年1月）只能在X Window系統上執行，直到同年9月才支援Macintosh和Windows等作業系統，所有非商業使用者可以免費使用。雖然現在

NCSA Mosaic已無人在更新，且原始碼早已公開，任何有能力的程式設計師都可以拿它來做進一步的開發，Mosaic對網際網路的貢獻將永載史冊。

由於NCSA- X Mosaic具有極佳的人機介面，可讓使用者藉由超鏈結（Hyperlink）方式瀏覽網頁，故得以很輕鬆地在網際網路上尋取所要的資料，包括超文本（hypertext）及多媒體（multimedia）資訊。後來，NCSA Mosaic的開發小組成員，跳槽至網景（Netscape）公司另行開發領航員（Navigator）的WWW browser之後，由於功能強大，深受使用者歡迎（陳榮泡等，2000：181）。

1994年，Netscape宣布發行可在網路上免費下載Navigator瀏覽器，希望透過數百萬人免費接觸功能強大的瀏覽器，以促使網路的使用率，能快速與大幅度的成長（Bruce Judson with Kate Kelly，鍾玉澤，1990）。

在網際網路的功能中，以WWW的運用最為廣泛，而WWW的誕生則提供了結合文字、影音、圖形與影像的多媒體表現內容，其間提供WWW服務的browser，尤其Netscape的Navigator browser，功能強大，深受使用者喜愛，故大量湧入網際網路，激發起商業應用的浪潮，遂更促使WWW大為風行，並讓全球企業為想像網際網路所能帶來的商機為之瘋狂！

繼Mosaic瀏覽器之後，微軟的創辦人比爾‧蓋茲（Bill Gates）終於在1995年決定將其所有計畫和產定位在網際網路上，並於同年8月13日推出Internet Explorer 3.0，其與競爭對手網景王牌瀏覽器Navigator相比，在功能上毫不遜色；9月10日，微軟在北京發布Explorer 3.0簡體中文版。1997年年初，又推出Explorer 4.0（胡泳、范海燕，1997：146-147）。到了2001年已晉級至Explorer 5.5，在2006年已推出至Explorer 7.0，以及即將在近期推出的Explorer 8.0。

1995年，網際網路上還有一樣極為重要的發明，即美國Sun公司所推出的Java程式語言，其為一種新款網路操作系統，可以同等

容易的方式在微軟公司的視窗95、蘋果公司的Mac OS和各種性能的Unix等各種計算機操作系統上進行（胡泳、范海燕，1997：157）。

(三)第二代網際網路（Internet 2）

　　為了建構更快、更便利的網路，並解決目前網際網路所遭遇到的問題，在美國一共有34所大學逐於1996年10月，共同提出一個構想，即在連結地理位置相近的校園網路裡，引進一種叫做GIGO POP（POP表示point of presence）的連結形式，以提供傳輸速率更快、頻寬更大的即時性數據、語音及視訊傳輸，也就是第二代的網際網路（資策會，1998：7-11）。

　　1997年10月，完成連結的GIGA POP已有15個，完成連結的大學共有45所，1998年，逐步引進「群播」（multicast）及IPv6等增加功能，參與的單位增至127個，1999年又增至154個，其成員尚在持續增加中。

　　Internet 2初始的建設是以VBNS為主，所謂VBNS係指very high-spead backbone network service，意為「極高速網路骨幹服務系統」，係由美國國家科學基金會（NSF）所擁有及補助。此外，Internet 2將與全美，包括聖地牙哥與匹茲堡在內的5個超電腦中心，預定在1999年民營化，然後與網際網路相連結（Owen: 1999: 220-221）。

　　網際網路於1992年首先在美國商業化，之後有美國線上（AOL）、網景（Netscape）的出現，再來是雅虎（Yahoo!）、Commerce One等網路公司陸續接棒，並在美國那斯達克（Nasdaq）掛牌，其後幾年，一直到2000年止，發展神速，究其原因可歸功於下列4個主要因素：電話線成本降低、個人電腦的普及、開放標準的普及，以及線上服務的發展（黃彥達譯，2001：20）。

　　然而，好景不長，2000年卻是網際網路經營環境惡化的一年，根據專事網路研究並提供網路公司收購及出售諮詢服務的

Webmergers.com公布的報告指出，2000年全年及2001年1月份，美國網路公司倒閉的數目高達340家，並且有2萬7,000名遭到裁員（勁報，2001，第3版，吳芝菁報導）。其中包括雅虎與奇摩的合併，是台灣大的併購案，也說明網路產業的現實面。

　　網際網路除了ＷＷＷ之外，還有許多應用的資源，例如電子郵件（E-mail）、檔案搜尋（Archie）、電子布告欄（Bulletin Board System, BBS）、遠端登入（Telnet）、檔案傳輸（File Transfer Protocol, FTP）、網路交談（IRC）、網路討論群（Usenet Newsgroups）、即時通訊（Instant Messaging）、部落格（blog）及地鼠查詢系統（Gopher）等。當人們提到網際網路時，它可以代表一種技術、一個大網路、一類族群，甚至可以視作一種媒體等等，故可視爲網際網路社會（internet society），也是一種虛擬的社會（virtual society），在真實世界裡所有的一切現象，在網際網路上也會發生，因此，它是一個多采多姿而變化莫測的世界！

三、網際網路的特質

　　Rogers（1986）認爲電腦網路這種新媒體有三項特性：互動性、顧客化、非同步性。

　　Sheizaf Rafaeli（1996）在傳播期刊中指出，網路傳播具有五大特質：多媒體、超文本特性、對話方式、共時性與互動性。

　　洪永旭（1996）從網路媒介科技本質的觀點，將網際網路的特性歸納爲：開放性的全球連線、高速通訊能力、多媒體傳輸能力、豐富的網路資源。

　　胡敏怡（1998）則將以往學者（Don Tapscott, 1996; Michael L.Dertouzos, 1996; Jeffrey F. Rayport & John J. Sviokla, 1997）對網際網路特性的整理歸納爲：即時性、互動性、無遠弗屆、網路外部性、分子化、數位化、價值的根源是資訊、價值鏈重組、社群。

　　綜合以上各學者對網際網路特性的描述，網際網路這項新傳播

媒體的最大特質便是即時性、互動性、多媒體性及無遠弗屆，如表
7-1所示。

📌表7-1　網際網路特性

學者	時間	網際網路的特性
Rogers	1986	互動性、顧客化、非同步性
Sheizaf Rafaeli	1996	多媒體、超文本特性、對話方式、共時性與互動性
洪永旭	1996	開放性的全球連線、高速通訊能力、多媒體傳輸能力、豐富的網路資源
Don Tapscott Michael L. Dertouzos Jeffrey F. Rayport & John J. Sviokla	1996 1996 1997	即時性、互動性、無遠弗屆、網路外部性、分子化、數位化、價值的根源是資訊、價值鏈重組、社群

資料來源：Sheizaf Rafaeli，1996；盧玉玲，1997。

　　網際網路不再單純是一種科技，它也是一種流行話題、生活型
態，也是一種新的傳播媒體，因為它擁有立即性（immediate）、
連結性（connected）與全球性（global）等特點，網際網路無遠弗
屆，同時可以一對一、一對多、多對多，並具有雙向溝通的功能。
此外，網際網路是結合通訊和資訊處理功能的媒體，且其全部為數
位型式（digital）的資料，資料表達以視覺和聽覺為主，同時打破
時間和空間的限制（林宗瑤，1998：4-2～4-3）。難怪知名的網路
媒體《電腦網路》（CNET）創辦人兼總裁哈爾塞・邁納（Halsey
Minor）曾說過：「網際網路可做每一件事。可做電視、可做廣播、
可做印刷，可做你要它做的事，它可做為你量身而製的事，網際網
路可做給你每件事。」（劉一賜，1999：56-57）

　　網際網路根據前途發展，早期只在學術研究上的運用，目前則
已演進到進入商業領域，而且只花5年的時間，便使其以網路媒體
姿態，正式擠入大眾媒體之林，比起廣播的38年、無線電視的13

年、有線電視的10年，網際網路的確是個發展快速的「行業」（劉
一賜，1999：57-58）。以網際網路的發展潛力來看，其對此類的工
作與生活之影響，不容忽視，尤其網際網路所帶來的競爭優勢，包
括：增加行銷優勢、節省成本費用、縮短進入市場的時間、更佳的
品管與促進加盟關係（榮泰生，1995：131-137）等，至於網際網路
與廣播、電視媒體有關競爭優勢之比較，如表7-2所示。

　　跟傳統廣電媒體做一比較，如表7-2所示，更可清楚明白網際網
路這一項新媒體的競爭優勢何在，以及其缺點何在。

❀表7-2　網際網路與廣電媒體競爭優勢比較

項目	廣播	電視	網際網路
傳播範圍	區域性	區域性	全球
時效性	無時差	無時差	無時差
所能呈現的訊息種類	聲音	聲音、文字、圖片、影像	聲音、文字、圖片、影像
選擇多樣性	少	少	多
硬體普及率	高	高	低
實體傳播速度	快	快	慢
閱聽人之自主性	低	低	高
對使用者使用能力的要求	低	低	高

資料來源：陳年興、林挺生，1997。

　　網際網路雖然與其他3大大眾媒體一樣，擁有即時、廣泛傳遞訊
息的特質才被認定為大眾媒體，網際網路擁有的數位化、多媒體、
與互動式（interactive）卻是其他3種大眾媒體所無法比擬的。由於
網際網路的數位化，使得其他3位大眾媒體的內容都可以利用其散播
（電子報、網路廣播、網路新聞）（吳儀君，2005）。

　　比起電信以及電視、廣播等大眾常接觸的服務，網際網路是最
沒有發號施令的中心點，線上使用者之間的互動以及對虛擬情境的

想像與實現，造就出網際網路的面貌。任何人都可以透過網際網路傳送訊息，或設立網站讓其他網友上網站讀取內容。

四、台灣網際網路發展簡史

台灣網際網路的發展大致從1985年開始，基本上，可分為幾個時期：

(一)醞釀期（1985-1991）；(二)發展期（1992-1995）；(三)成長期（1996-2000）；(四)擴充應用其期（2001-2005）（史玲綺，2006）；(五)現況（2006-2008）。分別針對以上時期說明如下：

(一)醞釀期（1985-1991）

1985年，教育部電算中心於大學國際學術網路BITNET（Because It's Time NETwork）正式開幕啓用，雖然今日 BITNET 的重要性，已不比當年，但該網路對台灣學術界來說，是一個重要的轉振點，因為它確實將新資訊引領進入台灣，促成今日台灣網際網路的發展。該網路至1995年7月後已完全由 Internet（網際網路）所取代。

(二)發展期（1992-1995）

1992年，中山大學的第一代電子布告欄系統（BBS）正式啓用，開啓台灣中文BBS，代表校園學生最愛上網使用系統時代的來臨。1994年，行政院NII（National Information Infrastructure）小組成立，結合政府與民間的力量共同推動國內資訊網路的建設與資訊科技的創新應用。1995年，博客來書店成立，成為兩岸三地最早成立的網路書店。

(三)成長期（1996-2000）

1996年，立法院通過電信三法（電信法、電信總局組織條例及

中華電信公司組織條例），我國電信事業邁向一個全新的紀元。1997年，行政院訂定「電子化／網路化政府中程推動計畫」，此為第一項電子化政府之施政計畫（後續計畫有「電子化政府推動方案（2001-2004）」、「數位台灣e化政府分項計畫（2003-2007）」）。1998年網路認證服務正式啓用，網路報稅率先登場，政府業務邁入網路化時代。1999年國內網路用戶數突破4百萬，此半年內是我國網路人口成長最快速時期。2000年建置完成可同時瀏覽WWW網站及BBS網站。

(四)擴充應用期（2001-2005）

2001年為提升整體性推動效率，行政院將原「NII小組」、「行政院資訊發展推動小組」以及「產業自動化及電子化推動小組（iAeB）」合併為「行政院國家資訊通信發展推動小組」，簡稱 NICI小組。2002年行政院正式通過「挑戰2008，國家發展重點計畫」6年內將投入新台幣26,500億元。2003年台灣部落格（www.twblog.net）成立，以及我國行動通訊服務正式邁入3G時代。2005年中研院國際網路（ASNet）與中國科學院中國科技網（CSTnet）在香港完成Gigabit Ethernet高速網路互連。

(五)現況（2006-2008）

行政院為因應第三次IT革命將個人電腦、網際網路和行動通訊結合所形成的「服務無所不在的網路」（ubiquitous network），當時的游錫堃前院長，便在「新十大建設」中提出「M台灣計畫」，打造「行動台灣，應用無限，躍進新世界」之願景，讓全民在任何時間地點，皆可使用資訊通訊科技，享受優質的生活，使台灣從e化進步到M化，並帶動通訊產業成為除半導體及影像顯示兩兆產業外的第三兆元產業，揚名世界舞台。所謂「M台灣計畫」，希望以台灣既有的通訊產業能量，製造除了可以用手機打電話外，還可以上

網的「雙網手機」，以簡便的操作方式，提供民眾在家中、學校、工作場所等所需的寬頻應用服務之外，更期望藉著台灣良好的通訊基礎及環境，結合行動電話網路及無線區域網路，再加上創新的應用及服務，讓使用者不論在機場、咖啡館、速食店、捷運及會議中心等任何場所，除了用手機打電話外，還能使用手機玩線上遊戲、

♣表7-3　台灣網際網路發展時程表

醞釀期	1985為最早校園網路雛形出現
	1987教育部連結國際學術網路
	1988發展軟體工程發展環境發展計畫
	1989我國.tw頂層網域名稱正式註冊
	1990以TCP/IP為基礎之台灣學術網路TANet構想正式誕生
	1991我國正式連接全球TCP/IP Internet之第一天
發展期	1992正式開啓台灣中文 BBS
	1993 Seednet完成國內第一套中文TCP/IP上線軟體SUCCESS
	1994 HiNet正式成立，國內第一條國際網路商用資訊高速公路正式通車
	1995博客來書店成立，成為兩岸三地最早成立的網路書店
成長期	1996通過電信三法，電信總局改制成立，我國百餘年來整體電信發展正式步向新的里程碑。
	1997行政院訂定「電子化／網路化政府中程推動計畫」
	1998國內網際網路使用人口，突破200萬人
	1999國內網路用戶數突破400萬
	2000開發完成，可同時瀏覽WWW網站及BBS網站
應用期	2001行政院將原「NII小組」、「行政院資訊發展推動小組」以及「產業自動化及電子化推動小組」合併為「行政院國家資訊通訊發展推動小組（NICI）」
	2002政院正式通過「挑戰2008，國家發展重點計畫」
	2003行政院成立「通訊傳播委員會籌設推動小組」、台灣部落格成立
	2004全球電子化政府評比我國成效名列全球19個國家中的第1名
	2005 web2.0出現，網際網路邁入新里程碑
	2006年影音內容網站的成長迅速
	2007部落客出書、關鍵字廣告市場日趨競爭激烈

資料來源：史玲綺，2006；本研究整理。

聽音樂、看電視、看電影、開會、線上學習，大大提升民眾的生活品質。例如：可透過手機以視訊會議／電話的方式，跨部門、跨分公司在不同區域及海外據點，同時進行連線，傳輸即時聲音與影像等等。

　　我國資通訊建設的發展繼「數位台灣計畫」與「行動台灣計畫」，自從2008年5月20日劉兆玄院長上任後，便推出「發展優質網路社會計畫」（U-Taiwan），其主要目的為運用資通訊技術，提升人民的生活品質及國家競爭力，同時針對民眾日常生活所關注的議題，推動符合需求的創新應用服務，使民眾感受到資通訊科技所帶來的好處。並將推動符合民眾生活需求的關鍵性應用，以擴大內需市場，提升國內業者能量，進而加速推動基礎建設，完備相關法制、人才、技術、安全、觀念等發展環境，為國內科技化服務業者開拓國際市場，使台灣成為世界優質網路化社會應用典範（「行政院國家資訊通訊發展推動小組，NICI」網站）。

✿表7-4　台灣網際網路發展階段主要內容

階段	時間	主要內容
第一階段	1985-1991年	1.學術網路開始運作 2.正式連接至網際網路。
第二階段	1992-1995年	1.國家資訊通訊基本建設以發展網際網路為核心。 2.達成3年300萬網路人口目標。
第三階段	1996-2000年	1.電信法通過，邁向一個全新的紀元。 2.「電子化／網路化政府中程計畫」。 3.推出「資訊教育基礎建設計畫」，加速推動資訊教育基礎建設。
第四階段	2001年-迄今	1.通訊傳播委員會籌備處正式成立 2.通過「國家資訊通信發展方案」，為e-Taiwain發展之重要藍圖計畫。 3.我國行動通信服務正式邁入3G時代。 4.分別實施「e台灣計畫」、「M台灣計畫」、「U台灣計畫」

資料來源：史玲綺，2006；本研究整理。

　　回顧傳播科技的發展，當一種新媒介出現後，並不會完全取代既有的舊媒介，而是促使各媒介各自重新界定調整其角色及功能，就如現階段網際網路絕不可能完全取代傳統廣電媒體，而是廣電媒體因充分運用網際網路的特性，以達到最佳的傳播效果，掌握未來的競爭優勢。

　　以廣播電視而言，人類在經歷口述、文字與印刷媒體之後，1920年美國匹茲堡KDKA廣播電台正式播音，商業電台營運之鼻祖，接著，1940年代黑白電視機上市，進入電子傳播時代。儘管廣電媒體具聲光之美，並具時效性等之優勢，一度威脅舊有印刷媒體之生存，甚可能進而取代，但時間證明，新的媒體無法完全取代既有的舊媒體，而是促使各媒體各自重新界定並調整其角色，就如同現階段網際網路絕不可能完全取代傳統廣電媒體，而是廣電媒體因充分運用網際網路的特性，以達到最佳傳播效果，掌握未來的競爭優勢。

　　早期網際網路係利用E-mail來傳遞新聞資訊，至1977年「Real Video Player」、「Windows Media Player」等網路影音播放程式開始盛行之後，使用者更可以透過隨選視訊（Vedio on Demand, VOD）技術，依自身喜好上網欣賞即時影音畫面，不但大幅強化了WWW的應用層面，更結合傳統傳統報紙、雜誌、廣播與電視的媒體功能，而成新一代的超媒體。以下謹先將廣電媒體與網際網路的媒體特性加以比較，接著再說明廣電媒體如何運用。

❀表7-5　廣播與網際網路特性比較

廣　播	網際網路
任何人都能輕易聽到	不會使用電腦的人就聽不到
播放時間與實況發生時間會有差距	訊號轉變成畫面
擁有速報性	文字資料更新
不錄音就無法記錄	能自動記錄
單向傳播	使用者可以選擇想聽的情報

| 原則上只有聲音而已 | 文字、圖書、動畫可供利用 |

資料來源：利邑國際公司譯，1997，頁410。

✿表7-5　電視網際網路特性比較

電　視	網際網路
任何人都能輕易看到	不會使用電腦的人就看不到
播放時間與實況發生時間會有差距	訊號轉變成畫面
有速報性	文字資料更新耗時
不能錄影的話無法記錄下來	能夠自動記錄
單向傳播	使用者可以選擇想看的情報
畫面尺寸固定	畫面尺寸可變化
能夠現場立即播放的節目很少	有很多能夠同時收看的首頁

資料來源：利邑國際公司譯，1997，頁410。

第二節　網路廣播

一、網路廣播的定義

　　網際網路與廣電媒體，這種跨媒體的結合，可以用傳媒共棲現象來說明，分為三種形式：第一種是兩種傳媒因應市場需求或消費者口味而簡單地連結在一起；第二種是各傳媒的生存空間出現重疊的現象；第三種形式則是傳媒特性互相滲透（蘇鑰機，1992）。

　　網路廣播如果單從英文字義上來看，是ip-multicast，或是ip-streaming，網路裡的任何訊號，都有一個位址。也就是說，當一個網路電台裡有50個聽眾，電台的server就要有50個訊號，閱聽眾若沒收聽網路廣播，電腦裡不會自動收入，和傳統的AM/FM有很大的差別；因此一個節目在傳統電台來說，不管收聽的人有多少，它的成本是恆定的，越多人聽越好，但是單純的網路廣播（如銀河互動

網）來說，越多人收聽，經營成本反而越大（張耘之，誰是網路廣播的推手），所以傳統廣播從事線上即時或隨選播音服務之成本，將影響傳統電台架設網路廣播的重要考量因素（呂佩珊，2003）。

　　第一個出現在網際網路的廣播電台，是位於美國華府的網際網路廣播公司，1993年1月開始24小時全天候的廣播節目播放（陳慧瑩，2002）。有的則認為是1995年8月美國ABC廣播網首先利用網際網路進行全球播音，不管如何，當時已大約有85%的美國區域性或全國性廣播電台皆上網播音（鄭嫻慧，1997），而國內的廣播電台也從1995年後陸續展開網路播音及網站架設的工作，像ICRT就是國內第一家在網路播出現場節目的電台，同時也是第一家可以透過網站看到ICRT的CyberCam的電台，也就是說，只要在ICRT的網站上就可以看到電台主持人播音的畫面（莊克仁，1998）；而這些網站則提供了公司組織架構介紹、節目表、主持人介紹、節目介紹、留言版、即時新聞、即時節目、24小時資料庫查詢、隨選視訊／音訊節目等（陳清河，2003）。

　　就北美市場而言，在網路上提供即時廣播的電台約有1,000家左右，而專屬於網際網路的虛擬電台則約有160家左右（張傑誠，1999），一般而言，網路廣播電台有助於線上音樂的銷售（吳芬滿，2000）。

二、網路廣播的設備需求

　　有關網路廣播電台的軟硬體需求，可分為硬體與軟體兩方面的要求。

　　首先，在硬體方面的需求：不論是網路廣電台的播送端，或是閱聽眾這邊的接收端，都必須具備電腦這項設備，才能進行傳送或收聽網路廣播節目。

　　其次，在軟體方面的需求：網路廣播電台節目的傳送是一種聲音串流（streaming）技術，將聲音檔案一點一點的「丟」到使用者

的電腦上，而播放軟體在收到這些片段的檔案後，再接續起來播放，就可以聽到完整的聲音。播放串流音效的軟體主要是由三元件所構成，編碼器、伺服器、及客戶端。編碼器的功能在於將原始音源轉換爲串流格式，聲音可以是既有的錄音檔案，或是經由電腦音效卡處理過的音效檔等；伺服器主要是負責檔案的傳輸，供客戶端下載；客戶端就是指輔助播放程式、plug-in或是瀏覽器本身內建的播放軟體。有了這些輔助軟體，才能聆聽網路廣播節目（吳熙揚等譯，1998）。目前較受歡迎的免費播放軟體有由RealNetwork所提供的RealPlayer以及Microsoft的Windows MediaPlayer等，取得方式相當便利，安裝好播放軟體之後，使用者便可造訪網路廣播的相關網站，按下節目播放紐，即刻會從提供者的伺服器將串流傳送至使用戶的TCP/IP位址，透過電腦的音效卡，播放器會播出串流資料，使用戶就可以收聽到廣播節目了（馮文清，2007）。

三、網路廣播的型態

具備上述軟、硬體的配備之後，就可以著手網路電台的架設與經營。常勤芬（2001）在分析台灣的網路電台時，將台灣現有的網路電台分爲線上收聽電台以及網路播音電台兩種型態：

(一)線上收聽電台：傳統電台的線上播音（live），例如飛碟電台、KISS RADIO、中廣流行網、愛樂電台等，實體電台在播放節目的同時直接透過音效壓縮技術，將聲音內容轉爲數位檔案，運用網路傳送，或是將已播過的節目用相同的技術傳送至網路，供網友點選。

(二)網路播音電台：專爲網路族而設計製作的廣播節目（Audio On-Demand），純粹透過網路傳送、播放，節目類多元化，內容多采多姿，比傳統電台並不遜色，例如蠻秀廣播電台、I-Channel、銀河網路電台、清華大學（THBS）、中山大學西灣放送網（SoundNet）等，而其中最具規模、投入人力、物力甚多的銀河互

動網路市集，擁有一萬多集有聲節目。

　　黃雅琴（1999）在1998年12月初至1999年2月底以實際上網觀察廣播電台網站的方式，分析網路廣播電台網站的資訊呈現，研究結果發現已經有相當多的傳統廣播電台紛紛上網架設電台網站，且國內廣播電台網站的資訊呈現多能符合不同電台各自定位與屬性，多數電台網站皆會提供電台簡介、節目表、主持人／DJ介紹、活動介紹、留言版等，部分網站尚且提供相關網站連結。但也發現許多電台網站的建置不甚完善，有些長期處於正在建構中、資料久久未更新、點選後無內容顯示、內容與標題不甚符合、中斷現在進行的部分等，造成使用者使用上的不便（吳芬滿，2000）。

　　從前述可知，目前網路播音的型態有兩種，即時播音（live）及隨選播音（Audio-on-demand），前者與目前廣播類似，根據預先排定的節目表及播出時段，播出節目，所不同的是，聽眾是透過電腦軟體及硬體設備，從網際網路上取得該廣播節目；而後者則是將廣播節目存放在網站中，讓聽眾可依照自己的時間隨時上網點選所想聽的節目。

　　綜觀台灣地區，電台業者投入網際網路，可能有以下4個層面的考量：網際網路作為電台節目廣告的一個新媒體、透過網際網路進行更具互動性的顧客服務、在網際網路中建立電台形象吸收新市場中的聽眾、發展新的資訊消費與線上銷售系統（黃葳威、簡南山，1999）。

四、網路廣播的經營模式

　　目前國內廣播電台上網所運用的經營模式，大都是以實體企業與虛擬網路相互搭配支援的營運形式，也就是電台為主，網站為輔，對業者與聽眾來說，網路廣播所帶來的影響，試臚列於下：1.可跨越傳統電台頻道範圍的限制，獲取更多聽眾市場的機會，網際網路無遠弗屆的特性，各種功率的電台在網路前一律平等。2.由

單向到互動，拉近聽眾與廣播節目間的距離。3.網路結合文字、圖形、聲音與影像的特質，將可補強傳統廣播單純聲音傳播的性質。4.利用網路在資訊科技上方便存取的優勢，建立電台本身的專業資料庫，提供聽眾搜索的服務，例如台北愛樂電台的古典音樂資料庫。5.為使用者付費時代的來臨做好準備，傳統廣播業者的收入來源，大都是廣告，但在網路上，這種情形也許會有改變，像是旅居各地的華人，若想收聽「鄉音」，便可付費上網收聽台北之音的節目。

五、網路廣播的特質與優勢

(一)網路廣播的特質

　　就一個新興媒體而言，網路廣播電台同時具備有網際網路及傳統廣播的部分特性，吳芬滿（2000）根據學者Martin（1999）、Silberman（1999）、Donow和Miles（1999）的研究，整理出網路廣播的五大特質：

　　1.消除廣播電台發送範圍的限制：傳統廣播電台主要是透過無線電波傳送聲音訊號給廣大的聽眾，但因無線電波播送的範圍受到限制，只有在播送範圍內的聽眾才能收聽到某些電台的節目；網際網路則沒有這層限制，只要把廣播節目送上網路，即可讓全球的聽眾朋友都有機會收聽到該廣播節目。

　　2.資訊類型多樣化：網路廣播電台以設置全球資訊網為主，結合了文字、聲音、圖形與影像的多媒體表現內容，使得網路廣播電台除了傳送聲音之外，也能呈現多樣化的資訊類型。

　　3.互動性：網際網路最大的特色就在於使用者可與網站經營者或其他網路使用者產生互動。網路廣播電台除了藉由網站的設置提供閱聽人可直接在網站上表達意見或問題諮詢之外，為促使閱聽人能規律性的造訪網站，也提供各式各樣免費互

動性服務，增加網站流量，如歌曲點播服務、主持人電子郵政信箱、聊天室、留言版等，提供閱聽人分享彼此心得與對音樂的評價。

4. **音樂資訊的易得性**：傳統廣播電台節目播送時間一般是固定的，聽眾在收聽之餘若想獲得節目中音樂資訊，通常必須透過額外的資訊管道取得，像是打電話或寫信去電台詢問，或從報章書籍中查詢。但網路廣播電台網站的設置，則提供另一種型態的管道讓聽眾得以輕易地自該網站中取得音樂的相關資訊，包括曲目、演奏或演唱者等，甚至還可透過音樂資料庫方式，提供更豐富的資訊及試聽。

5. **蒐集閱聽人資訊**：傳統廣播電台除非透過收聽率調查，很難瞭解聽眾需求或相關資料，但透過網路廣播電台網站，經營者可蒐集閱聽人資訊並藉以提供更適合的節目。

(二)網路廣播的優勢

從以上的特質分析，吾人可知網路廣播的優勢至少包括以下9點（塗能榮，2006）：

1. 免除發射台等設備建置費用，開台門檻低。
2. 沒有頻道申請與功率限制，傳播範圍遍及台灣，並可涵蓋全球。
3. 網路全天候暢通，提供24小時不打烊的廣播服務。
4. On Demand隨選播放可提供聽眾任何時間或重複的收聽方式，符合聽眾的收聽模式。
5. 節目內容數位化，一次可重複使用，可用於典藏或線上播放。
6. 結合網站規劃，提供資訊交流、銷售通路及廣告版面等多元用途。
7. 網站社群經營，提升電台特色與聽眾黏度。

8.播放載具的流行趨勢，加快收聽族群的拓展。

9.可供MP3手機等行動族群下載收聽，提高內容使用曝光率。

（註：其中第9點：可供MP/手機等行動族群下載收聽，屬於Podcast，將在下一節將詳述）

六、網路廣播的影響

目前國內廣播電台上網所運用的經營模式，大都是以實體企業與虛擬網路相互搭配支援的營運形式，也就是電台為主，網站為輔。有關網路廣播的影響，分述如下（莊克仁，2001：236-237；馮文清，2007：17-19）：

(一)對業者而言

1.超越性：可跨越傳統電台頻道範圍的限制，獲取更多聽眾市場的機會，網際網路無遠弗屆的特性，各種功率的電台在網路前一律平等。

2.互動性：由單向到互動，拉近聽眾與廣播節目間的距離。

3.多元性：網路結合文字、圖形、聲音與影像的特質，將可補強傳統廣播單純聲音傳播的性質。

4.專業性：利用網路在資訊科技上方便存取的優勢，建立電台本身的專業資料庫，提供聽眾搜索的服務，例如台北愛樂電台的古典音樂資料庫。

5.效益性：為使用者付費時代的來臨做好準備，傳統廣播業者的收入來源，大都是廣告，但在網路上，這種情形也許會有改變，像是旅居各地的華人，若想收聽「華語音樂」，便可付費上網收聽各個華語網路電台的節目。

6.多樣性：網路廣播電台的架設，不像傳統廣播電台要一定的資本額方可申請，對於無力承擔高成本的小型或另類電台，提供另一種經營方式，以全新的傳播型態在網路上經營自己

的廣播電台。

從前述第2點得知，網路廣播的互動機制至為重要，所謂「互動機制」意指：「透過技術工具，指引接收者加入互動的討論，讓接收者與傳播者之間彼此相回應，有實際上的意見交換的機制。」因此，網站內容也結合網路特性，朝向互動性發展，針對網路互動性，成立E-mail、留言板、討論區、聊天室等等的互動機制，提供使用與電台或其他使用者溝通。

為瞭解國內網路電台所設的互動機制，根據2005年所做的一項調查（謝郁珊，2005）顯示：

1. 目前網路廣播電台，以現有空中頻道之傳統廣播電台為多，內容包括節目轉檔供使用者隨選隨播、線上即時同步播音。

2. 目前各網路廣播所設置的互動機制中，以提供E-mail、留言板和討論區為前三名。

3. 約4成2使用者對於互動機制的設置及管理表示滿意，不滿意者占1成4。沒意見者占4成2。

4. 多數使用者認為互動機制的設置能提高其收聽意願。

5. 對於「網路廣播電台網站管理人員管理及回覆速度能提高收聽意願」這個問題，有5成5的使用者回答沒意見。

6. 閱聽人使用互動機制的動機以「打發時間」及「獲得新知」為主，其次為「追蹤目前的流行話題與事件」、「排遣寂寞」，再其次則為「搜尋其他資訊」、「好奇」與「學習新事物」。

由於網路廣播電台設置中以E-mail為最多，討論區最少，然後在使用者調查中，最常使用的卻是討論區，最少的是E-mail，因此，建議網路廣播電台在設置互動機制上應考慮其使用者喜好，以提高其滿意度及收聽意願。

(二)對聽眾而言

1. 自主性：收聽型態的改變，由於網路中隨選播音的功能，聽眾可依照自己的時間隨時上網點選所想聽的節目，不會因錯過播出時間而錯失收聽節目的機會。

2. 選擇性：除了傳統廣播電台的網站可供選擇之外，在浩瀚無垠的網路世界中，還有許多其他的網站供吾人遨遊。

3. 及時性：透過網際網路即時互動的特性，可拉近聽眾與廣播節目的距離，像是線上聊天室、留言版、網路問卷等活動，使聽眾在收聽廣播節目時，可隨時在網站上表達自己的意見，同時也可獲得主持人或電台方面的立即回應。

4. 便利性：網路廣播電台所建立的各式資料庫，像是各類型節目內容、音樂資料、節目單、活動預告等，都能讓網友經由電腦查詢的動作，快速確實的取得各種資訊。

根據網路電台Spinner.com統計指出，網友平均停留於該網站的時間較一般網站為長，網路與廣播結合，雖出現不久，但收聽使用網路廣播電台的人數則是逐步成長。媒體研究公司Arbitron Company及Edision Media Research（1999）兩家公司所共同合作的研究顯示，美國網路使用者中收聽線上電台人數在一年內增加將近1.79倍，成長率從18%升至30%。而Donow和Miles（1999）指出，在兩千家網路廣播電台中，約只有8%的網路廣播電台提供專屬於網路上的廣播節目。可見大部分的網路廣播電台是既有的廣播電台將原在空中頻道的節目轉換成另一種聲音檔案，透過網際網路播送（蔡清嵐、周宣光，2003）。

七、Podcast與網路廣播

繼BLOG、RSS之後，網路世界又出現了一個有趣的新玩意，那就是Podcast。根據維基百科對於「Podcast」或「Podcasting」

（有人譯為「播客」）的定義，這個新網路名詞源自「iPod」與「broadcast」兩個字，也就是MP3隨身聽與網路廣播機能的結合。Podcast的主要概念，指的是一種在網際網路上發布聲音文件並允許用戶訂閱RSS來自動接受新聲音文件的方法。簡單來說，Podcast就是一種「可訂閱、下載及自行發布的網路廣播」（郭立偉，2007）。

Podcasting與其他音頻內容傳送的區別在於其訂閱模式，它使用RSS 2.0文件格式傳送訊息。該技術允許個人進行創建與發布，這種新的廣播方式使得人人可以說出他們想說的話。由於它也是一種在網際網路上發布文件並允許用戶訂閱 feed，以自動接受新文件的方法。這種新方法在2004年下半年開始在網際網路上流行以用於發布聲音文件。

訂閱podcasts可以使用「podcatching」軟體（也稱為「新聞聚合」軟體）。這種軟體可以定期檢查並下載新內容，並與用戶的可攜帶音樂播放器同步內容。Podcasting並不強求使用iPod或 iTunes。任何數位音頻播放器，或擁有適當軟體的電腦都可以播放podcast。

Podcast是更有創意的網路廣播，以往的網路廣播，我們必須隨時連在網路上才能收聽，而且聲音是以串流的格式播放，想錄下節目內容就必須使用側錄的方式，或是用擷取軟體來下載。Podcast的檔案採用最普遍的MP3格式，使用者可以在網路上點選連結收聽，也可以直接把節目的MP3檔下載到自己電腦裡，接著就可以將檔案傳輸到MP3隨身聽，帶著喜愛的節目出門去。iPod的使用者還可以透過與iTunes的同步功能，直接把廣播節目下載到自己的iPod，輕鬆地享受Podcast的樂趣。

一般的網路廣播，製作門檻較高，多由商業電台提供，因此頻道數量增加的速度很慢。Podcast的節目製作容易得多，只要先將錄製節目的MP3檔放到網路空間上，並使用工具來產生Podcast RSS，然後再將所產生的Podcast RSS發布到網路上，提供其他人訂閱，

就可以架好自己的電台，讓全世界收聽。在國外Podcast的節目數量增加速度很快，而且節目類型多采多姿，音樂、訪談、演講、新聞等，什麼樣的內容都有，而台灣則還有待發展。

　　一般網路廣播節目多採即時性播出，聽眾容易錯過喜歡的節目。

　　有關網路廣播與Podcast比較，如表7-6所示。

✿表7-6　網路廣播與Podcast比較表

	網路廣播	Podcast
檔案格式	串流	MP3
節目數量	較少	多
下載	不可	可
可攜性	低	高
製作	困難	容易
訂閱	不可	可
節目時效	即時	隨選

資料來源：郭立偉，2007.07.22. www.Taiwan.cnet.com/cnetlife/digilife

　　在國內而言，唯一以Podcasting作爲廣播志業，就屬銀河網路電台了。

第三節　網路電視

一、網路多媒體壓縮技術

　　隨著數位化時代來臨，許多網際網路機可攜式產品，帶動影音壓縮技術的發明，一方面有效壓縮龐大的影音檔，一方面又不至於讓品質太差，於是國際標準組織（ISO）國際電報電話諮詢委員會共同組成影像專家群（Joint Photographic Experts Group, MPEG），就

是現在影音壓縮的主流。

MPEG的格式分為：MPEG1、MPEG2、MPEG3、MPEG4及MPEG7等5種。較諸MPEG1、MPER2及MPER3，MPEG4主要針對各種應用在音、視訊資料壓縮的媒介需求，如電話線進行傳遞視訊電話服務，其目標是為多媒體應用提供一個整合的標準，例如虛擬實境（VRML）、合成音樂（MIDI）及自然影像與電腦動畫的合成（程予誠，1999：163）。另外，它可以將畫面的背景、物體、聲音等，分成一個個物件，再依據物件屬性不同，採取不同的壓縮方式，如果是固定不變的物件就只壓縮一次，解碼時亦然。然而，MPEG7的目標則是對日漸龐大的圖像、聲音訊息先做標準化的描述，並將該描述與所描述的內容相聯繫，以便進行管理和迅速搜索（宋時豪，2001，http:home.kimo.com.tw/s865738/handout/jpgmpeg.htm）。

二、網路多媒體串流技術

黑白電視於1940年代問世，這種以無線電波傳送訊號之電視媒體，屬於單向廣播。此後觀眾與電視間的互動性便不斷地發展，惟其間經過1950年代社區共同天線（CATV）、有線電視（Cable TV）及1970年代之付費電視頻道（Pay TV）的推出，使用者依然無選擇節目的自主性，雖已擁有數百個頻道，並可利用衛星傳送電視節目。

至1985年，計次付費頻道（Pay Per View）推出之後，用戶才開始有選擇節目的權利，接著，1990年初，隨選視訊服務（near Video on Demand, NVOD）系統的問世，已可提供更多可選擇的節目給用戶（陳克任，1999：14-53）。

網際網路影音科技應用，以多媒體串流技術（multimedia streaming technology）為主，其乃透過影音串流伺服平台（multimedia streaming server），將多媒體串流檔案經由網路傳送

至用戶端，而用戶則藉由播放軟體，使得以瀏覽或收聽媒體內容。在2000年時，大多數的使用者，由於當時國際上未訂有統一規格，故均以使用以下3種之一的常見串流規格（陳弘儒，2001，(1)頁30）。

第一種是：Windows Media Technologies（Microsoft）

第二種是：Real Media（Real Network）

第三種是：Quick Time（Apple）

其中若單純以播放的即時性而言，又可分為即時視訊（Real-time Video, RTV）與隨選視訊（Video on Demand, VOD）兩種。

就技術而言，前者是將即時視訊以數位壓縮的方式，以串流技術技術在網路上做影像與聲音的廣播，後者是指讓客戶在家指定是有線電視系統或是衛星通訊系統，未來甚至可能從電話線透過寬頻網路收看電視節目的技術（張慧君，2001(2)：9）。

美國較為突出的網際網路電視廣播例子，是公共電視台（PBS, http://www.pbs.org/）和三大電視網合作，將部分節目精華或片段，放在www站上（如ABC的網址為http://abc.com）。除了無線電視台之外，有線電視台，譬如CNN（http://www.cnn.com/）、美國聯播網（America Network）等頻道，提供網際網路電視台的服務。

在台灣，無線與有線電視也紛紛將其節目上網，以提供影音相關服務。於1997年初以率先上網的中華電視公司而言，其服務項目包括即時線上播放，節目內容有新聞影音、綜藝節目、戲劇節目、每日一善、華視新聞雜誌等，大體而言，資訊內容相當豐富。

由於串流（streaming）技術具有節省網友下載時間、可統計個別使用者影音檔使用情形與選獲影音檔版權的優點（顏東生，2001(1)：50），因此當串流視訊所提供的線上服務與傳統類比視訊廣播競爭時，更由於以下五個因素而獲得成功（Alesso, 2001: 39-40）。

(一)成本低廉：IP MulEicast可讓一個串流視訊，傳遞給數以千

計的觀眾，成本少而低。

(二)利基觀眾：串流視訊以上互動，聊天方式，持續不斷將文件、圖像、聲音或影像加以整合，利於觀眾使用。

(三)隨選功能：網際網路數位本質，大量製造可供選擇的資訊內容任由觀眾藉搜尋引擎加以使用。

(四)觀眾成長：網際網路使用者數量，每兩年可望成長一倍，而網際網路正把觀眾從傳統媒體拉走，同時網際網路亦將隨科技的改進而持續成長。

(五)入口水平：網際網路對新進者門戶大開，有別於其他被大財團所控制的媒體。

三、中華電信與MOD

(一)何謂MOD

過去電視視訊屬於類比訊號，須透過衛星、微波或線纜來傳遞，但是隨者電視訊號數位化後，透過ADSL（Asymmetric Digital Subscriber Line；非對稱數位用戶迴路）的IP（Internet Protocol；網際網路通訊協定）base也可以達到同樣的功能。

電視數位化後，觀眾可以利用隨選視訊功能，隨時下載想要收看的節目，不必受到節目時間表的限制；另外，數位電視的雙向互動功能，則可衍生出如電視購物、觀眾投票等許多商機。

數位電視風潮吹起，網路業者（IPS）不甘示弱，國內外的中華電信與日本的Yahoo！BB，都相繼推出多媒體隨選視訊（MOD）服務，要與有線電視（cable）系統相較勁。

所謂MOD全名又稱Multi-media On Demand，多媒體隨選系統服務，是透過ADSL（非對稱式數位用戶迴路）、網際線路，將語音、影像資料，包括電視節目傳送到觀眾面前，用戶只要申請MOD服務，機房就會將原本512/64K的網路寬頻「放大」到4M以上，讓用

戶可以收看高畫質的DVD影像節目，MOD就像一套互動式的多媒體系統，民眾可彈性點選頻道，當利用MOD收看節目、唱卡拉OK同時，也可上往下載資料，或接聽電話，利用一條線路，即可享受所有多媒體影像服務（大成報，2004年1月27日B4版）；而中華電信將由網路業者，搖身一變成為電視系統商，直接衝擊傳統有線電視業者的生存空間（經濟日報，2003年12月3日科技31版）。

(二)中華電信經營MOD

　　2003年10月13日中華電信通過了新聞局決審，首次跨業經營多媒體隨選視訊服務（或譯：數位互動電）。中華電信這次總計投資10億元建立新的事業山頭，MOD是利用ADSL寬頻網路，提供加值服務，中華電信MOD已經有上百萬ADSL的用戶。

　　中華電信採取機上盒採免費贈送，用戶基本月費300元，初步可收看約10個基本頻道，包括：五家無線電視台、大愛和人間電台，共7個頻道，以及自推的3個頻道，包括：包括：電影頻道，以及新聞體育頻道和戲劇綜合。

　　中華電信預計11月底在台北縣市、基隆市開播，2004年中旬擴及中南部，包括：擴大至新竹、桃園、台中縣市、高雄縣市及台南縣市，初估用戶數可達20萬戶。

　　相對東森、中嘉等有線業者要求客戶花數千元買斷或每月數百元租借機上盒，中華電信推出的MOD機上盒免費送，及用戶每月只須付300元平台及機盒維護費用，就有10個左右的基本頻道可收看，對現有業者造成嚴重威脅（聯合報記者余麗姿，2003年10月8日，A11版報導）。

　　2004年3月3日中華電信MOD數位互動電視終於開播，台北縣及基隆市率先開跑。

　　中華電信MOD數位互動電視已上路的「基本頻道普及組」，月租費為150元，目前有15個頻道。除了「基本頻道普及組」，中華

電信MOD還分為「自選頻道組合」及「隨機視訊」，共有三大類服務，其中「隨選視訊」服務，是MOD與傳統有線電視區隔的最大特色。

中華電信董事長賀陳旦表示，4月起MOD將設計選單，用戶可依需求隨選隨看，不受頻道或時間限制，節目則參考市場價格以「單買單賣」方式計價。習慣傳統看電視方式的民眾可選較陽春的「基本頻道普及組」，含無線5台等15個頻道，年底前則可擴充至25個頻道。

「自選頻道組合」預定下半年推出，亦以指定收視頻道「單點」方式計價，收費上限定為550元，目前MOD申裝戶則已達兩萬兩千戶（蘋果日報，2004年3月4日，第12版報導）。

中華電信MOD「大電視」循政府的行政命令取得執照，雖來勢洶洶，對有線電視業者造成嚴重威脅，然而，其適法性卻令人存疑，因為，第一，「大電視」走掠奪性路線訂價，違反公平法與電信法；第二，「大電視」不理會「黨政軍退出廣電媒體」的規定，冒著年底可能被撤照的危機，執意浪費40億元的投資。

最重要的是，就經營執照言，有線電視系統是分區經營，全台共分47區，計有62家業者。但是，透過併購，市場形成「多系統經營者」集團，例如：東森與中嘉。這些集團各擁十數家地方系統台，一台一張執照，並且謹守旗下系統「不得超過全國系統經營者總家數三分之一」的法定限制。但是，中華電信的MOD卻仗著電信事業是全國性經營者的身分，入境不願隨俗，堅持不請分區執照，要拿全國性執照，並且如願以償（工商時報，94.08.23，第2版，工商小評論）。

中華電信MOD的開播，引起有線電視業者嚴重抗議，因此，國家通訊傳播委員會（NCC）乃於2006年8月17日下令，中華電信MOD（又稱大電視）必須在年底前變成全面開放的平台，並且不得有自營頻道。頭端部分能讓頻道、隨選視訊與應用服務等內容供應

商接取，後端部分則讓ISP和固網業者能接取到MOD平台上，並且需先公布相關軟硬體規格，NCC也會進行逐項查核，若在年底前無法完成，就會按照《有線廣播電視法》黨政軍退出媒體規定進行懲處，最嚴重甚至可以撤銷執照。

根據NCC前副主委兼發言人石世豪表示，MOD涉及黨政軍退出媒體的爭議，經歷NCC多次討論，已達成MOD必須變成頭端與用戶端全面開放的共識，他說，「這是相關利益當事人協力所做成的決定」，而不是主管機關要求對方配合的結果。

石世豪指出，未來MOD成為開放平台之後，NCC也規定MOD至少具備傳輸100個頻道的能力，同時訊號穩定度要達國際標準，對於現有多頻道業者，固網與ISP業者，也應儘速公布軟硬體規格或者接取技術類型（工商時報記者陳依秀，2006年8月18日報導）。

中華電信MOD終於在2006年年底前成為全面開放的平台，國家通訊傳播委員會（NCC）前發言人石世豪表示，技術面查核已經完成並符合NCC要求，但營運方式仍在查核中，同樣有黨政軍退出問題的東森、台視和華視等媒體，必須在6個月內改善完成，一經發現媒體有違反廣電三法中相關規定，就會依法進行懲處（工商時報記者陳依秀，2007年1月3日報導）。

中華電信MOD多媒體隨選視訊終於在2007年11月5日，經國家通訊傳播委員會（NCC）正式核准，合法上路，用戶平台服務資費89元，另由於中華電信不能經營頻道內容，目前與台灣互動電視合作，試播24個頻道。11月24、25日實施新資費，中華電信預估明年底用戶數目標100萬戶，將挑戰有線電視系統業者。

NCC前副主委兼發言人石世豪表示，中華電信MOD用戶平台服務費，每月為89元，且不得收取機上盒月租費，資費方案中華電信可以做促銷，但收費絕不能超過上限89元，「只能降，不能漲」。

中華電信指出，目前MOD約有28個頻道，預計年底前再加入33個頻道，包含由台灣互動電視代理的24個頻道，以及電影、財經和

國外電視台頻道。

2007年中華電信投資50億元經營MOD，目前用戶數為37.6萬戶，明年將引入美國八大影業其中一家，且光纖到府頻寬提高後，家中第二台電視也可裝MOD服務，2008年底目標用戶數上看100萬戶，預估2010至2011年時衝到250萬戶，可望達到損益兩平（經濟日報記者余麗姿、黃晶琳，2007年11月6日報導）。

中華電信曾於2008年7月間評估將MOD平台全面轉換成微軟的MSTV平台。MSTV是微軟近幾年全力發展IPTV及數位家庭的核心技術，這幾年，微軟與美國AT&T、義大利電信與瑞士電信等業者相繼進行MSTV推廣服務，但成果並不理想，至今用戶只有2萬多，也因此，微軟最近找上中華電信，希望藉重中華電信一哥地位，快速拓展MSTV的影響力，作為拓展全球MSTV的指標市場。中華電信表示，該公司確已採購微軟1萬台左右的MST V平台進行測試中，未來是否要將MOD平台全面轉換成MSTV？還要看測試結果，再做決定。

市場分析指出，微軟的MSTV與目前MOD所採用的OMP、ORCA平台最大差別在於，MSTV特有的即時換頻（instant channel change）。一旦轉換成MSTV，也正意味著阿爾卡特等廠商未來在MOD平台龐大採購商機將因此旁落微軟（經濟日報記者林淑惠，2008年7月24日A3版報導）。其狀況如表7-7所示。

✿表7-7　中華電MOD小檔案

用戶數	目前50萬，今年年底目標100萬
開播時間	2004年
投資金額	百億元，經營尚未獲利
合作對象	目前採用阿爾卡特朗訊的平台，華碩、鴻海都曾供應機上盒
特色	在2008年推出高畫質HDTV

同業競爭	台灣大希望向中華電爭取租MOD路線，成為MOD 2的服務業者
與微軟的關係	微軟希望進軍網路電視領域，MSTV正是其重要布局，希望爭取爭華電採用，打開全球市場

經濟日報2008.07.24A3版。
資料來源：業者費家琪製表。

四、MOD、VOD與IPTV的區別

(一)MOD隨選視訊

　　隨選視訊（MOD）讓觀眾隨時想看就看，精彩畫面更可以一看再看，觀眾的收視習慣因而改觀。過去電視訊號傳遞，主要在有線電視業者（Cable TV）手上，隨著網路普及率提升，現在可以透過網際網路傳輸視訊資料，家中電視只要透過機上盒（STB）就可以接收透過網路線傳輸的視訊資料。

　　由於MOD是採用ADSL的技術去發展，而非有線電視系統以纜線進行傳輸，兩者技術並不相同，MOD相對上較有改造空間，因此頭端與用戶端不再封閉後，自然就不適用《有線廣播電視法》的規範，就沒有黨政軍退出媒體的問題，費率也回歸到電信法規範，全區採用相同的收費標準，自然會有助於MOD的發展（聯合新聞網，2008年4月24日，科技週刊E1版）。

　　MOD與一般有線電視不同的地方在於，用戶可以與節目內容雙向互動，有線電視的節目是一天24小時不停播放，而MOD卻可以自行選擇想看的時間、想看的節目，然後節目才從系統傳送下來。也因此其收費模式比有線電視複雜些，不少節目是以次計費（所謂的pay per view）。

　　使用ADSL技術能夠傳送品質多好的節目？若以1.5M BPS的ADSL在網路上收看寬頻節目（透過電腦、瀏覽器，而非MOD的機

上盒），效果差就不用說了，連線還會受到網際網路的品質不穩定而時斷時續。

　　而MOD則否，其使用的雖然也是ADSL技術，但透過中華電信的系統設定，用來傳送節目的頻寬至少達3M BPS，畫質相當清晰，節目的傳送與播放也相當流暢。

　　有線電視系統業者也不是沒有應對的法寶，多年以前不少業者就已經開始在實驗互動電視的技術。這樣的技術一樣要求用戶必須安裝機上盒，系統業者一樣必須升級有線電視線路成為雙向的線路。這樣的技術已經相當成熟，只等著台灣過時的法令鬆綁，很多業者馬上就會動起來。

(二)VOD隨選視訊

　　另一種形式的網路電視則是VOD（video-on-demand）可譯為「隨選視訊」。主要是透過網路，不須像機上盒（STB）的訊號轉介器，可以在網路上直接隨心所欲地收看影像視訊資料或互動光碟。目前的有線電視，閱聽人只能被動地收看業者播出的節目，自己沒有選擇。若透過VOD系統則可選擇自己要觀賞的節目。

　　MOD與VOD都是數位視訊的平台，也就是廣義的網路電視，需要各類頻道商及內容供應商提供相關內容服務，最大差別便在MOD透過機上盒（STB）將訊號轉到電視上，VOD是透過網路在電腦上看電視。

(三)Web TV與IPTV TV 網路電視的區別

　　根據工研院IEK／ITIS計畫產業分析師朱澔偉表示，在數位匯流的技術促成下，傳統的電視播送管道已衍生出IPTV及Web TV等兩種型態，此兩種網路電視服務讓使用者能對播送的內容更具掌控性，且亦是收視行為之空間、時間及內容的延伸，可打破時間、空間與收視設備的限制及開創新的互動模式等附加服務，將對服務業者及

使用者帶來雙贏的新契機（經濟日報，2007年7月29日C6版報導）。

　　這些IPTV及Web TV等新興個人化電視收視及服務模式，其中Web TV又是在這場名為個人化的電視革命中，最被普遍使用的一種收視方式。

　　Web TV是另一種新興的個人化電視服務，在Web2.0的概念下，使用者可以錄製個人的電視節目，放置於網頁上供他人觀賞。Web TV主要的收視方式是透過網頁的方式，讓使用者可利用各種上網設備，如手持式裝置、個人電腦或筆記型電腦等，另外，亦可利用各種接取網路如DSL、3G、WiMax等進行接取，收看多媒體內容之電視服務。

　　Web TV市場主要成長趨力來自於影音分享網站之成長，以YouTube及MySpace為例，主要是提供使用者一個網路上的發表空間，可讓使用者存放自己錄製的影音內容，及瀏覽自己想看的節目，而此經營模式便快速的聚集了共同興趣的人群，進而提升網站之影響力。若以全球10億人口計算，YouTube和MySpace兩網站每日瀏覽人口達1.4億，如此龐大的瀏覽量將帶動網路廣告、會員服務等潛力商機（經濟日報，2007年7月29日C6版報導）。

　　另外，所謂IPTV指的是透過IP通訊協定，就可進行傳輸的電視影像播送服務，因此民眾只要透過寬頻網路、電視機與機上盒，就能付費觀賞不同的節目內容。拓墣產業研究所郭子康協理指出，由於IPTV具有即時互動特性，未來甚至可以導入遠距教學、視訊電話及遠端監控系統，預料將可改變民眾的通訊生活與電視閱聽方式。

　　IPTV需要大頻寬的傳輸骨幹，用戶端最好有12Mbps頻寬，包括光纖、乙太網路、WiMAX與ADSL的下一代產品超高速用戶迴路器（VD-SL），都會因運而生被大量鋪設；其中以光纖的頻寬最大。尤其是VDSL有50Mbps的速率，被不少人看好（經濟日報，2006年4月19日A11版報導）。

　　前述電視與電信業者都想切入IPTV領域，到底哪一方較具優

勢？事實上，電信業者依其用戶資料，比較瞭解客戶需求，且在出帳等方面都具優勢。相對地，電視業者則欠缺這種優勢；但電視業者較能掌握內容，爭取閱聽族群。不過，決勝關鍵點還是在價格。

法商「阿爾卡特」曾預估2006年前全球有260萬IPTV的用戶，預期到2010年時，增加到8億用戶，最多可達到10億用戶。

目前國內投入IPTV的業者以中華電信的大電視（MOD）為首，其他有中嘉網路、東森、數位聯合電信、年代等電信與電視業者（經濟日報，2006年4月19日A11版報導）。

前述Web TV是另一種新興的個人化電視服務，在Web2.0的概念下，使用者可以錄製個人的電視節目，放置於網頁上供他人觀賞。這種屬「網路視訊」系統電視業者（Internet Video）和另一種網路電視業者IPTV之間，到底又有哪些不同呢？以下是它們二者的比較。

✿表7-6　IPTV和INTERNET VIDEO 的不同

	IPTV	INTERNET VIDEO
內容的本質	內容持續的串流	不連續的節目片段
內容的選擇	上百個節目「頻道」	數以百萬計的內容檔案
內容的型態	由提供者選擇一或二個型態	數十個含有多重播放器的型態
輸送網路	私人IP網路	公眾網際網路
瀏覽設施	消費者經由機上盒（STB）的電視機觀看	消費者的個人電腦畫面或可攜帶的裝置

資料來源：Simpson, Wes & Greenfield, Howard, "IPTV and Internet Video: New Markets in Television Broadcasting", MA:Elsevier Inc, 2007，p.26.

第四節　網路媒體其他應用

一、互動式有線電視（interactive cable television）

　　它是經由電纜，將文字和圖案圖框以及整個視訊畫面，輸送到電視機上，以回答資訊的需求。資訊內容的數目，則不像源頭電腦容量，基本上是無限的，電纜系統也需要索取一個專用頻道。源頭電腦通常有意見調查與列表標示調查結果，以及接受有關服務要求與產品訂單等之種種功能。美國俄亥俄州哥倫比亞市「丘比」系統是典型的互動式有線電視（資料來源：http://distance.shu.edu.tw/distclass/classinfo/8602cs01/c8602t01cst14.htm）。

二、有線電傳視訊（videotex）

　　又稱「有線電讀」，是指經由線路（如電話線）以傳送資訊的系統，於1978年由英國郵局推出命名為「按傳」（prestel）的電傳視訊試驗，1979年正式展開業務。該系統是英國郵局工程人員開發，利用電視機和電話線相連而成的資訊傳輸體系。由於可進行互動傳播，故又稱互動電傳視訊（interactive videotext），其功能包括：(一)資訊檢索（information retrieval）；(二)交易（transaction）：又分：1.電子銀行（electronic banking），2.電子購物（electronic shopping）；(三)電子資訊（electronic messaging）；(四)教育；(五)電傳軟體；(六)娛樂。除有線電傳視訊外，另有無線電傳視訊（teletext），又稱無線電讀，是指經由空中傳送資訊的系統。由於與廣播電視傳播訊號的方式相同，也稱廣播視訊（Broadcast Vediotext）（汪琪、鍾蔚文，1998）。

三、視訊會議（viedo conference）

　　電傳會議主要的益處是替代出差旅行的功能，達到省錢、省時間的效果，尤其SARS期間，更是響應政府「節能省炭」政策的具體做法。電傳會議的型態包括音訊電傳視訊（audio teleconference）、聲音圖畫電傳視訊（audio graphic teleconference）、視訊電傳會議（video teleconference）、及電腦電傳會議（computer teleconference）。

　　視訊電傳視訊系統乃使用「寬波帶頻道」（broadband channel），結合音訊及視訊媒體，提供了聲音傳播和電視影像畫面。它的傳輸可以利用地面（電話線或衛星），或衛星，也可以「類比的」或者「數位的」（Olgren, Christine H. & Parker, Lorne A., 1983:10）。所謂「電腦視訊會議」乃使用者藉著電腦按下鍵盤，經由電話線路，將電文顯示在螢幕上，與人數不拘的對象，在同一個時間內，甚至在不同的時間內進行會議（Elton, Martin C. J. & Boomstein, David, 1980: 220）。

　　近年來，透過網路應用與多媒體通訊產業的大興其道，使視訊會議系統（video communication）能運用網路傳輸、即時互動等優勢，有效提供企業對M化的需求，就企業來說，視訊會議帶來的經濟效益及互通的即時效益更吸引人。此外，軟、硬體解壓縮的技術也正快速升級，使視訊會議設備近幾年在資訊產業中逐漸火紅。

　　隨著ITU制定H.320通訊標準，開拓視訊業務獲得廣大空間，只是H .320標準採行的線路是專用的ISDN或E1等線路，無法與IP資料網路共享頻寬，這使視訊網路環境建置成本仍居高不下。之後ITU通過更高階H.323的標準，其標準範圍包括：獨立裝置、單點對點和多點式視訊會議。

　　此外，H.323標準不僅以音訊、視訊及資料在IP為基礎的網路上建置，透過LAN、Intranet、Extranet和Internet模式通訊，顯示H.323

可相容不同廠商的視訊產品和套用方案，為管理者、企業端及專業
市場等廠商，尋求解決之道（工商時報記者楊永光，2006年10月25
日E2版，網路視訊會議專輯報導）。

　　繼H.323之後，國際電信組織（ITU）又制定了H.324，它適合於
電話線上使用的視訊會議標準資格。由於電話的全球普及率高，且
H.324能提供合理的視訊品質，因此一制定出來後便受到資訊界與通
訊界的高度重視。又由於此標準規格的制定，因此即使是不同廠商
規格推出的H.324系統也都能互通無礙，一掃以往視訊會議系統專屬
規格彼此不通的弊病，因此可以將市場需求帶上高峰。

　　H.324系統包括五個主要模組，分別是H.263視訊壓縮及解壓縮
（video codec）模組；G.723.1音訊壓縮及解壓縮（speech codec）模
組；H.245控制模組，H.223資料模組及V.80通訊模組。

　　在H.324的環境中，H.263通常176×144（QCIF）的視訊解析
度。至於G723.1則同時提供5.3kbps與6.3kbps兩種高品質且低頻寬
的規格，因此H.324視訊會議的完整影、音訊只28.8kbpsV.80的數據
機即可對傳。若以後有更高速的數據機，則畫面的影像會更好，因
此在未來幾年內，H.324都會是視訊會議規格的主流（資料來源：
http://vaplab.ee.ncu.edu.tw/chinese/pcchang/course96b/comsp97/h261/
h2.htm）。

　　總之，H.323界定語音及視訊壓縮／解壓設備，雙方溝通的設定
與控制。在視訊方面，H.323則支援H.261與H.263兩種主要的視訊壓
縮／解壓縮標準。H.264則鎖定需要更要高壓縮率的應用，包括影像
電話、數位錄影機及各種可攜帶式終端產品。

　　目前，視訊會議電路較常使用的，有兩大途徑，第一是IPVPN
（IP虛擬私有專屬網路），亦即企業在網路上架構的企業內部網
路，類似Intranet的概念。缺點是由於網路會「塞車」，在透過IP做
視訊連線時，可能會因頻寬壅塞而產生畫面遲緩的現象。第二是
ISDN（整合服務數位網路），就是數位化的電話撥接系統，可以提

供網路連線、語音電話及視訊電話等功能。與IPVPN相較，ISDN由於透過專屬的電話線路，可以降低「塞車」而造成頻寬不穩的狀態（倪思敏、沈素琴，2007：80-81&83）。

四、網路電話

網路電話（Voice over the Net, VON）被形容微電腦傳播上的第三波革命，網際網路的網路是依附於電信系統，在電信服務的競爭上，與傳統的公眾電信業者有二點競爭上的差異：第一，從科技上來看，網際網路使用是針對數據通路尤爲基礎的科技；而公眾電信業者則是提供電話語音、傳真及影像傳輸。第二，從費率上來看，網際網路的費用是統一；而公眾電話則是依據距離、時間、通話次數來計算（程予誠，1999：136-137）。

1995年，以色列VocalTec公司推出網路電話軟體Internet Phone（或簡稱iPhone），植基於語音傳輸器（Audio Transciever）爲核心所開發，可以說是MPER2最早的網路電話（Voice over Internet Protocol, VoIP）。其功能除大大降低通話的費用外，更消除了原本在通話上距離的概念。因爲，在VoIP的世界裡，沒有所謂長途電話，只有網路存在，即可建立溝通上的路徑（倪思敏、沈素琴，2007：70-72）。

所謂「網路電話」（Voice over IP, VoIP），就是將原爲類比的聲音訊號以「數據封包」（Data Packet）的型式在IP數據網路（IP Network）上，做即時傳遞，換句話說，VoIP系統又就是將原先聲音的類比訊號數位化（digitalized），透過由網路上各相關通訊協定下，做點對點（end-to-end）的即時通訊功能。VoIP的技術可將資料封包在網路上，傳遞過程中所發生的失真、迴音及資料遺失，做適當的修補功能，使其原因重現。

VoIP與傳統的電路交換網路（PSTN）在架構上有明顯的不同，傳統電話是透過電路交換（circuit switching）來提供聲音，而VoIP則

是在網際網路上以封包交換（packet switching）傳送的技術；傳輸媒體除了可以透過網際網路外，也可經由專線（如ATM）等不同媒體。另外，在頻寬使用上，傳統電話需要64Kbps來傳輸，而VoIP可以充分分配使用頻寬，每一語音頻道依據使用的壓縮技術，最多只使用10～15Kbps的頻寬，並且可以和其數位資料共用同一條線路，大幅降低成本，並提高線路的使用率。目前在國內網路電話主要分為兩大類：軟體式及硬體式。軟體式網路電話以Skype為代表，使用者只需要下載軟體安裝在電腦上（倪思敏，2007：70-72）。

五、電子報

由於網際網路風行，許多人每天的資訊來源就是網路，各大入口網站幾乎都有自己的網路電子報。除了各類新聞的即時更新，還有各式各樣屬於小眾或社群的個人報台出現。

電子報的優點，包括：1.成本低；2.互動性；3.即時性、速度快且有效率；4.排版美觀、圖片清楚，容易閱讀；6.打破區域限制，不若傳統報紙有分區報導；7.種類多，分類清楚。

儘管如此，電子報仍有缺點：1.內容以何人何事何時何地為主，輕描淡寫，深度不足；2.太注重效率，資訊正確性較難確實；3.可攜性不足，須搭配PDA（還須連線下載或具網路連線功能）（洪賢智，2006：318-319）。

隨著 Web 2.0時代來臨，部落格成為網路熱門焦點，而新聞網站的文章和內容時常成為部落格者所引用的訊息來源，身為電子報先驅的中時電子報，已經在其網站上，提供了「新聞引用」服務。一般網友只需要在需要的新聞頁面，直接點擊「新聞引用」服務，再按右鍵的「貼上」服務，就可以順利快速引用中時電子報的新聞。

根據中時電子報表示，許多部落客在進行創作時，經常會引用新聞網站許多熱門的新聞內容的部分文字或是連結，不過，目前引用新聞網站的新聞內容步驟非常的繁瑣，通常要用滑鼠將某段文章

標起來，再按滑鼠右鍵，選擇「複製」，才能貼到部落格當中（工商時報記者何英煒，2006年月31日A12版報導）。

六、行動電視

自從進入網路數位化時代，傳播媒介的匯流更增加了一項受矚目的殺手級的應用──行動電視（Mobile TV）服務。

基本上，行動電視是一種服務，代表行動網路與電視廣播網路的結合，其原理與無線電視的收視方式相同，只是將接收訊號的平台，由家中的電視機轉成為手機。

行動傳輸技術打破了傳統定點接收的模式，使得無線電視台能夠參與數位電視，並跨入行動電話市場。換句話說，它可以透過手機或是汽車電話、可攜式多媒體播放器（portable media player）、可攜式導航器（portable navigation device）、專用的行動電視端末等各式手持式行動產品，來收視數位影音內容，例如：電視播送節目或隨選視訊，但也有僅將Mobile TV服務侷限在透過3G或3.5G手機來觀看的較狹窄定義。

目前行動電視的標準不少，包括DVB-H（Digital Video Broadcasting-Handheld；手持式數位視訊廣播）、T-DMB（韓）、ISDB-T（日）、MediaFLO（美），然而，全球接受度最高的當屬DVB-H。 不像日本般蓬勃發達，行動電視目前在台灣的發展尚在起步階段。國家通訊傳播委員會（NCC）於2006年10月、11月核定下列5家行動電視業者試播執照，包括：北區採用DVB-H系統的公共電視、中視資訊、華視，以及採用MediaFLO系統的高通（Qualcomm）4家；南區則有採用DVB-H系統的中華聯網1家，並且於2007年初開始試播。預計此次試播將持續半年至一年，而後才會正式發出執照。

第五節　結論

　　網際網路給人類帶來無窮的資源，所謂「新媒體」指的是音頻和視頻技術，因為網際網路而結合。當吾人考慮透過多媒體影音串流科技（multimedia streaming technology），以最迅速、最方便與最節省成本的方式取用之際，首先要解決的是「頻寬」的問題，雖然，已有一些在工程技術方面主要或替代性和解決方法，故仍有待時間與技術的實現，儘管如此，隨著人們的需求與社會的變遷，在法律上，如著作權與隱私權等許多問題，要等待我們運用智慧去處理。

　　另一方面，在網路已躍居主流媒體後，一方面，網際網路的普及降低了無線廣播的收聽率，而網路廣播的收聽率則不斷上升。另外，由於MOD強調高畫質享受，以及即時影音傳輸，像是美國職棒、奧運等題材，由中華電信提供上網服務，搭配MOD平台，接到家中電視，就可以收看MOD上的任何節目（聯合新聞網，2008年4月24日，科技週報E1版報導）。然而，廣播電台和電視台老闆慢慢瞭解，廣播、電視與電腦的族群雖然有重疊，但是並不衝突，同時也體認到網路的力量。

　　以天空傳媒為例，目前天空傳媒有85萬個付費的會員，會員可以在電腦前收視想要看的節目，例如星光大道的節目或韓劇等。

　　以IPTV服務來說，頻寬、技術、內容三個因素缺一不可，天空傳媒努力在技術及平台上再精進。目前較難克服的是網路的平均使用「頻寬」，因為頻寬決定業者可以提供的影片畫質，期待高速寬頻提早來到，到了光纖世代，寬頻影音生活將更豐富。

　　另外，I'm tv也橫向整合其他內容提供者，例如日前與美國職棒大聯盟（MLB）簽訂合約，獨家代理MLB.com的職棒賽事內容，同時也將藉此進軍電子商務市場，展開線上售票及職棒周邊商品的服務。

　　網際網路在全球迅速發展，究竟會給傳統電子媒體帶來何種的影響？以下是可能發展的前景（張海鷹譯，2006：122-123）：第一，家用電器將會數位化。第二，先進技術可以將音頻和視頻訊息直接送到用戶家中，進而不斷增強因網際網路所帶來的吸引力，而這些吸引力是在黃金時段還做不到的。第三，硬碟驅動的數位家庭錄影機，可以同時收錄和播放節目。消費者可以經由事先設定，錄到自己喜歡的節目。第四，由於網路廣播或電視不必政府核可即可播出，因此，隨著技術的發展，我們可以從網路看到360度全景畫面，3D立體畫面和自動語言翻譯。最後，網路上兒童不宜和反社會的各種內容，將會增加。這將令家庭、宗教團體和政府感到不安。另外，極端組織和激進組織的觀點，在網站上得到很多的支持。還有，網路詐騙和網路隱私問題將層出不窮。因此制定有關訊息和數據在不同國家之間自由瞬間流通的國際性政策，也將變得更加的重要。

　　最後，本文將以美國新事物傳播泰斗羅吉斯（E. Rogers）對於新科技出現影響人類傳播的風貌所提出的前瞻性看法，作爲本章的結束：第一，所有的新傳播系統至少都帶有某種程度的互動性。第二，新媒體是小眾化的，某個特別訊息可以在大團體的個人間互相流通。第三，新傳播科技也是異步性的，它們能夠讓個人在較適宜的時間裡收發訊息（莊克仁譯，1992：4-5）。

問題與討論

一、試述網際網路的特質。

二、簡述台灣網際網路的發展。

三、試述網路廣播的優勢。

四、何謂MOD？略述中華電信公司經營MOD的經過。

五、試述Web TV與IPTV TV網路電視的區別。

第八章

電子媒介管理機構

第一節　政府對電子媒介的管制

一、四種傳播制度理論

　　一個國家的媒體經營與管理，必定與該國的立國思想、政治體制、以及社會經濟、文化等有著密切的關係。

　　宣偉伯等人（Fred Siebert, Theodore Peterson, & Wilbur Schramm, 1956），即根據各國不同政治、經濟、社會等因素，將新聞傳播制度的理論基礎分為下列四種（崔寶國、李琨譯，2006：129-130）：

(一)集權主義

　　認為為了達到控制內容、服務執政者統治目的，政府部門針對私人新聞事業，透過特許制度、新聞檢查等嚴格管理與處分，例如：中東的伊朗、南美洲的巴拉圭與非洲的奈及利亞等國家……。

(二)自由主義（Libertarianism）理論

　　認為新聞及人民知的權力之一部分，應該准許人民自由經營，且不得加以審查與限制，以協助尋找真理，告知，解釋娛樂之目的。例如：美國、日本、德國。

(三)共產主義（Communism）理論

　　源起馬克斯與列寧思想，認為新聞是教育群眾的工具，應由共產黨服務，國家與政黨掌握經營。直至東歐共產黨體制轉變，東西德合併，與蘇聯解體，才有根本的改變，惟今日的北韓與古巴等依然實施，中國則有限度的允許傳播媒體廣告，但控制權仍在政府手中。

(四)社會責任論（Theory of Social Responsibility）

新聞事業與社會責任比自由更為重要，故應維護人類言論自由，但其資訊出版不得造成社會傷害或傷害個人權益。新聞事業可由人民經營，但政府可以介入經營以確保公共服務。主要應克盡教育之責，以協助社會進步，今日世界尚無一個國家為此典範，期待者有美國。

二、各國傳播制度

傳播媒體不但影響個人日常生活，更對整個社會、政治、經濟與文化影響更大。既然如此，每個國家對傳播媒體的管理，也不盡相同，以下為各國家的傳播制度：

(一)國營制

國營制實源自「威權體制」專制國，如二次世界大戰之前之納粹德國、現今伊朗、巴拉圭等國家，視傳播媒體為其宣傳工具，予以嚴加管制。

(二)共產制

本質如國管制，只是傳播媒體只專為共產黨宣傳與教育人民，控制與管制媒體之權都在共產黨手中。

(三)民營制

應稱為「民營商業制」，人民可經營傳播媒體，享受言論自由之權力，政府不得對其內容加以審查，其財源來自廣告，更不會被政府控制，但若商業廣告左右傳播媒體內容或品質，則非人民與社會之福，此種制度以美國人民為代表。

(四)公營制

屬國會立法獨立經營之公司，如英國國家廣播公司（BBC），由代表各界人士與社會菁英組成管理委員會，領導公司運作於政府指揮部門指揮外，亦即對內不由政府監督，對外甚可代表國家，其財源經特別立法直接徵收，「收聽、收視費」以確保其獨立運作機能。

「公營制」最大優點，是可以根據民眾利益，製作高水準的節目，包括較多比例的文化、藝術、社會公益與議題節目。

由於獨立財源，可免受商業經營法與廣告業務之影響，但卻也使工商企業少了一種有效的廣告媒體，此外，也由於若干節目「曲高和寡」，無法再滿足大多數閱聽眾對娛樂性的期待。

(五)公共制

美國為補救商管制度的缺失，乃參與公管成立公共電視制度，而為美國公共廣播電視網（Public Broadcasting System, PBS），其經費係由政府撥款與民間捐助而成，獨立經營，播送教育、公益、文化與藝術節目。

(六)混合制

如前所述，如美國、日本等國家，兼採公民營共存制度，或二種制度的一種混合體制，稱之為「混合制」。

(七)政府經營制

在台灣現行根據前《廣播電視法》第5條規定：「政府機關所設立之電台為公營電台。由中華民國人民組設立之股份有限公司或財團法人所設立之電台為民營電台。」其中民營電台有以商業方式經營者。如前者所稱之股份有限公司，或以公共制方式經營如後者之

財團法人，如中央廣播電台、公共電視。至於政府經營之電台，如台北電台、高雄電台，亦有屬中央政府，教育電台、漢聲電台（國防部）。後者可稱國營，但連同前者，似泛指政府經營為宜。

第二節　我國電子媒介管理機構─國家通訊傳播委員會

一、前言

自從印刷或非媒介出現以來，一直到現在，不管是共產極權、專制國家或民主國家，各國政府機關都試圖加以管制，甚至予以操縱、掌握訊息的內容。

所謂「管制」（regulation）就是政府所運用的一種公權力，基於經濟或非經濟等因素，為解決某一特定問題，創定相關的規範標準，以行政力量取代市場力量來干預企業行為，其最終目的在維繫公共利益，並促進人民之福祉。一般而言，管制的特徵有三，包括：管制目標、管制對於他人造成的限制，以及管制的工具。

世界各國的憲法，幾乎都是一方面保護新聞自由，但另一方面也限制新聞自由。例如：美國《憲法》第一修正案中指出：「國會不得制訂任何法律條文……，剝奪言論或新聞自由。」除非言語文字被取締處罰前，被證明有「立即而明顯的危險」（a clear and present danger）。或者是，法律如果有礙言論或出版自由時，政府必須證明該法律係合憲法，並證明言論或文字將使社會重要利益遭到危險。這就是所謂「優先適用原則」（尤英夫，2008：5）。

其次，原本刑法所規定之範圍是可以限制的，不過在刑法上所訂如「煽動擾亂秩序」、「毀謗名譽」或「妨害社會善良風俗」之類的條款，卻可做極富彈性的解釋，無形當中，使傳播媒體不能暢所欲言。目前世界各主要國家與大眾傳播有關的法律約有下列幾

種：1.著作權法，2.煽動叛亂罪法，3.妨害風化法，4.誹謗法，5.隱私權保密法，6.新聞保密法，7.反獨占法，8.廣告管理法，9.許可或執照申請法，10.廣播、電視、電影之管理法。有些重視個人隱私與名譽的西方民主國家，對於觸犯這類法律之傳播媒體，法院判的罰款極重，因此，媒體多保「毀謗險」以免到時報社或電台宣告破產。

由於媒體生態日新月異，尤以數位整合，及以通訊為主軸的科技匯流（convergence）對廣播電視產業型態影響甚鉅，因為數位時代的通訊傳播不再只是單一的電信或傳播媒體，而是整合了電信、資訊與傳播的新媒體（或多媒體），未來不同的網路平台具備載送相似類型服務的能力，而消費者的終端設備將會合而為一（multi-play）。就產業發展的角度觀察，電信、傳播、資訊（網際網路及資通安全）三個領域匯流合一，乃世界的潮流趨勢。

因此，現行廣播電視法令，包括《廣播廣播電視法》、《有線電視法》、《衛星廣播電視法》，已無法因應實際之需要，故有加以修正整合之必要。

台灣的通訊匯流政策與法制主要是參考他國的經驗而制定。例如：在1982年的英國、1983年的美國、1984年的日本陸續修訂自己的電信法後，從1986年到1987年，台灣便開始著手電信自由化的第一步。首先是1993年有線電視合法化，接著是1996年電信三法（《電信法》、《電信總局組織條例》、《中華電信股份有限公司條例》）通過，及1999年《衛星廣播電視法》通過。另一方面，為了針對匯流趨勢做出因應，行政院新聞局於2002年5月間，開始積極籌畫進行「廣電三法」的修法工作，並於2003年間排入立法院以廣電法合併修正法案審議，最後於2003年12月9日經立法院三讀通過。

此外，前述新的《廣播電視法》亦作為未來政府對廣電事業之管制機構——國家通訊傳播委員會（NCC）業務的法源依據，以此有效因應廣播電視傳播環境問題之變化特質，提升寬頻視訊產業之

國家競爭力以建構一個公平之競爭環境。

　　我國通訊傳播管理過去為二元管理體制，亦即由交通部郵電司及電信總局為電信事業的管制機關。行政院新聞局廣電處則為廣播電視內容管制機關，至於網際網路部分由財團法人管理。因此，接著於2004年1月7日公布了《通訊傳播基本法》，並於2005年10月25日三讀通過公布，11月9日公布《通訊傳播委員會組織法》，2006年2月22日「國家通訊傳播委員會」正式上路。

　　通訊傳播委員會依法乃是獨立超然行使權力的合議委員會，並確保委員選任之專業及其決策，執行與經費來源的獨立性。

　　根據該法第2條規定，該委員會的職掌為掌管通訊傳播產業匯流現象及衍生之監理問題，主要是參考現行管理機關（包括交通部郵電司、電信總局、新聞局廣播電視處及行政院國家資通安全會議）之業務職掌，包括：傳輸內容之管理，資源之管理性、競爭秩序之維護，資訊通訊安全之工程技術與管理、事業間重大爭議及消費者保護事宜之處理、國際交流合作、相關基金之管理違法之取締處分……等等。

　　2005年10月25日，立法院通過「國家通訊傳播委員會，NCC」組織法。2006年2月22日該委員會成立，但在同年7月21日司法院大法官會議卻以613號解釋文，做出其組織法第4條（委員組成方式）違憲的裁示，但也做出2年半的落日條款，而針對大法官的裁示，NCC九位委員最後決定，在「關鍵時刻，忍辱負重」，曾決議全體留任至2008年1月31日。

　　一直到2008年5月總統大選，國民黨贏得大選，重新執政，NCC照常運作，到同年6月選出第二屆委員，並由政治大學彭芸教授當選主任委員。

　　過去由於NCC組成方式用政黨比例產生，造成違憲的後果，以致爭議不休。以下謹就NCC的由來、組織法內容重點及對廣播電視的影響加以說明。

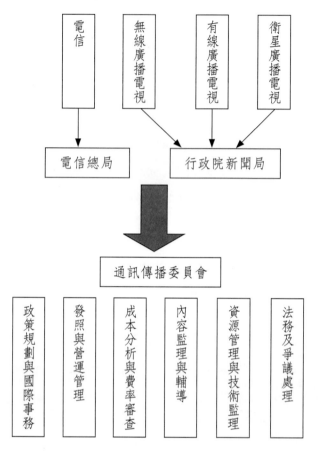

☘圖8-1　通訊傳播管制機關管制新變圖

資料來源：陳朱強，2003，我國成立國家通訊傳播業務委員會未來整合
　　　　　及發展之研究，頁96。

二、我國國家通訊傳播委員會（NCC）的由來

　　我國國家通訊傳播委員會（National Communication
Commission，以下簡稱NCC）的概念是源自美國「聯邦傳播委員
會」（Federal Communications Commission, FCC），奠基於無線頻
率為全民所共享，為了確保廣播電視符合「服務公眾利益、便利與
必需」的原則，故引入民間專業監理機制，並考量權力的平衡，因

此，我國NCC具有三大特色：第一，採合議制及任期保障，以強化機關之獨立性及專業能力；第二，建立透明化的決策機制與組織彈性調整機制；第三，保障監理經費來源之充足與獨立性，及保障現職人員移撥時的現有權益。

前面曾經提到，過去我國通訊傳播之監理業務，乃採「雙頭馬車制」，亦即分屬不同機關管理，例如：廣播電視事業由新聞局主管，而有關電信事業則由交通部主管。為了因應科技匯流趨勢，管理監督權責應予以明確化，而其政策的制定亦應涵蓋匯流趨勢的全貌，因此，政府有其必要成立通訊傳播的單一監理機關，以便統籌通訊傳播事項。

有鑑於此，立法院乃於1999年三讀通過電信法部分條文修正案，作成決議應成立直屬政院的「電信資訊傳播委員會」，政院於是責成交通部與新聞局成立工作小組，處理跨部會事宜，並規劃整合管理機制，後考察作成設立「通訊傳播委員會」（National Communications Commission, NCC）的決定，並將其定位為「獨立機關」。

到了公元2000年，行政院將電信資訊傳播整合機關的推動納入「知識經濟發展方案」中。3年後，前行政院長游錫堃指示成立「國家通訊傳播委員會籌設推動小組」，專職推動相關法制和籌設工作。

2004年1月7日，《通訊傳播基本法》公布施行，該法第3條規定：NCC之成立目的，在於有效辦理通訊傳播之管理事項；惟為了維護NCC的獨立性，其不受行政體系適當性與適法性之監督，對於涉及國家通訊傳播整體資源規劃，及產業之輔導獎勵事項時，仍由行政院所屬機關依法辦理。

三、國家通訊傳播委員會（NCC）的法源 —— 通訊傳播基本法

　　NCC成立的目的，除了希望可以統籌通訊傳播相關監理事項，以促進我國通訊傳播之健全發展之外，更希望我國通訊傳播各個產業均能在公平競爭的基礎上，從事經營活動，以提升其國際競爭優勢，並保障消費權益。

　　如前所述，為因應科技匯流，促進通訊傳播健全發展，維護國民權利，保障消費者利益，提升多元文化，於是，行政院乃於2003年9月8日核定「通訊傳播基本法草案」，共計16條，以作為國家通訊傳播委員會的法源依據。同年12月26日經立法院修正並三讀通過，並於2004年1月7日由總統公布實施。以下是該法的內容要點：

第3條（設置法源）

　　為有效辦理通訊傳播之管理事項，政府應設通訊傳播委員會，依法獨立行使職權。

　　國家通訊傳播整體資源之規劃及產業之輔導、獎勵，由行政院所屬機關依法辦理之。

第4條（管理基金）

　　政府應設置通訊傳播監督管理基金，以支應通訊傳播監理業務所需各項支出。

第5條（尊重弱勢）

　　通訊傳播應維護人性尊嚴、尊重弱勢權益、促進多元文化均衡發展。

第6條（技術服務）

　　政府應鼓勵通訊傳播新技術及服務之發展；無正當理由，不得限制之。

　　通訊傳播相關法規之解釋及適用，應以不妨礙新技術及服務之提供為原則。

第8條（技術規範）

　　通訊傳播技術規範之訂定及相關審驗工作，應以促進互通應用為原則。

第9條（消費者權益）

　　通訊傳播事業對於消費之必要資訊應予公開並提供公平合理之服務，以保障消費者權益。

第10條（稀有資源）

　　通訊傳播稀有資源之分配及管理，應以公平、效率、便利、和諧及技術中立為原則。

第11條（網路互連）

　　政府應採必要措施，促進通訊傳播基礎網路互連。

　　前項網路互連，應符合透明化、合理化及無差別待遇之原則。

第12條（接近使用）

　　政府應配合通訊傳播委員會之規劃採必要措施，促進通訊傳播之接近使用及服務之普及。

第13條（績效報告）

　　通訊傳播委員會每年應就通訊傳播健全發展、維護國民權利、保障消費者利益、提升多元文化、弱勢權益保護及服務之普及等事項，提出績效報告及改進建議。

　　改進建議涉及現行法律之修正者，通訊傳播委員會應說明修正方針及其理由。

　　前項績效報告、改進建議，應以適當方法主動公告之並送立法院備查。

第14條（緊急事故）

　　遇有天然災害或緊急事故或有發生之虞時，政府基於公共利益，得要求通訊傳播事業採取必要之應變措施。

第15條（國際合作）

　　為提升通訊傳播之發展，政府應積極促進、參與國際合作，必

要時，得依法委託民間團體辦理。

第16條（適用與修正）

　　政府應於通訊傳播委員會成立後2年內，依本法所揭示原則，修正通訊傳播相關法規。前項法規修正施行前，其與本法規定牴觸者，通訊傳播委員會得依本法原則爲法律之解釋及適用；其有競合者，亦同。

四、我國國家傳播通訊委員會（NCC）成立的經過

　　《通訊傳播基本法》雖然於2004年月7日公布實施，但是，NCC的法案仍是社會各界，尤其是朝野政黨角力的焦點。2005年10月25日下午，NCC法案再度在立法院闖關，其中最具爭議的第4項條款最後由國親聯合版本過關，完成三讀的立法程序。

　　2005年11月25日是行政院及各政黨提出首任NCC委員推薦人選名單的最後期限。

　　NCC審查會，於2005年12月9日起，一連3天，對17位NCC提名委員進行一對一的面試聽證審查。

　　行政院政務委員許志雄、新聞局長鄭文燦於2006年2月17日下午召開記者會，宣布蘇揆核定12位NCC委員名單。

　　其間，由行政院提名的台大電信工程研究所所長陳銘憲、政大新聞系教授翁秀琪，及國民黨提名的中研院研究員林一平3位委員，以NCC被政治化爲由，先後請辭。

　　2006年3月1日，NCC正式掛牌運作，行政院政務委員吳豐山擔任布達人，完成主委蘇永欽、副主委劉宗德和石世豪的布達、授信儀式。

五、NCC的組織架構

　　爲了適應通訊傳播科技及產業匯流發展迅速，並能適時調整未來之機關組織，以配合科技匯流之快速發展，故擬建立得因應產業

環境變更，而彈性調整組織與其職掌之機制，爰依據《中央行政機關組織基準法》第32條規定，僅於本條明訂本會設業務單位六處，於各業務單位之名稱與職掌將於辦事細則中明訂之。

依據《中央行政機關組織基準法》第22條規定，機關內部單位應依職能類同、業務均衡、權責分明、管理經濟、整體配合及規模適中等原則設立或調整。

原來NCC設業務單位六處，包括：第一處負責綜合規劃與國際事務、第二處負責證照核發與營運管理、第三處負責資源管理競爭秩序、第四處負責內容監理與輔導、第五處負責技術監理，以及第六處負責法務及爭議處理。

後來，於104年元旦開始實施新組織架構，改變了過去電信及有線電視產業分屬不同法規及單位管轄的傳統目的事業監理架構，配合匯流大法修法方向及參考歐盟等先進國家對通訊及傳播產業的監理作法，改依「基礎網路層」、「營運管理層」及「內容應用層」的水平管理架構運作，以健全我國通訊傳播環境，提升我國通訊傳播產業的國際競爭力。

此次調整主要是將現行「通訊營管處」、「傳播營管處」、「資源技術處」及「內容事務處」，依業務水平分工模式，改設「基礎設施事務處」、「平台事業管理處」、「射頻與資源管理處」及「電台與內容事務處」，分別掌理有關通訊傳播基礎設施設立及網路建設；通訊傳播平台事業設立及網路營運；無線電頻率、電信號碼、電信網路編碼資源政策；頻道、電台事業監理事項及內容事務。

圖8-2為NCC組織圖。

六、國家通訊傳播委員會（NCC）組織法條文

NCC組織法於2005年1月9日經總統公布實施，完成三讀的NCC組織法，共17條。後於100年12月14日經立法院修正通過、同年12月

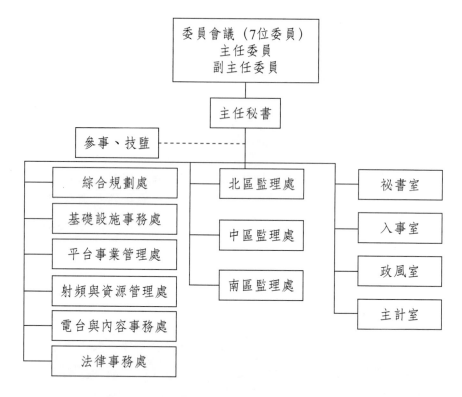

✿圖8-2　NCC組織圖

資料來源：NCC網站
　　　　　NCC組織圖說明：
　　　　　第一層：委員會議：（7位委員）主任委員、副主任委員
　　　　　第二層：主任祕書
　　　　　第三層：參事、技監
　　　　　第四層：
　　　　　左方：綜合規劃處、基礎設施事務處、平台事業管理處、射
　　　　　　　　　頻與資源管理處、電台與內容事務處、法律事務處。
　　　　　中方：北區監理處、中區監理處、南區監理處。
　　　　　右方：秘書室、人事室、政風室、主計室。

28日公布，其中第4條規定：「本會置委員7人，均為專任，任期4
年，任滿得連任，由行政院院長提名經立法院同意後任命之，行政
院院長為提名時，應指定一人為主任委員，一人為副主任委員。」
針對部分立委質疑行政院提名NCC委員時指定主委人選，一改過去

委員互選作法，NCC強調，其仍爲獨立機關，獨立行使職權，行政院依法指定主委人選，不影響NCC運作的獨立性。

修訂後的NCC組織法主要內容如下：

第1條（委員會的精神）

　　爲落實憲法保障之言論自由，謹守黨政軍退出媒體之精神，促進通訊傳播健全發展，維護媒體專業自主，有效辦理通訊傳播管理事項，確保通訊傳播市場公平有效競爭，保障消費者及尊重弱勢權益，促進多元文化均衡發展，提升國家競爭力，特設國家通訊傳播委員會（以下簡稱本會）。

第1條說明

　　依據通訊傳播基本法第3條之規定，通訊傳播委員會之成立目的，在於有效辦理通訊傳播之管理事項；惟爲了維護通訊傳播委員會的獨立性，其不受行政體系適當性與適法性之監督，對於涉及國家通訊傳播整體資源規劃，及產業之輔導獎勵事項時，仍由行政院所屬機關依法辦理。

第2條（委員會的職掌範疇）

　　本會成立之日起，通訊傳播相關法規，包括電信法、廣播電視法、有線廣播電視法及衛星廣播電視法，涉及本會職掌，其職權原屬交通部、行政院新聞局、交通部電信總局者，主管機關均變更爲本會。其他法規涉及本會職掌者，亦同。

第2條說明

　　根據通訊傳播基本法與國家通訊傳播委員會組織法規，NCC的業務原則上包括新聞局廣電事業處與電信總局現行業務，涉及通訊傳播整體資源的規畫，與產業輔導、獎勵事項，將與行政院協商確認分工。

　　許多人以爲通訊傳播委員會的成立是取代新聞局，事實上其主管的範疇較新聞廣闊、重要、專業；除了廣播、電視外，還有電信、資訊市場，數位工程等繼續發展的新領域。其人選資格只考慮

政治立場而是不能勝任的，必須以公正、效率、創新和品格才能為國家開拓並奠定自由發展的根基。

第3條（委員會的職掌）

本會掌理下列事項：

一、通訊傳播監理政策之訂定、法令之訂定、擬訂、修正、廢止及執行。

二、通訊傳播事業營運之監督管理及證照核發。

三、通訊傳播系統及設備之審驗。

四、通訊傳播工程技術規範之訂定。

五、通訊傳播傳輸內容分級制度及其他法律規定事項之規範。

六、通訊傳播資源之管理。

七、通訊傳播競爭秩序之維護。

八、資通安全之技術規範及管制。

九、通訊傳播事業間重大爭議及消費者保護事宜之處理。

十、通訊傳播境外事務及國際交流合作之處理。

十一、通訊傳播事業相關基金之管理。

十二、通訊傳播業務之監督、調查及裁決。

十三、違反通訊傳播相關法令事件之取締及處分。

十四、其他通訊傳播事項之監理。

第4條（委員產生方式、面試聽證審查會、採兩階段投票、委員任期三年）

本會置委員七人，均為專任，任期四年，任滿得連任，由行政院院長提名經立法院同意後任命之，行政院院長為提名時，應指定一人為主任委員，一人為副主任委員。但本法第一次修正後，第一次任命之委員，其中三人之任期為二年。

本會主任委員，特任，對外代表本會；副主任委員，職務比照簡任第十四職等；其餘委員職務比照簡任第十三職等。

本會委員應具電信、資訊、傳播、法律或財經等專業學識或實

務經驗。委員中同一黨籍者不得超過委員總數二分之一。

　　本會委員自本法第一次修正後不分屆次，委員任滿三個月前，應依第一項程序提名任命新任委員。如因立法院不同意或出缺致委員人數未達足額時，亦同。

　　本會委員任期屆滿未能依前項規定提任時，原任委員之任期得延至新任委員就職前一日止，不受第一項任期之限制。

　　第一項規定之行使同意權程序，自立法院第七屆立法委員就職日起施行。

第4條說明（委員產生方式）

　　最早的《國家通訊傳播委員會組織法》第四條的委員遴選方法，採用「政黨比例制」（俗稱「系爭」），換言之，委員人數七人，任期仿照大法官，採取「交叉制」，任期四年，可無限制連任；委員由行政院長提名，經立法院同意後任命之；委員任滿三個月前，行政院與立法院應依照程序任命新任委員，政黨比例為1/2。當時主要政黨所持理由是，為防止執政黨假藉「行政院提名」的名義壟斷提名權；否則國家通訊傳播委員會將與行政院新聞局無異，淪為行政院的下屬機關而非獨立機關，因此，第一至第三屆主委由委員互選產生，但第四屆已由行政院長提名時指定。司法院大法官《釋字第613號》認定該制度違憲，指出立法者雖然可以對組織的任命方法作出指定，以確保組織地位超黨派，但通傳會既然在五權之中歸屬行政（中華民國沒有政府機關屬於一府五院之外），施以制衡之手段不能完全剝奪行政院的實質人事任命權，保持行政一體，而且更使立法權架空行政權，有違比例原則。

　　為確保行政一體及責任政治的落實，大法官認為於我國以行政院作為國家最高行政機關之憲法架構下，賦予獨立機關獨立性與自主性之同時，仍應保留行政院長對獨立機關重要人事一定之決定權限，行政院長得藉由對獨立機關重要人員行使獨立機關職權之付託，就包括獨立機關在內之所有所屬行政機關之整體施政表現負責。

　　大法官認為，獨立機關存在之主要目的，僅在法律規定範圍內，排除上級機關在層級式行政體制下所為對具體個案決定之指揮與監督，使獨立機關有更多不受政治干擾，依專業自主決定之空間。

　　第四屆之後，主委與副主委改由行政院長提名人選時，指定產生；委員若有違法或失職行為行政院長得予免職，以及依法任用的公務員得被提名。

　　對於《NCC組織法》修法，改變主委產生方式，包括陳正倉、鍾起惠、翁曉玲等3名委員主張主委、副主委應由委員互選；但主委蘇蘅、張時中、魏學文及劉崇堅等4委員則同意由政院任命。陳正倉等3位委員還發表不同意見書，認為獨立機關若喪失獨立性，公正性會被質疑，由行政院長任命主委、副主委，時任執政黨就有機會透過監理媒體的獨立機關來影響媒體。民主進步黨立委管碧玲質疑，過去NCC主委是委員互推，較具獨立性，現在主委由行政院長指定對獨立性確有損傷。

第5條（主任委員代理人）

　　主任委員出缺或因故無法行使職權時，由副主任委員代理；主任委員、副主任委員均出缺或因故無法行使職權時，由其他委員互推一人代理主任委員。

第6條（委員資格認定；排除條款）

　　本會委員有下列情形之一者，得由行政院院長予以免職：

一、因罹病致無法執行職務。

二、違法、廢弛職務或其他失職行為。

三、因案受羈押或經起訴。

第7條

　　本會委員於擔任職務前三年，須未曾出任政黨專任職務、參與公職人員選舉或未曾出任政府機關或公營事業之有給職職務或顧問，亦須未曾出任由政府機關或公營事業所派任之有給職職務或顧

問。但依本法任命之委員、依公務人員任用法或其他法律任用之公
務人員，不在此限。

第8條（獨立行使職權）

　　本會依法獨立行使職權。本會委員應超出黨派以外，獨立行使
職權。於任職期間應謹守利益迴避原則，不得參加政黨活動或擔任
政府機關或公營事業之職務或顧問，並不得擔任通訊傳播事業或團
體之任何專任或兼任職務。本會委員於其離職後三年內，不得擔任
與其離職前五年內之職務直接相關之營利事業董事、監察人、經
理、執行業務之股東或顧問。本會委員於其離職後三年內，不得就
與離職前五年內原掌理之業務有直接利益關係之事項，爲自己或他
人利益，直接或間接與原任職機關或其所屬機關接洽或處理相關業
務。

第8條說明

　　NCC委員應超出黨派之外，獨立行使職權，於任職期間應謹
守利益迴避原則，不得參加政黨活動或擔任政府機關或公營事業的
職務或顧問，並不得擔任通訊傳播事業或團體的任何專任或兼任職
務；離職後三年內，不得擔任與其離職前五年內的職務直接相關的
營利事業董事、監察人、經理、執行業務的股東或顧問。

　　NCC委員於擔任職務前三年，須未曾出任政黨專任職務、參
與公職人員選舉或未曾出任政府機關或公營事業之有給職職務或顧
問。

第9條（會議決議事項）

　　本會所掌理事務，除經委員會議決議授權內部單位分層負責者
外，應由委員會議決議行之。下列事項應提委員會議決議，不得爲
前項之授權：

　　一、通訊傳播監理政策、制度之訂定及審議。

　　二、通訊傳播重要計畫及方案之審議、考核。

　　三、通訊傳播資源分配之審議。

　　四、通訊傳播相關法令之訂定、擬訂、修正及廢止之審議。

　　五、通訊傳播業務之公告案、許可案及處分案之審議。

　　六、編制表、會議規則及處務規程之審議。

　　七、內部單位分層負責明細表之審議。

　　八、人事室、會計室及政風室以外單位主管遴報任免決定之審議。

　　九、預算及決算之審核。

　　十、其他依法應由委員會議決議之事項。

第10條（委員會議與公聽會之舉行）

　　本會每週舉行委員會議一次。必要時，得召開臨時會議。

　　委員會議，由主任委員爲主席，主任委員因故不能出席時，由副主任委員代理；主任委員、副主任委員均不能出席時，由其他委員互推一人爲主席。會議之決議，應以委員總額過半數之同意行之。各委員對該決議得提出協同意見書或不同意見書，併同會議決議一併公布之。

　　本會得經委員會議決議，召開分組委員會議。

　　本會委員應依委員會議決議，按其專長及本會職掌，專業分工督導本會相關會務。

　　委員會議開會時，得邀請學者、專家與會，並得請相關機關、事業或團體派員列席說明、陳述事實或提供意見。

　　委員會議審議第三條或第九條涉及民眾權益重大事項之行政命令、行政計畫或行政處分，應適用行政程序法第一章第十節聽證程序之規定，召開聽證會。

第11條（主任秘書設置）

　　本會置主任秘書一人，職務列簡任第十二職等。

第11條說明

　　主任秘書（爲通訊傳播委員會之幕僚長）

　　綜理幕僚事務、協調內部單位之業務、督導行政事務、處理其

他經委員會議決議授權事項。

第12條（設置編製表）

本會各職稱之官等、職等及員額，另以編制表定之。

第13條（專責警察協助取締違法視像）

本會得商請警政主管機關置專責警察，協助取締違反通訊傳播法令事項。

第14條（監督管理基金）

本會所需之人事費用，應依法定預算程序編定。

本會依通訊傳播基本法第四條規定設置通訊傳播監督管理基金；基金來源如下：

一、由政府循預算程序之撥款。

二、本會辦理通訊傳播監理業務，依法向受本會監督之事業收取之特許費、許可費、頻率使用費、電信號碼使用費、審查費、認證費、審驗費、證照費、登記費及其他規費之百分之五至十五。但不包括政府依公開拍賣或招標方式授與配額、頻率及其他限量或定額特許執照所得之收入。

三、基金之孳息。

四、其他收入。

通訊傳播監督管理基金之用途如下：

（一）通訊傳播監理業務所需之支出。

（二）傳播產業相關制度之研究及發展。

（三）託辦理事務所需支出。

（四）通訊傳播監理人員訓練。

（五）推動國際交流合作。

（六）其他支出。

通訊傳播監督管理基金之收支、保管及運用辦法，由行政院定之。第二項第二款至第四款之基金額度無法支應通訊傳播監督管理基金之用途時，應由政府循公務預算程序撥款支應。

第14條說明：

　　設置通訊傳播監督管理基金，以支應通訊傳播監理所需業務費用，基金主要來源爲依法收取監理相關規費的5%至15%。

第15條（轉任、留任人員權益保障）

　　本法施行前，交通部郵電司、交通部電信總局及行政院新聞局廣播電視事業處之現職人員隨業務移撥至本會時，其官等、職等、服務年資、待遇、退休、資遣、撫卹、其他福利及工作條件等，應予保障。

　　前項人員原依交通事業人員任用條例第八條第一項規定轉任者，仍適用原轉任規定。但再改任其他非交通行政機關職務時，仍應依交通事業人員任用條例第八條第二項規定辦理。

　　第一項人員所任新職之待遇低於原任職務，其本（年功）俸依公務人員俸給法第十一條規定核敍之俸級支給，所支技術或專業加給較原支數額爲低者，准予補足差額，其差額並隨同待遇調整而併銷。主管人員經調整爲非主管人員者，不再支領主管職務加給。

　　第一項人員，原爲中華民國八十五年七月一日電信總局改制之留任人員，及自中華民國八十五年七月一日起至中華民國八十七年六月三十日期間由中華電信股份有限公司商調至電信總局之視同留任人員，已擇領補足改制前後待遇差額且尚未併銷人員，仍得依補足改制前後待遇差額方式辦理。

　　本法施行前，原中華民國八十五年七月一日電信總局改制之留任人員，其自中華民國八十四年七月一日至中華民國八十五年六月三十日止，如未自行負擔補繳該段年資退撫基金費用本息，仍應准視同中華民國八十四年七月一日公務人員退休法修正施行前之任職年資予以探計。

　　第四項人員，曾具電信總局改制前依交通部核備之相關管理法規僱用之業務服務員、建技教員佐（實習員佐）、差工之勞工年資，其補償方式，仍依行政院規定辦理。

第16條　本法施行日期，由行政院以命令定之。

七、NCC組織特色、架構與運作原則

(一)組織特色──合議精神、面對全民

有別於大多數首長制政府機關，NCC之最大特色為委員會制，其著眼即在於使NCC之決策考慮更為周詳，施政更具「獨立超然」，有關學理上兩種制度之比較，如表8-1所示。

❀表8-1　委員制與首長制比較表

優缺點比較	委員會制	首長制
優點	1.能容納各方之意見，集思廣益。 2.彼此相互牽制監督，不易於營私舞弊。 3.對事務或問題考慮周詳，面面俱到。 4.不受上級長官過分干涉，有較多的自由與自主，合乎民主精神。	1.事權集中，責任明確。 2.指揮靈敏，行動迅速，易於爭取時效。 3.易於保守機密。 4.易於減少不必要的衝突。
缺點	1.責任不明確，事權不專一，功則相爭，過則相諉。 2.委員之間，以地位相同，權則相若，易形成彼此的排擠。 3.力量不能集中，作業遲緩，每致效率減低，貽誤事機。 4.研究討論，多人參加，難於保守祕密。	1.首長個人容易操縱把持，獨斷獨行，不甚符合民主精神。 2.個人隨意任用私人，造成個人勢力之長成。 3.一人見聞不廣，每囿於管見，對問題的考慮實欠廣博周詳。 4.無人牽制監督，易於營私舞弊。
主要功能	重於集思廣益協調功能	重於專責之執行

資料來源：NCC主任祕書吳嘉輝提供。

　　採委員合議制下的NCC，重大事項均須經委員會議多數決議行
之，此設計能確保具爭議政策之措施，能最大符合社會公共利益；
又由於委員來自通訊、法律及傳播等不同領域，政策於委員會議上
之形成過程富含多元論述、腦力激盪及理性智慧火花之觸發，對提
高決策品質甚有助益。

(二)NCC組織架構——以委員會議爲中樞

　　NCC委員會議是NCC職權中樞，其下有若干經委員會議決議成
立之分組委員會（組織法第9條第4項），接續來爲以主任祕書爲首
之常任文官體系之業務處、室等科層組織，這一部分具體之編列尚
待行政院核定。

(三)NCC運作原則——依法行政、正當程序、資訊公開

　　行政行爲應遵循公正、公開與民主之程序，確保依法行政之原
則，以保障人民權利，提高行政效能，增進人民對行政之信賴，乃
任何行政機關所應爲，政府已爲此制定《行政程序法》以爲各行政
機關踐履之準據，NCC身爲國家獨立行政機關，肩負社會寄以公正
超然之期待，自須深自加強「依法行政、正當程序」之落實。

　　在資訊公開方面，由於NCC係第一個依照《中央行政機關組織
基準法》規定設立相當於中央二級機關的獨立機關，該法第3條第2
款規定獨立機關爲依據法律獨立行使職權，自主運，除法律另有規
定外，不受其他機關指揮監督之合議制機關。有鑑於獨立機關因減
少上層組織監督及建立自我糾正之機制，故較一般行政機關更需要
公開、透明的資訊，以接受社會大衆的監督。NCC已建請行政院研
考會就現行行政機關發行公報作業程序，研擬獨立機關得適用的方
法，以利提供資訊予社會大衆。

　　爲了體現該會成立宗旨，現任主任委員揭櫫了NCC未來努力三
大方向：第一，在策略方面，因應科技匯流趨勢新秩序型塑需要，

該會以通訊傳播基本法為圭臬，分階段進行匯流法制整備。第二，在目標設定上，該會訂定當前四大施政目標如下：1.促進數位匯流效能競爭；2.健全通訊傳播監理制度；3.維護國民及消費者權益；4.提升多元文化與弱勢權益。第三，在施政作法上，本會致力於建立高度資訊透明、依法行政及開放參與的決策與立法程序（2009年1月，NCC網站，現任主任委員的話）。

八、釋憲後的NCC法制問題

　　NCC的設置，原是朝野高度共識下的政府改造方向。釋字第613號則為我國大法官首度針對獨立機關所成的憲法解釋，應具有憲法史上里程碑的價值（劉靜怡，2006）。在《國家通訊傳播委員會組織法》（以下簡稱《NCC組織法》）的立法過程中，高度爭議性與輿論的焦點，幸運地讓NCC成為國內迄今獲得英文稱呼與流行，皆超過中文簡稱的唯一法律與政府機關（陳新民，2006）。不過有鑑於台灣朝野政黨對立的惡習，也產生行政院與其所屬機關（交通部、新聞局）和獨立機關（NCC）彼此互不信任的僵局。

　　以下是NCC成立並在釋憲之後，有待釐清的兩個法制問題。第一，是關於行政院與NCC在層級節制行政體系下的從屬關係探討，此將涉及我國憲政體制對於「獨立機關」的定位問題。第二，則是行政院所屬部會與NCC的平行協調關係。

　　由於釋憲後的最重要影響，就是獨立機關與行政院關係的新定位。釋憲文曾提及行政院與獨立機關職權的從屬關係：「獨立機關之存在，其主要目的僅在法律規定範圍內，排除上級機關在層級式行政體制下所為對具體個案決定之指揮與監督，使獨立機關有更多不受政治干擾，依專業自主決定之空間。」據此，勝訴一方行政院隨即進行「獨立機關與行政院關係運作說明」之修定，鞏固行政主導權（行政院，2006a）。而該說明之中，行政院強調大法官解釋文中的「行政一體」原則，強調未來「獨立機關」（NCC）僅有個案

的獨立裁量權，亦即在業務、人事、預算、法案四範圍都應配合行
政院施政做整體規劃，其內容重點如下（行政院，2006b）：

(一)獨立機關僅限於具體個案決定有所謂獨立行使職權可言，
不包括政策決定領域。亦不負有政策諮詢或政策協調統合功能。其
業務應以裁決性、調查性或管制性為主，不負責施政政策、產業輔
導或獎勵等業務，若裁決性、調查性或管制性之個案決定涉及施政
政策領域時，仍應與行政院各主管部會協調溝通，並接受行政院之
政策決定。

(二)獨立機關之首長，非為行政院之閣員，毋需參與行政院院
會，惟若因院會討論議程有實際需求時，仍應受行政院院長指示列
席行政院院會。此外，獨立機關仍有義務依行政院之要求，參與行
政院必要之會議，包括行政院所設之各任務編組會議，就其法定職
掌範圍，共同完成公共任務，並遵守會議結論。

(三)「獨立機關」主管之法律案，包括組織法案與作用法案，
其報院審查程序均與一般機關相同，並應經行政院會議議決後，函
送立法院。屬中央行政機關應共同遵守之通案事項（處務規程、員
額管理、預決算處理、施政方針及施政報告、施政計畫），應經行
政院核定或同意。

學者（陳彥龍，2008）則認為，釋字第613號作成獨立機關僅
「個案」獨立裁量權之狹隘解釋，以及行政院對於兩造關係定位的
行政命令。對於目前NCC與行政院間的從屬矛盾，以及NCC與行政
院所屬部會之水平權分爭議，在台灣藍綠對立的政治氛圍下，想當
然爾是滅火無功，火上加油。

正如大法官林子儀所言，「通傳會掌理事項甚廣，除個案性質
的決定外，亦尚有相當廣泛之政策決定權。而其所作政策決定與其
他部會執掌不免有重疊之處，其中亦有屬影響國家整體發展的政策
決定。」因此實無須做過度狹隘之解釋，行政部門間的協調整合才
能更具彈性。

因此，學者建議，作法如下：(一)修法解決NCC和交通部、新聞局之間的組織職掌競合。(二)匯流時代通訊傳播內容之平等管理。分述如下：

(一)修法解決NCC和交通部、新聞局之間的組織職掌競合

NCC成立後，原交通部和新聞局的通訊傳播執掌，有所移撥，亦有所保留。值得注意的是有關頻譜政策規劃與管理的權責區分，也就是交通部與NCC關於頻譜的法定職權必須釐清。單靠行政院協調，紛爭勢將再起，業者也會無所適從。因此NCC成立之後，立法者宜優先修訂《行政院新聞局組織條例》的廣電處職掌，添補現階段法律缺口，將原《廣播電視法》輔導獎勵相關條文一併移入，待「文化觀光部」成立之後，再將新聞局業務逐行移撥。

(二)匯流時代通訊傳播內容之平等管理

廣電和電信中高度匯流之後，通訊傳播的「內容與應用層」已出現兩套管制標準，電信較鬆，而廣電較嚴，似有違《通訊傳播基本法》第7條「政府應避免因不同傳輸技術而為差別管理」的平等管理精神。研究者認為，在寬頻傳輸科技已能提供多媒體服務，網路電視（IPTV）風行之際，現階段「廣播電視節目供應事業」無須移由新聞局管理，以免創造出內容管理的雙頭馬車與雙重標準。因此，學者建議，中度匯流階段可維持現有由NCC管理之作法。未來電信和廣電高度匯流後，管制趨勢可採內容鬆綁、業者自律、公眾監督等方式為之。屆時通訊傳播「內容及應用層」即可朝向同一套內容管理標準，且由單一主管機關主責研議。

NCC的成立象徵我國政府掌管傳播通訊機構的一大革新，除因應科技匯流所需之外，能夠秉持專業、客觀、中立與獨立的原則執行業務，以避免政治介入或操控，更是國人所期盼，未來只有以NCC的實際作為，來檢視其是否符合原先《通訊傳播基本法》的規

定，並有賴朝野各界人士運用高度智慧來達成。

九、結論

我國《通訊傳播基本法》的制訂與國家通訊傳播委員會的成立，象徵我國已經正視科技匯流與產業健全發展的重要性，其間雖因政黨比例產生方式的問題，被大法官會議裁示違憲，但仍允許其繼續運作，相信未來在第二屆新任委員本著獨立與公正的精神，台灣的通信、傳播與資訊相關產業，將有長足的進步，並盼能早日擠進先進國家之列。

第三節　電子媒體法規

一、政府對媒介的管制

根據前節所述，傳播媒介對國家社會以及個人，可以發揮的功能不但多，而且非常重要。所以，自從印刷或非媒介出現以來，一直到現在，不管是共產極權、專制國家或民主國家，各國政府機關都試圖加以管制，甚至予以操縱、掌握訊息的內容。

政府對電子媒體實施「管制」（regulation），目的在維繫公共利益，並促進人民之福祉。一般而言，管制的特徵有三，包括：管制目標、管制對於他人造成的限制，以及管制的工具。就政府機構對傳播媒體管制的方式，最主要還是以法律管制為主（李炳炎等，1975：16-48）。

世界各國的憲法，幾乎都是一方面保護新聞自由，但另一方面也限制新聞自由。究其原因有三：

1. 此為最高之法源，法律與命令牴觸憲法者無效。
2. 有關表達意見之自由、新聞自由、人民知之權利（憲法第11條），及新聞從業人員工作權之保障（憲法第15條）、言論

自由間接保障原則及隱私權的尊重（憲法第23條）等均涉及憲法。

3.司法院大法官會議解釋之釋字第364號解釋，針對電波頻率之「公平合理分配」及人民平等「接近使用傳播媒體」之權利等。

二、我國電子媒體法律

在法律層次上，現行對於電子媒體直接管理的，有立法院通過的所謂「廣電三法」，現則有NCC整理成的《傳播通訊管理法》，正送請立法院審議。

(一)廣電三法修正案

由於媒體生態日新月異，尤以數位整合，對廣播電視產業型態影響並甚鉅，過去我國通訊傳播管理為二元管理體制，亦即由交通部郵電司及電信總局為電信事業的管制機關。行政院新聞局廣電處則為廣播電視內容管制機關，至於網際網路部分由財團法人管理。

為了有效因應廣播電視傳播環境問題之變化特質，提升寬頻視訊產業之國家競爭力，建構一個公平之競爭環境，原有廣播電視法令，包括《廣播廣播電視法》、《有線電視法》、《衛星廣播電視法》，已不是因應實際之需要，故有加以修正整合之必要。從媒介整合觀點，未來有線或無線傳輸網絡，更將整合成一大型資訊科技平台。

新聞局遂於2002年5月間開始積極籌畫進行修法工作，並於2003年間排入立法院以廣電法合併修正法案審議。前述廣電三法已於2003年12月9日經立法院三讀通過。.

此外，前述新的《廣播電視法》亦作為未來政府對廣電事業之管制機構──國家通訊傳播委員會之業務進行法源依據，以此有效因應廣播電視傳播環境問題之變化特質，提升寬頻視訊產業之國家

競爭力以建構一個公平之競爭環境。

廣電三法的修法基本精神約可分述如以下數項：

第一、正視媒體的產業本質。為促進產業的競爭與發展，因應全球化的趨勢，政府應以扶植、鼓勵競爭方式來代替原有不合時宜的管制。刪除原有對無線廣播電視產業個別股權持有的比例限制、放寬外國資

廣本的引進，讓廣電媒體產業能由無線、有線、直播衛星及網路產業共同來參與市場競爭。

第二、媒體同時也是一種文化產業，應予以特別保護。如何保護本國文化、鼓勵媒體在本土文化上的創意，並將產品推廣到國外，明載於修法後的條文之中。

第三、廣播電視傳播媒體為一特許業，如頻率使用的特許，線纜鋪設的特許。傳播媒體的社會責任應與其特許性質相配合，政府於必要時得徵收其資源，並要求業者回饋社會。

第四、媒體與一般產業仍屬有別，經營者藉此對大眾發送訊息，對社會的言論、文化與倫理規範等均產生一定的影響，不能放任由市場自由發展，應防範少數團體或個人對媒體的壟斷。

合併修正後的廣電三法，預計的效益可分為在科技匯流、在產業秩序及在社會規範等三方面來說明：1. 在科技匯流方面，包括引進並區分傳輸平台及營運平台概念、確立製播分離原則、增訂跨業經營規範、調整產業間數位的落差。2. 在產業秩序方面，則有確立頻譜規劃原則與指配方式、規範產業壟斷及不公平競爭的行為、營造公平競爭環境、維護本土創意產業、落實媒體自律等。最後，在社會規範方面的規定，則有貫徹媒體近用權、培植多元文化、妥善規劃節目及廣告服務、保護消費者權益等。此次廣電三法的整合及修正，在朝向促進媒體產業發展、營造公平競爭環境、維護多元文化、保護消費者權益等政策目標作努力。

前述新聞局於2003年提出的廣電三法修正案，其目的乃是針對

匯流趨勢做出因應。同樣地，國家通訊傳播委員會（NCC）成立的
其一目的，就是要提出完整的「通訊傳播管理法草案」，將電信、
廣電三法併入其中，使立法單一化。

「通訊傳播管理法草案」自2007年9月12日提出第一版草案，
2007年11月9日提出第二版草案，接著在2007年12月20日提出報請立
法院審議版。草案宣稱其乃參考歐盟指令的水平架構之後所提出的
台灣版，其層級架構分為：基礎網路層、營運管理層、內容及應用
層；另外也將原有的電信法、廣電三法內容直接併入。

(二)通訊傳播管理法草案

根據《通訊傳播基本法》第16條第1項規定，政府應於通訊傳播
委員會成立後2年內，依該法所揭示原則，修正通訊傳播相關法規；
而國家通訊傳播委員會（NCC）為因應數位匯流趨勢，也必須全面
檢討修正現行監理所依據之電信法及廣電三法。NCC歷經7次委員
會議之充分討論後，終於2007年9月10日完成通訊傳播管理法草案審
議。

根據NCC第二天（11日）發布新聞內容指出，該草案分11章計
185條，依據《通訊傳播基本法》揭示之精神，對應現行通訊及傳媒
產業「匯流」、「全球化」及「促進競爭」等發展趨勢，朝中、高
度匯流方向整合現行電信法與廣電三法。

其次，該法預期達成的政策目標共有四項。第一項，確保通訊
傳播自由及效能競爭；第二項，促進通訊傳播技術互通應用；第三
項，增進通訊傳播服務普及近用；第四項，保障消費者及弱勢權
益。在通訊傳播匯流方面，包括引進並區分基礎網路、平台服務及
內容應用水平層級化管理的概念，確立網台分離原則，增訂跨業經
營規範等；在產業秩序方面，則有確立不對稱管制規範、營造公平
競爭環境、維護本土創意產業等；在社會規範方面，則致力於貫徹
媒體近用權、培植多元文化、妥善規劃節目及廣告服務、保護消費

者權益、落實媒體自律等。

　　最後，由於該法是屬目的事業的管理大法，因此，現行電信法所定刑事特別處罰，如盜接、盜用電信他人電信設備、侵害他人通訊秘密、違法發送射頻訊息等，都回歸到普通刑法規範。

　　前述為因應通訊匯流之通訊傳播管理法草案，雖然美意良善，但仍具缺陷，尤其是其倉卒彙整電信、廣電三法而成，顯示出原法令上的問題及與業者溝通之不足，使得2008年第二屆NCC委員不得不將此匯流法草案擱置，先處理廣電三法中較容易修正的法令後，再另行修正草案。

(三)普通刑法

　　原本《刑法》所規定之範圍是可以限制的，不過在《刑法》上所訂如「煽動擾亂秩序」、「毀謗名譽」或「妨害社會善良風俗」之類的條款，卻可做極富彈性的解釋，無形當中，使傳播媒體不能暢所欲言。除此之外，目前世界各主要國家與電子媒體有關的法律約有下列幾種：1.著作權法，2.煽動叛亂罪法，3.妨害風化法，4.誹謗法，5.隱私權保密法，6.新聞保密法，7.反獨占法，8.廣告管理法，9.許可或執照申請法，10.電影之管理法。有些重視個人隱私與名譽的西方民主國家，對於觸犯這類法律之傳播媒體，法院判的罰款極重，因此，媒體多保「毀謗險」以免到時電子媒體宣告破產。

三、廣電媒體的規範理論

　　廣電媒體規範依據廣播電視頻道的性質，分為結構管制與內容管制兩項。結構管制主要以經營管制為主，包括廣播電視經營制度的所有權類別（國營、黨營、商營、公營、或公商並營制），以及例如頻譜配用、電台分布、執照核發、進入市場門檻等。內容管制則包括：隱私、誹謗、猥褻等。

　　有關結構管制理論之依據，有以下三種：頻道公有論、頻道稀

有論及鉅大影響性。分述如下：

(一)頻道公有論

　　廣播電台或電視台發射的電波，在空中四射進行，超脫時間與空間的限制，傳播內容直接影響了大眾的生活、思想、行為，因此無線電波的頻道不屬於私人所有，應為全體民眾所有，而由代表民眾的委員會行使管理權。在1934年美國聯邦通訊條例即已明確地揭櫫這個精神。因此有所謂的「公眾利益理論」（public interest rationale），特別設立了「聯邦傳播委員會」（FCC）監視各個廣播電視節目。「公共利益」概念來自1927年《無線廣電法》所提「公眾利益、便利及需要」（public interest, convenience, and necessity），對廣播界的要求，查核電台是否履行適當的公共服務，包括播送一定比例的教育、宗教、勞工、農業或此類有益世道人心的節目，亦即保障民眾有接近使用媒體權。

(二)頻道稀有論（spectrum scarcity rationale）

　　因為電台頻道有限，若每個人都想在節目中發表意見，空中電波勢必互相干擾，任何人的言論反都無法聽取，為了不使電波互相干擾，政府必須有秩序地分配各個電台所使用的頻率，這就是「稀有理論」的立論基礎。由於頻道具有稀有性，使用具有排他性。不過，由於科技進步，數位化技術促進了頻道「壓縮」功能，再加上網路興起，四通八達，頻道稀有論便有了改變。

(三)鉅大影響性（impact rationale）

　　廣電媒體媒介比其他媒介更迅速直接，它不僅能傳達訊息給民眾，也有濫用其角色功能的危險，如台灣電視新聞發生「腳尾飯」新聞造假事件。可見其影響無遠弗屆，社會效果強大。因此，學者、專家和法官都深信廣電媒介的力量，很可能在意見市場上，

造成「明顯而立即的寡頭壟斷危機」（clear and present danger of oligopoly），例如：美國目前四家無線商業電視台：ABC、CBS、NBC及Fox Broadcasting Company。他們認為此一鉅大影響力將使廣電媒介因權力過大而變得不受法律約束。因此，美國國會有權立法，阻止此一情況發生。就美國聯邦傳播委員會（FCC）的規定，凡電台申設電台獲核新執照，或換發新執照，都必須符合公眾利益。若有違反規則時，將以易科罰金或吊銷執照來處罰。所以，廣播電視電台執照所有人在節目製作時，必須貫徹其應有的責任。

美國聯邦法典有關廣播電視方面，對於媒體接近使用媒體權，規定了幾個重要的原則：1.候選人近用原則（candidate access rule）：規定廣播電視台應提供合格聯邦公職候選人，合理使用其傳播系統及設備之機會。除了法律規定外，行政命令等亦有類似規定，且更詳細，如規定週末時間的均等利用。2.均等機會原則（equal opportunities rule）：規定廣播電視電台在公職競選期間，如同意某一合格候選人以付費或免費之方式使用電台時，必須給予其他合格同一公職所有候選人有同以同等條件、同樣時段，使用電台的同等機會。3.公平原則（fairness doctrine）：這是由美國FCC以行政命令規定的，對於電台課予兩種義務，第一，對重要公共事務中有爭議性的議題應儘合理注意去報導。第二，應提供合理機會，雖然不必然相等，報導同一爭議性議題的不同觀點。換句話說，FCC只是要求電台是否做合理與善意的努力，來遵守公平原則（尤英夫，2008：32-33）。除上述規定之外，一般對於廣電媒體約束範圍還包括：避免誹謗、避免侵犯猥褻、避免侵犯個人隱私、避免侵犯著作權及廣告內容的約束等。

至於網際網路和網路內容提供商（ISP），雖不受美國FCC的監督，但是由於電信業務和有線電視業乃在FCC的監督下，因此，網際網路接入服務也要遵守FCC的一些規定。2002年下半年，美國FCC規定地區電話公司必須向競爭者開放「數位用戶線路」（Digital

Subscriber Line, DSL）業務，而同樣向用戶提供網際網路接入的有線電視公司則可以不必向其他ISP開放自己的有線網路（張海鷹譯，2006：191-192）。

第四節　廣電三法修正要點

一、廣電三法修正要點

該次《廣播電視法》、《有線廣播電視法》及《衛星廣播電視法》合併修正草案，共分4章，計120條，謹將其修正要點分別說明如後。

(一)第一章部分

第一章為總則，就平台服務業、頻道經營業有關經營許可、營運管理、節目及廣告管理等共通事項予以規範，其主要內容如下：

1. 為維護媒體專業自主空間，政府、政黨、選任公職人員及政黨黨務工作人員不得經營廣電媒體，及其投資之限制。
2. 為維護媒體產業之自由競爭，避免意見市場被少數集團所壟斷，對於單一媒體及同一集團跨媒體經營之占有率予以限制。
3. 為促進公共電視發展、提升廣播電節目品質，平台服務業、頻道經營業每年應提撥一定金額，交由財團法人廣播電視事業發展基金運用。
4. 籌設許可之核配原則增納公開招標制度。
5. 平台服務業除自建傳輸平台外，經中央主管機關許可，亦得以非自建之方式播送節目、廣告。
6. 為解決平台服務業與頻道經營業間之爭執，保護消費者權益，增訂中央主管機關進行調處之機制。

7.統一現行無線廣播電視與有線廣播電視、衛星廣播電視對於
廣告時間之差別規定。

(二)第二章爲分則

第二章分別就無線平台服務業、有線平台服務業、衛星平台服
務業及頻道經營業之個別屬性進行管理，主要內容如下：

1.依其媒體屬性之不同，並考量廣電事業國際化之趨勢，對於
外國人投資分別作不同之限制；另爲避免外國人投資對於國
家安全、公序良俗產生不利影響，中央主管機關得審酌其投
資予以准駁。

2.爲健全整體產業發展，增進公共福利，中央主管機關於必要
時，有調整電波頻率重新分配之權利。

3.爲保障客家、原住民族語言、文化，中央主管機關得指定有
線平台服務業播送客家語言、原住民族語言之節目。

4.爲使消費者有更多之收視選擇機會，有線平台服務業應於數
位設備普及後，將基本頻道分組；其分組規劃，由中央主管
機關公告之。

5.配合有線平台服務業經營區域之擴大及電信事業跨業經營之
趨勢，有線平台服務業收視費用改由中央主管機關審議。

(三)第三章爲罰則

第三章乃爲配合相關條文之修正及增訂，區別違犯情節並考量
懲罰實效，重整相關罰則規定，並引進記點制度，以落實管理機
制。

(四)第四章爲附則

第四章，主要內容包括：

1.爲對未來新興廣播電視業務加以管理，明定他類廣播電視平

台服務業之營業項目，將非屬無線廣播電視、有線廣播電視及衛星廣播電視型態，且應納入管理之其他廣播、電視業務予以規範。

2. 配合廣播電視節目供應事業不再列為本法之管理對象，訂定對於錄影節目帶管理之過渡條款，以資適用。

3. 在數位匯流環境下，廣電與電信服務界線趨向模糊已為不爭的事實，在互動頻繁的競爭環境中，電信、資訊與傳播產業各有其相關替代性產品產生，有的已成為各自產業中的競爭者，有的則隱然以替代者甚或潛在進入者之姿威脅各自傳統的產業，如有線電視纜線電話服務及網路電話之於傳統電信電話服務；寬頻互動多媒體平台及影音網站服務之於有線電視，此等問題不但跨領域而生，且多為同時而生，相對處理對策或機制無法單獨解決。

4. 現有分散的廣電三法、電信法等對於結合電話、視訊與資訊的寬頻產業結構與行為規範，諸如所有權、費率、普及率、經營區域、內容責任歸屬等，已無法突破其原有架構來規範，新科技所衍生的規範議題，勢必跳脫其原有架構，始能重新解釋並定位。

5. 從前述要點得知，以行政院新聞局的立場來看廣電三法的修訂，是用一個平台的觀念，並藉著科技匯流的關係來提出的。

中華電信公司經營MOD便是一個範例。在1999年有線廣播法刪除有線電視禁止跨業經營電視的規定之後，中華電信公司於2004年2月取得行政院新聞局核發的「固定通信綜合網路業務經營有線電廣播電視業務分期經營許可證」，2004年推出中華電信互動多媒體視訊服務（Mulit-media on Demand, MOD）正式跨足視訊服務市場。惟NCC在2006年成立之後，針對黨政軍退出媒體的規定，組成「MOD工作小組」，並從該年3月起到6月12日止，多次開會討論，最後做

出以下決議：「中華電信MOD服務，以其現有型態，仍具有線電視系統頭端與用戶端封閉之特色，涉有違反有線廣播電視法政黨退出媒體等規範之疑義。中華電信公司服務若能完全開放平台，即可認定非屬有線廣播電視系統，亦非媒體，不適用有線廣播電視法第19條第4項及NCC組織條例第1條黨政軍退出媒體等規範。」當中華電信公司同意改造開放MOD平台之後，NCC乃於2007年第139次會議做成決議，同意中華電信公司以電信加值服務的型態繼續提供互動多媒體視訊服務，並於2007年5月21日公告修正《固定通信業務管理規則》，正式將類似MOD多媒體平台稱為「多媒體內容傳輸平台服務」。單就「電視」媒介業者而言，可分為：無線電視、有線電視及中華電信MOD（或IPTV、網路電視）三種。

二、廣電媒體營運之管理

有關我國廣電媒體的營運管理，分為無線電廣播事業、無線電視事業、有線電視經營者、直播衛星廣播電視服務經營及境外衛星廣播電視事業等5類並列出6項，包括：執照期限、組織型態、資本額、所有權限制、外人投資限制及其他，扼要說明於後（NCC：2006.3）。

(一)無線廣播事業

1.執照期限：2年。

2.組織型態：政府機關（官營）；軍事機關（軍用）；股份有限公司或財團法人（民營）。

3.資本額（新台幣）：調頻廣播5千萬，調幅廣播5千萬；但服務特定族群或偏遠地區者，不在此限。

4.所有權限制：持股總數分自然人股東與法人股東限制（施行細則第17條及第18條）。

5.外人投資之限制：禁止。

6.其他：中央廣播電台另訂專法規範，屬財團法人性質。

(二)無線電視事業

1.執照期限：2年。

2.組織型態：政府機關（官營）；軍事機關（軍用）；股份有限公司或財團法人（民營）。

3.資本額（新台幣）：3億元。

4.所有權限制：持股總數分自然人股東與法人股東限制（施行細則第18條及第19條）。

5.外人投資之限制：禁止。

6.其他：公共電視另訂專法規範，屬財團法人性質，為公營。

(三)有線電視系統經營者

1.執照期限：9年，每3年評鑑1次。

2.組織型態：股份有限公司。

3.資本額（新台幣）：2億元。

4.所有權限制：同一股東持股總數不得超過10%，與親屬合計不得超過20%。全國總訂戶數上限1/3。同一行政區域總家數上限1/2，全國系統總數上限1/3。

5.外人投資之限制：外國人直接及間接持有不得超過50%。如直接持有以法人為限，不得超過20%。

6.其他：營運許可由有線電視審議委員會審議。

(四)直播衛星廣播電視服務經營者

1.執照期限：6年，每2年評鑑1次。

2.組織型態：股份有限公司。

3.資本額（新台幣）：2億元。

4.所有權限制：無。

5.外人投資之限制：外國人直接持有不得超過50%。

6.其他：未設審議委員會，由NCC直接審查。

(五)境外衛星廣播電視事業

1.執照期限：以代理契約書所載代理期限為準，最長不得逾6
年，每2年評鑑1次。

2.組織型態：股份有限公司。

3.資本額（新台幣）：2千萬元。

4.所有權限制：無

5.外人投資之限制：無此問題。

6.其他：未設審議委員會，由NCC直接審查。

根據國家通訊傳播委員會統計，截至2008年12月止，有關我國
廣播電視事業許可家數的現況，如表8-3所示，包括：無線廣播電台
（177家）、無線電視電台（5家）、社區共同天線業者（7家）、衛
星廣播電視事業（直播衛星廣播電視服務經營者）（89家，193個頻
道）、有線電視系統經營者（61家）、有線電視播送系統（4家）。

國家通訊傳播委員會廣播電視事業許可家數統計，如表8-2所
示。

❀表8-2　廣播電視事業現況（每月公布，2008年12月）

類　別	家數 頻道數	備　註
無線廣播電台	177家	1.開放設立前即已存在之電台計29家（含中央廣播電台）。 2.前10梯次廣播頻率開放獲准設立之電台共計143家（中功率66家、小功率77家），皆已取得廣播執照正式營運。 3.第一梯次開放數位廣播電台獲准設立6家，經本會同意廢止籌設許可1家，另3家本會辦理廢止中。
無線電視電台	5家	台視、華視、中視、民視、公視。

社區共同天線業者	7家	良成（3張執照）、華峰、正喜、慶豐、騰輝。
衛星廣播電視事業（直播衛星廣播電視服務經營者）	8家	1.本國業者5家：太空電視、星際傳播、弘開數位科技、國際先進音樂、侑瑋衛星通訊。 2.境外業者3家：新加坡商全球廣播商業新聞電視台有限公司台灣分公司、美商特納傳播股份有限公司台灣分公司、英屬蓋曼群島商艾科思達亞洲多媒體股份有限公司。
衛星廣播電視事業（衛星廣播電視節目供應者）	89家 193頻道	本國業者66家公司，136個頻道。 境外業者23家公司，57個頻道。
有線電視系統經營者	61家	北海岸有線電視股份有限公司申請終止經營經准，該系統經營者執照於97年6月1日廢止。
有線電視播送系統	4家	1.年進、名城、祥通、東台等4家。 2.「南王」因擅自終止經營且規避主管機關行政檢查，於94年12月8日註銷其登記。

根據財政部財稅資料中心資料統計，有關我國廣播電視產業2003年與2004年家數及營收總額，如表8-3所示，2003年廣播電台（146家），營收總額為5,735,448元；2004年（149家）則為4,840,448元。無線電視台2003年（39家）營收總額為12,823,377元，2004年（34家）為12,691,588元。有線電視台2003年（44家）營收總額為13,267,784元，2004年（40家）則為13,002,885元。詳如表8-3所示。

✿表8-3　廣播電視產業2003年與2004年家數及營收總額新台幣

單位：家：新台幣千元

2003年家數及營收總額				
項目 行業名稱及代碼	家數	營收總額＊		
			外銷收入	內銷收入
8610-11　1廣播電台	146	5,735,448	0	5,735,448
8620-11　2無線電視台	39	12,823,377	56,615	12,766,762

8620-12	3有線電視台	44	13,267,784	65	13,267,719
8620-99	4其他電視業	52	6,559,067	0	6,559,067
8630-11	5廣播電視節目配音服務	42	1,108,045	9,798	1,098,247
8630-12	6廣播電視節目製作、發行	929	36,395,728	650,539	35,745,189
8630-16	7廣播電視廣告製作	39	654,032	10,967	643,065
8030-13	8錄影節目帶製作、發行	434	19,469,944	191,233	19,278,711
8030-14	9碟影片發行	64	651,574	21,546	630,028
合　計		1,789	96,664,999	940,763	95,724,236

2004年家數及營收總額

項目 行業名稱及代碼		家數	營收總額＊	
			外銷收入	內銷收入
8610-11	1廣播電台	149	4,840,448	0	4,840,448
8620-11	2無線電視台	34	12,691,588	22,434	12,669,154
8620-12	3有線電視台	40	13,002,885	65	13,002,820
8620-99	4其他電視業	45	6,181,653	0	6,181,653
8630-11	5廣播電視節目配音服務	41	1,191,751	167	1,191,584
8630-12	6廣播電視節目製作、發行	927	36,734,956	420,167	36,314,789
8630-16	7廣播電視廣告製作	59	1,154,507	7,990	1,146,517
8030-13	8錄影節目帶製作、發行	405	20,651,301	527,713	20,123,588
8030-14	9碟影片發行	62	595,657	22,805	572,852
合　計		1,762	97,044,746	1,001,341	96,043,405

註：1.營收總額＝外銷收入＋內銷收入。
　　2.因四捨五入之緣故，合計數字可能與個別數字加總有些微誤差。
資料來源：財政部財稅資料中心之磁帶資料（2003、2004年）。

三、廣電節目及廣告內容管理

有關廣電節目及廣告內容管理，可分為：(一)廣電節目及廣告內容之管制；(二)廣電媒體節目比例相關規定；(三)電視節目分類規範；(四)卡通電視節目分級播送時段。分別說明如後。

(一)廣電節目及廣告內容之管制

人民之表現自由為民主法治國家的基本人權，不容許任意剝奪，廣播、電視節目為表現自由民主的具體成果，原不應有法律限制，但因其深入家庭，影響甚鉅，故各國大多加以法律規範，以確保節目品質之合宜。就廣義上來講，廣告也是節目之一種，節目既受管理，廣告更應該管理，因為廣告涉及消費者的權益更深。

針對其節目內容限制的理由，說明如下：第一，有關不得違反法律強制或禁止規定：法律強制規定只具有強制性應為一定行為之法律規定，例如有線電視法播送之節目及廣告，涉及他人權利者，應經合法播出。法律禁止規定只禁止一切行為之法律規定，例如：播送未經中央主管機關許可境外衛星廣播電視事業之節目。

第二，有關妨害兒童或青少年身心健康：兒童青少年均屬未成年人，身心未健全，可塑性甚大，模仿性很強，智慮未成熟，判斷亦有問題，因有加以保護之必要。其保護範圍很廣，包括：靈異鬼怪使兒童少年心生恐懼、受驚之節目、荒誕不經易嚴重導致兒童少年身心不健康發展之節目等。例如：有過度裸露生殖器官、陰毛、渲染猥褻情節之節目。

第三，有關妨害公共秩序或善良風俗：公共秩序是指國家社會生活的一般要求或國家社會之一般利益。善良風俗是指社會或國民的一般道德與倫理觀念。節目不得違背公共秩序或善良風俗，毋寧是舉世各國皆奉行的準則，問題是公共秩序與善良風俗的觀念，隨著時代社會而變遷，並無一定的規則，具體列舉一不可能。因此，

節目內容是否有妨害公共秩序或善良風俗，實見仁見智，易生疑義。因此，新聞局特別公布有線廣播電視廣告製作標準第3條附表，列出前述3類的例示，以供參考。例如：第一項違反法律強制或禁止規定的例示有「非藥物而宣揚具有醫療效能者」。第二項妨害兒童或青少年身心健康的例示有「利用兒童或青少年對師長、醫師或兒童節目主持人之信賴心裡，對產品做推廣宣傳者」。第三項妨害公共秩序或善良風俗的例示有「廣告表現方法涉及『性』之內容表示者」（尤英夫，2008：192-195）。

　　有關廣電媒體播送內容之限制規定，如表8-4所示。

❀表8-4　廣電媒體播送內容之限制規定

事業別	條文	限制情形	審查情形
無線廣播電視事業	第21條、第32條（廣告準用）	損害國家利益或民族尊嚴；違背反共復國政策或政府法令；煽惑他人犯罪或違背法令；傷害兒童身心健康；妨害公共秩序或善良風俗；散布謠言、邪說或混淆視聽。	無線廣播電台之節目與廣告均免事先審查。無線電視電台之節目，僅大陸地區節目與晚上9時30分以前之電影及影集節目免送審。無線電視電台之廣告，有11類免送審：電器、五金機械、鐘錶儀器、文教用品、航空觀光、百貨零售、化妝品、醫藥、服飾、政令、政黨形象廣告。
有線廣播電視事業	第40條、第50條（廣告準用）	違反法律強制或禁止規定；妨害兒童或少年身心健康；妨害公共秩序或善良風俗。	事後懲罰制
衛星廣播電視事業	第17條、第20條（廣告準用）	同上	事後懲罰制

資料來源：我國NCC相關法令，2006.3。

(二)廣電媒體節目比例相關規定

由於有線電視需要節目甚多，同時近年來衛星電視及錄影帶節目快速大量地流通，而本國自製節目的能力，往往無法應付節目的需求。為了保護我國文化，保障本土演藝人員、製作人，不讓外國製節目充斥頻道，故也不得不考慮在《有線廣播電視法》中，加以明文規定保障本國自製節目，不得少於20%，如表8-5所示。

在此，所謂「自製」的定義，依據《有線電視法施行細則》第30條規定，本國自製之比率，以系統經營者可利用頻道（營運計畫書中所載之頻道數目扣除免費提供之公益頻道數目）播送節目總時數乘以20%（以每個月為計算標準）。

❀表8-5　廣電媒體節目比例相關規定

事業別	法規	節目比例限制規定	備註
無線廣播電視事業	廣播電視法第19條	本國自製節目比率不得少於70%	同法第16條與第17條明訂節目分為4類，各類節目並有一定之比率規定。
有線廣播電視事業	有線廣播電視法第43條	本國自製節目比率不得少於20%	
衛星廣播電視事業	無限制規定	無	第27條：衛星廣播電視事業得將本國自製節目傳送至國外，以利文化交流。

資料來源：我國NCC相關法令，2006.3。

(三)電視節目分類規範

為保護兒童及青少年身心健康發展，電視節目有分級。

行政院新聞局另訂有《電視節目分類辦法》（2003年3月修正）。根據該法第3條規定：「電視節目內容不得違反廣播電視法第40條、衛星廣播電視法第17條或廣播電視法第21條之規定。」電

視事業對未違反前項規定之節目，應依本法之規定，將節目分為下列四級，標示分級標誌，並依附表規定時段播送：1.限制級（簡稱「限」級）。2.輔導級（簡稱「輔」級）。3.保護級（簡稱「護」級）。4.普通級（簡稱「普」級）。其觀賞年齡，如表8-6所示。有關卡通電視節目分級播送時段，則如表8-7所示。

另外，有些電視節目為保護製作人或著作權人的利益，不宜免費供人觀賞（如首輪影片），故也有設鎖碼頻道之必要。收視戶如需要看鎖碼頻道之節目，必須使用解碼器才能觀看。其辦法如《有線電視法》第41條第3項之規定（尤英夫，2008：186）。

❀表8-6　電視節目分級規範表

級別	普遍級	保護級	輔導級	限制級
觀賞年齡	適合所有年齡層觀眾觀賞。	不宜未滿6歲之兒童觀賞，6歲以上12歲未滿之兒童需由父母、師長或成年親友陪伴輔導觀賞。	不宜未滿12歲之兒童觀賞、12歲以上18歲未滿之少年需父母或師長注意輔導觀賞。	不宜未滿18歲之兒童及少年觀賞。

資料來源：我國NCC相關法令，2006.3。

(三)卡通電視節目分級播送時段

❀表8-7　卡通電視節目分級播送時段表

節目／時間	05：00 | 16：30	16：30 | 21：30	21：30 | 23：00	23：00 | 05：00
卡通節目（有線／衛星）	普、護	普	普、護	普、護、輔

資料來源：我國NCC相關法令，2006.3。

(五)廣告播送及比例相關規定

部分主張市場自由理論，認爲廣告應任由市場決定，法律不應予規定。我國廣電法不採取此一說法，而對於廣告的播出方式、廣告時間長短、廣告內容的限制，均有規定。

爲保障訂戶的收視、收聽權益，對於廣告播出時間的限制，爲配合世界各國趨勢，規定我國無線廣播電視台不得超過播送總時間15%，而有線電視台則規定不得超過每一節目播送總時間1/6。

另一方面，節目在付費頻道或計次付費節目播送者，不得播放廣告，但同頻道節目之預告則不在此限（45條第4項），其理由是在付費頻道或計次付費節目中，除基本費外，已另外收費，自不可令消費者承擔不合理之廣告。又所以限制只准播出「同頻道節目之預告」，係爲遏止頻道聯賣、搭售之惡性競爭，爲避免頻道商利用跨頻道節目播送節目的預告，因而影響系統經營者的權益。

除了廣告播出時間有限制外，對於出租頻道，《有線電視法》第45條第3項又規定：「單則廣告時間超過3分鐘或廣告以節目型態播送者，應餘波送畫面上標示廣告兩字。」後段文字，係有鑑於廣告常以節目型態展現，如資訊廣告，爲利於收視戶辨識，故規定應於畫面上標示廣告兩字（尤英夫，2008：201-205）。

❀表8-8　廣告播送及比例相關規定

事業別	播送限制	廣告時間限制	標示
無線廣播電視事業	民營廣播電台具有商業性質者，得播送廣告。其餘電台，非經NCC許可，不得為之（廣播電視法第30條）。應於節目前後播出，不得於節目中插播，但節目長達半小時者，得插播1次或2次。	不得超過播送總時間15%。	無

| 有線廣播電視事業 | 計次付費節目或付費頻道不得播送廣告。但同頻道之節目預告不在此限。 | 不得超過每一個節目播送總時間1/6。但廣告頻道不受此限制。 | 單則廣告時間超過3分鐘或廣告以節目型態播送者，應於節目畫面上標示廣告兩字。 |
| 衛星廣播電視事業 | 服務經營者不得插播未經許可之境外衛星廣播電視事業之節目及廣告。 | 同上（服務經營者） | 無 |

資料來源：我國NCC相關法令，2006.3。
註：廣告之其他管制：
　　(一)廣告之事前檢查（例外情形）
　　(二)廣告蓋台之禁止

第五節　結論

　　自從資訊高速公路（the information superhighway）概念被提出以來，加上數位匯流（convergence）、寬頻傳輸及壓縮技術的同時出現，頓時不但讓通訊與傳播之間的界線趨於模糊，也使得人類溝通方式出現劇烈的變化。「資訊高速公路」逐漸延伸到全球，地球村儼然成行。早在1993年美國聯邦政府的一篇報告便指出，「資訊高速公路」將是改進整體經濟、增進個人福祉的重要關鍵。

　　另一方面，數位科技快速發展的結果，IP平台被認為將整合傳統電信與廣播之傳輸服務。對於在匯流環境下的規範者（regulator）而言，其角色將由一個公共利益的闡釋者，演變成為兼顧產業競爭環境的建構者，於此任務演化過程中，可預見我國通訊傳播規範之整合與建構，無論從實務或理論之研究上，將是一個新興之議題。然而，現行傳統規範適用於新媒介上嗎？如不能，我們應該如何修訂我們的規範架構使其適用於通訊傳播事業？我們是否需要一個新的通訊傳播政策取向以適應新的環境？為因應在因應目前技術與產

業的現況，重新審視現今與通訊傳播相關的規範政策，我們嘗試建立一種以水平層級聯合式的規範模式，或許可以整合目前通訊傳播的規範體制（何吉森，2007）。

╭─────────╮
│ 問題與討論 │────────────────────────────
╰─────────╯

一、試述四種新聞傳播制度。

二、試述我國通訊傳播基本法的要點。

三、試述國家資訊傳播委員會（NCC）的組織特色。

四、試述我國廣電三法的修法基本精神。

五、試述我國廣電媒體播送內容有關的限制理由。

參 考 文 獻

一、中文部分

R&TI Research（2005）。〈中國數字電視產業報告總體情況述評〉，見《廣播電視信息》。2005年第6期，頁33-34。

于洪海（1985）。《廣播原理與製作》，台北：三民。

王立信、宋穎鶯（1992）。《日本公共電視NHK》。台北：廣播電視事業發展基金公共電視製播組。

王政文譯（2002）。《圖解通訊科技》。台北：世茂。

王國權編譯（1992）。《電視與視訊系統》。台北：全華科技。再版。

王唯（2006）。《台灣電視史》。台北縣：中國戲劇藝術實驗中心。

王淑芳（1992.12）。《我國有線電視法草案評析》。台北：國立政治大學新聞研究所碩士學位論文，未出版。

王耀村、應必鋒（2003）。《電與磁》。杭州：浙江教育。

尤英夫（2000）。《新聞法論》（上、下冊），台北：世紀法商。

尤英夫（2008）。《大眾傳播法》。台北：尤英夫。

公共電視策略研發部（2007）。《追求共好：新世紀全球公共廣電服務》。台北：財團法人公共電視基金會。

白中和編譯（1980）。《圖解通信原理與應用》。台北：建興。

曲威光（2004）。《通訊科技產業技術實務》。台北：新陸。

朱強（2004）。《廣播電視新技術》。杭州：浙江大學。

行政院建立有線電視系統工作小組（1990）。〈行政院建立有線電視系統工作研究報告書〉，收錄於行政院新聞局有線電視系統專案小組編印之《有線電視立法參考文獻》（上冊）。台北：行政院新聞局。

行政院新聞局廣電處（2000）。《無線電視總體政策改造專案小組結案

報告》。台北：行政院新聞局。

行政院新聞局（2001）。《媒體結構改造方向及政策說明》。台北：行
　　政院新聞局。

汪琪、鍾蔚文（1990）。《第二代媒介：傳播革命之後》。台北：東
　　華。

李少南（2002）。《國際傳播》，黎明。

李良榮等著（2003）。《當代新聞媒體》。上海：復旦大學。

李瞻（1984）。《國際傳播》。台北：三民。

宋乃翰（1968）。《廣播與電視》。台北：商務。4版。

邢瑩（1985）。《最新無線電通信技術》。台北：三民，4版。

余思宙（1992）。《英國廣播協會BBC》。台北：廣播電視事業發展基
　　金公共電視製播組。

何貽謀（1988）。《廣播與電視》，台北：三民。初版。

林宗瑤（1998）。《網路行銷──開站大吉》。台北：世威。

林宛儀（2007）。〈數位電視創造新生活〉，見《股市產業百科全書：
　　萬用手冊》。台北：財訊。頁161。

林興銳（1999）。《最新電腦通信與網路原理》。台北：松岡書局。

吳熙揚、大禹譯（Patrick Seaman原著）（1998）。《網路廣播》。台
　　北：第三波。

吳家輝（1999）。〈廣播數位化與電信事業整合的遠景〉，見《探索21
　　世紀：數位廣播的世界》。台北：中國廣播公司。

吳顯堂編譯，山田宰原著（2003）。《數位電視廣播技術》。台北：全
　　華科技。

洪賢智（2003）。《廣播學新論》。台北：五南。

洪賢智（2006）。《電視新論》。台北：亞太。

周小普主編（2006）。《全球化媒介的奇觀：默多克新聞集團解讀》。
　　北京：中國科學。

保豐（2001）。〈探討無線電的秘密〉。《PC2000雜誌》。2001年3月

份。

明安香（2008）。《傳媒全球化與中國崛起》。北京：社會科學文獻。

倪思敏、沈素琴（2007）。《產業情報：通訊業務關聯圖暨產商名錄》。台北：聚富文化。

財經出版社（2007）。《液晶電視大商機》。台北：財訊。初版二刷。

胡泳、范海燕。《網路為王》。海口市：海南。

馬博洪（1989.6）。《有線電視小組赴美考察（中）》。台北：華視週訊。

貞伍編著（2003）。《廣播電視網絡技術》。杭州：浙江大學。

徐鉅昌（1986）。《電視傳播》。台北：華視。

徐鉅昌（2001）。《電視理論與實務》。台北：亞太。

風雲媒體工作室編著（2001）。《新傳播科技Q&A》。台北：風雲論壇。

孫青、翁寬、方乃侖、褚盧生（1992）。《美國公共電視》。台北：廣播電視事業發展基金公共電視製播組。

財訊出版社（2006）。《液晶電視大商機》。台北：財訊。

財團法人資訊工業策進會（1998）。《台灣電腦網路產業發展》。台北：資策會。

陸地、趙麗穎譯（2005）。《美國廣播電視產業》。北京：清華大學。

高璐、宋玲玲編（2006）。《中國媒體發展研究報告，2005年卷》。武昌：武漢大學。頁269-270。

莊克仁譯（1987）。《傳播科技新論》，台北：美國教育。再版。

莊克仁譯（1992）。《傳播科技新論》，台北：美國教育。第4版。

莊克仁譯（White, Geoge E.原著）（1992）。《傳播科技新論》。台北：美國教育。第4版。

莊克仁（1996）。《廣播節目企劃與製作》。台北：五南。

莊克仁譯（1988）。《傳播科技學理》。台北：正中。

莊克仁（1998）。《電台管理學--ICRT電台策略性管理模式》，台北：正

中書局。

陳本苞（1977）《廣播概論》。台北：空中雜誌社。

陳正堯（1987）。《21世紀情報化社會》。台南：陳正堯發行。義美印刷廠。

陳克任（1999）。《多媒體通訊》。台北：儒林。

陳榮泡等（2000）。《電腦事典書——40堂必修電腦學分》。台北：第三波資訊。

陳東園等（2004）。《大眾傳播學》。台北縣：國立空中大學。

陳清河（1998）。《衛星電視新論：科技、法規與媒介應用之探討》。台北：廣電基金。

陳清河（2005）。《廣播媒介生態與產業》。台北：亞太。

陳清河（2003）。《廣播媒介生態與產業：台灣廣播產業與政策研究1992-2005》。台北：亞太。

陳清河（2008）。《後電子媒介時代》。台北：三民。

郭文耀（2004）。〈新傳播科技的發展〉。見陳東園、莊克仁、郭文耀合著《大眾傳播學》。台北：國立空中大學。

崔寶國、李琨譯（Denisl McQuail原著）（2006）。《麥奎爾大眾傳播理論》。北京：清華大學。

葉國興（2003）。《2003年廣播電視白皮書》。台北：行政院新聞局。

普羅數位科技編譯（Norton, P.原著）（2003）。《計算機概論》。台北：美商麥格羅・希爾。

程予誠（1999）。《新媒介科技論》。台北：五南。

程予誠（2000）。《新媒介科技論》。台北：五南。初版二刷。

黃升民、周艷（2006）。《中國衛星產業經營20年》。北京：中國傳媒大學。

黃匡宇（2000）。《廣播電視概論》。廣州：暨南大學。第二次印刷。

黃彥達譯（Colin Turner原著）（2001）。《知識經濟入門》。台北：藍鯨。

黃新生等（1992）：《廣播與電視》（上冊）。台北：國立空中大學，3版。

黃葳威（2002）。《聲音所在——透視電台節目規劃管理》。台北：道聲出版社。

黃葳威（2008）。《數位傳播與資訊文化》。台北：威仕曼。

童鷹（2000）。《現代科技學技術史》。武昌：武漢大學。

常永新（2007）。〈中國傳媒業政府管制改革的探索性研究〉。見鄭保衛主編。《媒介產業：全球化‧多樣性‧認同》。北京：中國傳媒大學。

曾堂坤編著（2002）。《通信電學》。台北：知行文化。

曾煥華譯（1995）。《電磁波是什麼？》。台北縣：銀禾文化。

彭芸，國際傳播與科技（1996）。台北：三民。

詹正茂等譯（Parsons, Patrick R., & Frieden, Robert M. 原著）（2005）。《有線與衛星電視產業》。北京：清華大學。

張采（2001）。《日本廣播概觀》，北京：中國廣播電視。

張勉之（2005）。《世界廣播趨勢》。北京：中國廣播電視出版社。

張海鷹（Dominic, Joseph R., Messere, Fritz. & Sherman, Barry L.原著）（2006）。《電子媒體導論》。上海：復旦大學。

張琬琳（2001）。〈開放電台南北3條聯播網串起政商版圖的重分配〉，《新新聞周刊》，741：72。

張慈涵（1965）。《現代廣播電視》。台北：作者自印。

張海鷹譯（Dominik, Joseph R., Merssere, Fritz & Sherman, Barry原著）電子媒介導論（Broadcasting, Cable, the Internet: An Introduction to Modern Electronic Media）。上海：復旦大學。

電信總局編印（1999）。《中華民國無線電頻率分配表》。台北：交通部電新總局。

楊明興（1990）。《通訊系統》。台北：三民。四版。

楊仲揆（1984）。《實用廣播電視學》。台北：正中，3版。

楊武智編譯（1992）。《高畫質電視影像技術——HDTV技術》。台
　　北：全華科技。

楊鴻儒譯（1999）。《圖解電波的構造》。台北：世茂。

塗能榮（1998）。《聲訊傳播手冊》。台北：世界文物。

劉一賜（1999）。《網路廣告第一課》。台北：時報文化。

劉幼琍（1994）。《有線電視經營管理與頻道規劃策略》。台北：正
　　中。

劉幼琍（2005）。《數位時代的有線電視經營與管理》。台北：正中。

劉洪才等主編（2007）。《廣播電視電影專業技術發展簡史（上）》。
　　北京：中國廣播電視。

劉新白、沈文英、陳清河著（1995）。《廣播電視原理》。台北：國立
　　空中大學。

蔣麗蓮（1982）。《廣播電視發展史》。台北：黎明。

鄭貞銘（2005）。《20世紀中國新聞學與傳播學：台灣新聞事業卷》。
　　上海：復旦大學。

龍一春（2006）。《日本傳媒體制創新》。廣州：南方日報。

鍾玉澤譯（Judson, Bruce & Kelly, Kate 原著）（2000）。《e世紀戰
　　爭》。台北：遠擎。

賴柏洲、林志星、魏明照、林世欽。《數位電視廣播與製作系統數位電
　　視廣播與製作系統》。台北：全華。

蘇奕肇編譯（1997）。《最新無線電通訊技術》。台北：全華。

顧淑馨譯（Head, Sydney W., Sterling, Christopher H., & Schofield, Lemuel
　　B. 原著）。（1999）《電子媒介新論》。台北：時英。

二、英文書目

Alesso, H. P. (2000). *e-video-producing Internet Video as Broadband
　　Technologies Converge.* N.J.：Addison Wesley.

Arbitron Company and Edison Media Research (1999). *Webcasters vs.*

Broadcasters Which Business Model Will Win? http://www.arbitron.com

Baldwin.T.F.&McVoy, D.S. (1983). *Cable Communication.* New Jersey: Prentice Hall Inc.

BBC (2007-8). *BBC Annual Report and Handbook.* Landon.

Becker, L. B. (1987). A Decade of Research on Interactive Cable & Davidge, Carol. America's Talk-back Television Experiment：QRBE'. Both in William H. Dutton, Jay G. Blumler, and Kenneth L. Kraemer (Eds.), *Wired City: Shaping the Future of Communications.* Boston, MA：G.K. Hall & Co.

Bittner, J. R. (1890). *Broadcasting and Telecommunication.* Second Edition, New Jersey：Practice-Hall Inc.

Burton, P. (1956). *British Broadcasting.* Minneapolis: University of Minnesota Press.

Olgren, C. H. & Parjer, L. A. (1983). *Teleconferencing Technology and Applications.* Dedham：Artech House, Inc.p.10.

Craft, J. E., Leigh, F. A. & Godfrey, D. G. (2001). *Electronic Media.* CA: Wadworth/Thomason Learning.

Davidge, C. (1987). America's Talk-back Television Experiment：QUBE. In W.H. Dutton, J. G .Blumler, and K. L .Kraemer (Eds.), *Wired Cities: Shaping the Future of Communications.* Boston, MA：G.K Hall & Co.

Deschler, K. T. (1987). *Cable Television Technology.* New York：McGraw-Hill Book Company.

Donow, K. R. & Miles, P. A Web of Sound-The fruitful convergence of radio, audio and the Internet. In the *Media Studies Journal.* NY: The Freedom Forum. pp.90-94.

Eastman, S. T., Head, S.W. & Klein, L. (1985). *Broadcast/Cable Programming: strategies and practices.* Belmont. CA：Wadsworth.

Eastman, S. T. & Ferguson, D.A. (1997). *Broadcast/ Cable Programming:*

Strategies and Practice. USA: Wadsworth Publishing Company.

Etkin, A. H. (1976). *AM/FM Broadcast Station Planning Guide.* 2nd ed., TAB Books: Blue Ridge Summit.pp.11-22.

Gross, L. S. (1990) *The New Television Technologies.* Third Edition, USA: Wm. C. Brown Company Publisher.

Hollins, T. (1984). *Beyond Broadcasting: Into the Cable Age.* London：BFIB-s.

Jesuale, N.J. & Smith, R.L. (1983). Overview of Cable TV Services and Technologies .In Knight, F.S., Horn, H.E.& Jesuale, N. J. (Eds.), *Telecommunication for Local Government.* New York：the International Management Association.

Elton, M. C. J.& Boomstein,D. (1980). The technology of teleconferencing. In Lazer, E. A. *The Teleconferencing Handbook.* op cit. p.17. Also refer to Sevenning, L.L. and Ruchinskas, J., op cit. Junem 1980. p.220.

Martin (1999). Radio Reinvents Itself by Broadcasting Online. In *Baltimore Business Journal.* 25:21-23.

Negrine, R. (1985). Cable TV in Great Britain. In his (ed.) *Cable TV and the Future of Broadcasting.* London：Croom, H. A. supra note 1.

Owen, B. M. (1999). *The Internet Challenge to Television.* Cambridge: Harvard University.

Rogers, E. M. (1986) *Communication Technologies: The New Media in Society.* New York: Free Press.

Sheizaf, R. (1986). The electronic bulletin board: a computer-driven mass medium. In *the Computer and the Social Science.* 2(3). pp.123-136.

Silberman, J. (1999)Radio Webcasts——The end-of-century gold rush. In the *Billboard.* 111. pp.76-78.

Singleton, Loy A. (1986). *Telecommunications in the Information Age: A Nontechnical Primer on the New Technologies.* 2 Sub Edition, MA:

Ballinger Pub Co.

Tracey, M. (1985). Television and cable Policy in Japan. In Negrine's (ed) *Cable TV and the Future of Broadcasting.*

Simpson, W. & Greenfield, H. (2007). *IPTV and Internet Video:New Markets in Television Broadcasting.* MA:Elsevier Inc

三、中文報紙

工商時報。2005年8月23日。第2版。工商小評論。

余麗姿（2003.10.08）。《聯合報》，A11版報導。

余麗姿、黃晶琳（2003.12.03）。《經濟日報》，31版。

何英煒（2000.01.03）。〈今年寬頻上網用戶數百萬無望〉。《工商時報》，15版。

辛澎祥（1992.08.01）。〈中大耳朵今全面開放，天空不設訪〉，《大成報》，10版。

李鐏龍（2006.08.08）。〈映像管電視即將走入歷史〉，《工商時報》，A6版。

吳芝菁（2001.02.21）。〈年美網路公司有3佰多家倒閉〉，《勁報》，3版。

陳正寧（2000.02.07）。〈寬頻白皮書許你100倍飆網〉，《經濟日報》，5版。

陳依秀（2006.08.18）。工商時報報導。

陳依秀（2007.01.03）。工商時報報導。

張哲榮（2000.12.09）。〈寬頻方案，各擅勝場〉。《經濟日報》，3版，寬頻網路特刊。

楊永光（2006.10.25）。〈視訊會議開創M化新視野」〉。《工商時報》，E2版，網路視訊會議專輯。

賴丕遠（1992.07.31）。〈中大耳朵開放申請，台灣天空全面解禁〉，《中時晚報》，4版。

經濟日報（2006.04.19）。A11版報導。

經濟日報（2007.07.29）。C6版報導。

經濟日報（2007.11.06）。報導。

聯合新聞網（2008.04.24）。科技週刊E1版報導。

蘋果日報（2004.03.04）。第12版報導。

四、中文期刊

李國榮（2005）。《網路經濟下的台灣數位化無線電視發展研究》

邱依依（2000）。〈世界六大衛星行動電話興衰錄：衛星行動電話前仆
　　後繼〉。2000年5月15日出刊《財訊通訊股特刊──通訊展業投資指
　　南》。頁62。

放送文化研究所20世紀放送史編修室（1998）。〈台灣放送協會〉，
　　《放送史料集10》，東京：NHK出版。

侯俊宇（2008.01）。〈亞洲市場升格一級戰區，台灣行動電視發展慢半
　　拍〉，《新通訊》83期，頁26-29。

陳年興、林挺生：〈網際網路與廣電媒體〉，《光碟月刊》，1997年10
　　月號。

陳弘儒：〈另一個廣播電視──網路影音的直播〉，《廣電人月刊》，
　　2001年1月號，第73期。

陳建宏：〈超越「線」制──無線電通訊發展概況〉，《網路通訊雜
　　誌》，1992年2月，頁14。

陳新民（2006）。〈試論NCC組織法的違憲性問題〉，《台灣本土法
　　學》，82: 1-27。

陳彥龍（200806.15）。〈結束後的開始：NCC成立歷程與釋憲後的修法
　　議題〉，《廣播與電視》，第28期，Vol.28。頁29-69。

張慧君（2001）。〈當DTV遇上EC〉，《廣電人月刊》，2001年2月
　　號，第74期。

黃葳威、簡南山（1999）：〈傳統廣播電台進入網際網路廣播的外溢效

果與挑戰——以台灣廣播電台發展網際網路廣播為例〉，見《廣播
與電視月刊》，1999年1月號。

鄭嫻賢慧（1997）。〈多功能的網際網路——網站廣播新興媒體〉，
《資訊與電腦月刊》，1997年5月號。

溫永睿（1994）。〈有線電視的廣告發展遠景——從美國經驗探討我國
未來成長途徑與發展策略〉。台北：《廣播與電視》，第一卷第四
期，頁29。

蔡景雲（1990.11）。〈日本有線電視之旅〉。台北：《衛星與有線電視
月刊》，第三卷第二期，頁15。

蔡清蘁、周宣光（2003）。〈網際網路中廣播閱聽眾電台收聽研究〉，
見《圖書館與資訊科學》。29(2)：頁90-105。

劉靜怡（2006）。〈釋字第六一三號解釋後的獨立機關：NCC 傳奇簡
評〉。《月旦法學》，137: 25-59。

榮泰生（1995）。〈Internet與競爭優勢〉，見《自動化科技》，第131-
137頁。

熊杰（1991）。〈電視科技未來發展〉。收錄於《邁向21世紀——電視
學術研討會》，頁A-35。

潘家慶（1989）。〈直播衛星（DBS）與通俗文化關係性之研究〉。收
錄於《行政院文化建設委員會委託研究》。台北：國立政治大學廣
播電視學系。

廖德琦（2003）。《新台灣新聞週刊 》，2003年11月15日－11月21日。
頁52。

五、論文

史玲綺（2006）。《兩岸網路使用者結構及其使用行為之比較研究》。
台北：銘傳大學傳播管理研究所碩士論文。

史習健、王精三（1995）。〈有線電視系統發展之研究〉，收錄於
《1985年科技整合國際研討會論文集》。台北：太平洋文化基金

會。

呂珮珊（2003）。《廣播電台之整合行銷傳播運用──從電台網站談起》。新竹：國立交通大學傳播研究所碩士論文。

李國榮（2004）。《網路經濟下的台灣數位化無線電視發展研究》。台北：世新大學傳播研究所碩士論文。

林瑜芬、黃意惠等（1993.1）。〈社會力、經濟力與政策力對於新傳播媒體經營生態的影響研究〉。收錄於《輔仁大學大眾傳播學系媒體經營管理課程學期報告》，蒯亮教授指導，未出版。

吳以婷（2007.11）。《台灣無線電視產業數位化之發展現況研究──以中國電視公司為例》。台北：銘傳大學廣電系學士論文。

吳芬滿（2000）。《網路廣播電台閱聽人生活型態與收聽行為之研究》。高雄：國立中山大學傳播管理研究所碩士論文。

吳惠娟（2005）。《我國公共廣播集團節目策略之研究》。台北：銘傳大學傳播管理研究所碩士論文。

吳儀君（2005）。《中共對網際網路規範及其言論自由管制之研究》。台北：政治大學東亞研究所碩士論文。

周兆良（2008.03.14）。《廣播與科技落差：日據時期台灣廣播生態之考察-1925 1945》（發表於「2008銘傳校慶學術研討會」）。

洪永旭（1999）。《網際網路的運用對企業競爭優勢的影響》。台北：台灣政治大學資訊管理研究所碩士論文。

孫國祥（2003）。「廣播電台聯播網形成的策略──以好事聯播網為例」。高雄：國立中山大學企業管理學系研究所碩士論文。

莊克仁（2001）。〈互連網的發展與廣播電視：以台灣發展經驗為例〉。見《網路傳播與新聞媒體》。劉炘炘、李興國主編，北京：北京廣播學院。

陳朱強（2003）：《我國成立國家通訊傳播業務委員會未來整合及發展之研究》。台北：世新大學傳播研究所碩士論文。

陳美華（1995）。《台灣地下電台之研究成因與問題探討》。台北：國

立政治大學新聞研究所碩士論文。

陳俐雯（2005）。《國際廣播宣傳策略之研究──以中央廣播電台爲
　　例》。台北：銘傳大學大衆傳播學系學士論文。

陳惠芳（2004）。《台灣國際傳播機構整合之初探研究──以中央社、
　　中央廣播電台爲例》，政治大學廣播電視學系碩士論文。

陳慧瑩（2002）。《網路廣播網站設計、互動性功能與便利性對閱聽人
　　線上收聽偏好之研究》。高雄：國立中山大學傳播管理研究所碩士
　　論文。

黃雅琴（1999）。〈台灣地區廣播電台網站資訊呈現之分析研究〉，見
　　《傳播管理新思朝研討會─傳播、資訊與通信之整合》。高雄：國
　　立中山大學傳播管理研究所。

馮文清（2007）。《世新網路電台網友使用行爲之研究》。台北：世新
　　大學傳播研究所碩士論文。

胡敏怡（1998）。《網際網路事業經營成功因素研究──以網路書店爲
　　例》。台北：台灣政治大學科技管理研究所碩士論文。

游能勇（2008）。《台灣民營廣播電台策略聯盟之研究》。台北：銘傳
　　大學傳播管理研究所在職專班碩士論文。

劉彥廷（2003）。《由網際網路對中國大陸市民社會的再認識》。台
　　北：政治大學東亞研究所碩士論文

盧玉玲（1999）。《網際網路與基督教傳播機構的跨媒體結合──從整
　　合行銷傳播的角度探討》。台北：政治大學廣播電視學系碩士論
　　文。

盧景海（1997）。《我國公共電視經費來源之研究》。台北：世新大學
　　傳播研究所碩士論文。

謝郁珊（2005）。《台灣網路廣播互動機制架設與使用者滿意程度之關
　　係研究》。台北：銘傳大學廣播電視學系學士論文。

蘇鑰機（1992）。〈從生態學觀點探討傳媒的共妻和雜交現象〉，見
　　《傳播與社會發展》，香港中文大學新聞傳播學系出版，第139-157

頁。

六、年鑑

中華民國廣播年鑑，1969年，新聞局出版。

中華民國廣播年鑑。1979－89年，新聞局出版。

BBC Annual Report (2007-2008).London: British Broadcasting Corporation.

七、網站資料

中央廣播電台網站http://www.cbs.org.tw/

中華電視公司網站http://www.2cts.tv

公共電視網站http://www.pts.org.tw

日本NHKhttp://www.nhk.or.jp

　　　　　http://www.pts.org.tw/～rnd/p2/2002/021118.htm

台灣數位電視委員會網站http://www.dtvc.org.tw/index1.htm

行政院（2006a）。《獨立機關與行政院關係運作說明（20060803 再修
　　正草案）》。

取自http://reform.rdec.gov.tw/public/Data/6118105671.doc──（2006b）。
　　《國家通訊傳播委員會組織法釋憲聲請書》。

取自http://www.ey.gov.tw/lp.asp?ctNode=389&CtUnit=278&BaseDSD=7

行政院國家資訊通信發展推動小組，NICI 網站

英國BBC網站http://www.bbc.co.uk

　　　　　http://news.bbc.co.uk/chinese/trad/hi/newsid_4430000/
　　　　　newsid_4439000/4439061.stm

宏觀衛視網站http://www.mactv.com.tw

客家電視台網站http://www.hakkatv.com.tw

俄羅斯Russia http://www.russiatoday,ru

原住民電視台網站http://www.ch16.com.tw

美國PBS網站http://www.pbs.org

美國VOA網站http://www.voanews.com/english/portal.cfm

財團法人台灣網路資訊中心（2006）。《2006年7月台灣寬頻網路使用
　　調查報告》。http://www.twnic.net.tw/download/200307/200307index.
　　shtml

國家傳播通信委員會網站http://www.ncc.tw

　　查詢內容包括：

　　NCC委員自律規範http://www.ncc.tw/ncc-news-950314.htm

　　NCC會議規則

　　NCC國家賠償事件處理要點

　　NCC訴願審議委員會組織規程及審議規則

　　NCC許可案與處分案標準作業程序

　　NCC200,02至2008年委員會議內容 http://www.ncc.tw/meeting/meeting.
　　htm

德國之聲DW網站http://www.dw-world.de/

塗能榮（2006）。洋洋公司網站（洋洋得意電子報）數位廣播產品介
　　紹。

Apple-iPod網站，http://www.apple.com/ipod/

張傑誠（1990.05.20）。〈網路音樂電台線上發燒，各大網站紛紛進
　　駐〉。《電腦報》PChome。

http://www.pchome.com.tw/news/880520/19990520-12.html。

維基百科網站http://zh.wikipedia.org

http://en.wikipedia.org/wiki/Podcasting

其他單位網站：

http://distance.shu.edu.tw/distclass/classinfo/8602cs01/c8602t01cst14. htm

http:home.kimo.com.tw/s865738/handout/jpgmpeg.htm

http://www.Taiwan.cnet.com/cnetlife/digilife

http://www.taiwan.cnet.com/cnetlife/digilife

附　錄

銘傳大學傳播學院「電子傳播概論」轉學考試題

◆ 96年「電子媒介概論」試題

一、解釋名詞（十五小題，均必答，每小題4分，共60分）

　　1.行動電視（Mobile TV）

　　2.有線電視（Cable TV）

　　3.拋物型反射器（Parabolic Reflector）

　　4.鬼影（Ghost）

　　5.部落格（Blog）

　　6.高畫質電視（High Definition）

　　7.掃瞄（Scan）

　　8.電傳視訊（Teleconference）

　　9.電離層（Ionosphere）

　　10.網路電視（Internet Protocol TV）

　　11.播客（Podcast）

　　12.頭端（Headend）

　　13.衛星（Satellite）

　　14.數位電視（Digital TV）

　　15.數位廣播（Digital Radio）

二、問答題（二大題，均必答，每題20分，共40分）

　　1.我國國家通訊傳播委員會（NCC）是一個怎麼樣的機構？該機構成立的法律依據為何？其主要職掌為何？目前面臨哪些適法性的問題？（20分）

　　2.何謂網路廣播（Internet Broadcasting）？具有哪些特質？可分

哪幾種類型？有哪些硬體與軟體的需求？（20分）

◆ 95年「電子媒介概論」試題

一、請寫出下列英文簡寫（或簡稱）的英文全名（20分，每小題4分）

1.CNN

2.D.J.

3.ESPN

4.MOD

5.MTV

二、簡答題（40分，每小題8分）

1.何謂「第三代廣播」？

2.美國有哪四家全國性電視網？

3.彩色電視三原色為何？

4.有線電視系統的基本構造為何？

5.同為電波訊號傳送：Coverage和Footprint有何不同？

三、問答題（40分，每小題20分）

(一)何謂平面電視？可分為幾類？請舉出其中的主要兩類，並比較其技術特性。

(二)自今（2006）年月1日起，台灣公共廣播集團正式成立，請問其成員為何？其成立之背景及目的又為何？未來的發展如何？

◆ 94年「電子媒介概論」試題

問答題（五大題，均必答，滿分一百）

一、無線調頻（FM）廣播的頻譜範圍為何？行政院新聞局最近提出「無線調頻廣播頻譜重整計畫」，其立意與內容為何？（20%）

二、在有線電視、衛星電視及網際網路等新興媒體的衝擊下，未來無線電事業應如何因應以求生存之道？（20%）

三、通訊衛星（Communication Satellite）的概念最早是由誰提出來的？其概念為何？並請說明直播衛星（Direct Broadcast Satellite）及主動衛星（Active Satellite）與被動衛星（Passive Satellite）的意義。（20%）

四、何謂「科技匯流」（Technology Convergence）？我國「國家通訊傳播委員會」（National Communication Commission, NCC）成立之目的為何？其二者有何關聯？請詳加說明之。（20%）

五、解釋名詞（請寫出以下英文縮寫的全文及其以二十字左右為限的中文意義，每小題2分）（20%）

　　1.NHK

　　2.BBC

　　3.VOA

　　4.CNN

　　5.TTV

　　6.DAB

　　7.DTV

　　8.HDTV

　　9.VOD

　　10.STB

◆93年「電子媒介概論」試題

一、解釋名詞（每題10分）

　　　1.電磁波頻譜

　　　2.同軸電纜

　　　3.類比法

　　　4.數位法

　　　5.高畫質電視（HDTV）

　　　6.電傳視訊

　　　7.整合服務數位網路（ISDN）

二、申論題（30分）

　　　一般而言，世界各國對電子媒介的管制分為哪幾類，請說明並分析其利弊。

◆92年「電子媒介概論」試題

一、解釋名詞

　　　1.format station

　　　2.ISDN

　　　3.MUD（Multi-User Dimension）

　　　4.ITU（International Telecommunication Union）

　　　5.HDTV（High Definition Television）

二、自從衛星科技普及以來，衛星電視便被視為無線電視技術的延伸；試說明衛星傳播電視的原理，並請繪圖說明衛星傳播電視節目的過程。（25%）

三、有線電視的經營型態與組織有哪些種類？其中，有線電視系統經營（MSO）與垂直整合所指為何？請舉例說明之。（25%）

四、電視台排定節目播出的策略有哪些？請任舉五種常見的策略，
　　並加以說明。你認爲目前在台灣播出的「台灣霹靂火」播出的
　　策略爲何？其高收視率的原因爲何？（25%）

◆ 91年「電子媒介概論」試題

壹、名詞解釋（每小題請在50個字內作答）
　　一、Direct Broadcasting Satellite（DBS）（10%）
　　二、Analog, Digital（10%）
　　三、High-Definition Television（HDTV）（10%）
　　四、International Telecommunication Union（ITU）（10%）

貳、簡答題（每小題請在50個字以內作答）
　　一、誰在乎收視率和收聽率？請列舉您認爲最重要的兩個。
　　　　（5%）
　　二、請談談如何提升收視率和收聽率的信度和效度？（5%）
　　三、請說明美國Electronic Media Rating Council（EMRC）的組
　　　　成成員及其功能？（10%）

參、申論題
　　請問電子媒介包括哪些？請分別說明之。並請以我國爲例，談
這些媒體經營現況及其對社會所帶來的影響。（40%）

◆ 90年「電子媒介概論」試題

一、簡答（40%）
　　1.數位訊號（digital）處理之原則爲何？與類比方式（analog）
　　　相較有何優缺點？

　　　2.DBS

　　　3.Bandwidth

　　　4.STB

　　　5.ADSL

二、申論（60%）

　　1.何謂數位廣播？（DAB）目前國內外發展DAB現況為何？推
　　　廣上遭遇的主要挑戰為何？（30%）

　　2.由PC home集團與新新聞雜誌共同成立的台灣首份網路原
　　　生報「明日報」經營一年於2000年2月宣布解散，你認為：
　　　（30%）

　　　(1)明日報主要面臨經營上的困難為何？

　　　(2)傳統媒體經營之電子報與明日報的區別為何？各有何優劣
　　　　勢？

　　　(3)網路資訊流收費機制可不可行？

您，了沒？

趕緊加入我們的粉絲專頁喲！

教育人文 & 影視新聞傳播～五南書香

等你來挖寶

【五南圖書 教育／傳播網】
https://www.facebook.com/wunan.t8
粉絲專頁提供──

・書籍出版資訊（包括五南教科書、
　知識用書，書泉生活用書等）
・不定時小驚喜(如贈書活動或書籍折
　扣等)
・粉絲可詢問書籍事項（訂購書籍或
　出版寫作均可）、留言分享心情或
　資訊交流

封面區
不定期
會更換

請此處加入
按讚

五南文化廣場　橫跨各領域的專業性、學術性書籍 在這裡必能滿足您的絕佳選擇！

五南全國展售門市

【逢甲店】　【台大店】

【嶺東書坊】　【海洋書坊】

【環球書坊】　【台中總店】

【高雄店】

【屏東店】

海洋書坊：202 基 隆 市 北 寧 路 2號 TEL：02-24636590　FAX：02-24636591
台 大 店：100 台北市羅斯福路四段160號 TEL：02-23683380　FAX：02-23683381
逢 甲 店：407 台中市河南路二段240號 TEL：04-27055800　FAX：04-27055801
台中總店：400 台 中 市 中 山 路 6號 TEL：04-22260330　FAX：04-22258234
嶺東書坊：408 台中市南屯區嶺東路1號 TEL：04-23853672　FAX：04-23853719
環球書坊：640 雲林縣斗六市嘉東里鎮南路1221號 TEL：05-5348939　FAX：05-5348940
高 雄 店：800 高 雄 市 中 山 一 路 290號 TEL：07-2351960　FAX：07-2351963
屏 東 店：900 屏 東 市 中 山 路 46-2號 TEL：08-7324020　FAX：08-7327357
中信圖書團購部：400 台 中 市 中 山 路 6號 TEL：04-22260339　FAX：04-22258234
政府出版品總經銷：400 台 中 市 軍 福 七 路 600號 TEL：04-24378010　FAX：04-24377010
網 路 書 店　http://www.wunanbooks.com.tw

專業法商理工圖書・各類圖書・考試用書・雜誌・文具・禮品・大陸簡體書
政府出版品總經銷・中信圖書館採購編目・教科書代辦業務

國家圖書館出版品預行編目資料

電子媒介概論／莊克仁著. 一 2版. 一 臺北
市：五南圖書出版股份有限公司, 2016.09
　　　面；　　公分

ISBN 978-957-11-8745-7（平裝）

1.大眾傳播 2.電子媒體 3.傳播科技

541.83　　　　　　　　　　　105013992

1ZAW

電子媒介概論

作　　　者 ― 莊克仁(213.9)

發 行 人 ― 楊榮川

總 經 理 ― 楊士清

總 編 輯 ― 楊秀麗

副總編輯 ― 陳念祖

編　　輯 ― 李敏華

封面設計 ― 陳翰陞

出 版 者 ― 五南圖書出版股份有限公司

地　　　址：106台北市大安區和平東路二段339號4樓

電　　　話：(02)2705-5066　　傳　　真：(02)2706-6100

網　　　址：https://www.wunan.com.tw

電子郵件：wunan@wunan.com.tw

劃撥帳號：01068953

戶　　　名：五南圖書出版股份有限公司

法律顧問　林勝安律師

出版日期　2009年 4 月初版一刷
　　　　　2012年 9 月初版二刷
　　　　　2016年 9 月二版一刷
　　　　　2023年 3 月二版二刷

定　　　價　新臺幣400元